涉企纠纷
办案实务指引

于晓东◎主编

人 民 法 院 出 版 社

图书在版编目（CIP）数据

涉企纠纷办案实务指引 / 于晓东主编. -- 北京 ：
人民法院出版社，2024.4
ISBN 978-7-5109-4130-6

Ⅰ. ①涉… Ⅱ. ①于… Ⅲ. ①企业经济－经济纠纷－
案例－中国 Ⅳ. ①D922.291.915

中国国家版本馆CIP数据核字(2024)第074206号

涉企纠纷办案实务指引
于晓东 主编

责任编辑 刘晓宁
封面设计 王子莹
出版发行 人民法院出版社
地 址 北京市东城区东交民巷 27 号（100745）
电 话 （010）67550572（责任编辑） 67550558（发行部查询）
65223677（读者服务部）
客服 QQ 2092078039
网 址 http://www.courtbook.com.cn
E - mail courtpress@sohu.com
印 刷 三河市国英印务有限公司
经 销 新华书店

开 本 787 毫米×1092 毫米 1/16
字 数 345 千字
印 张 18.5
版 次 2024 年 4 月第 1 版 2024 年 4 月第 1 次印刷
书 号 ISBN 978 - 7 - 5109 - 4130 - 6
定 价 68.00 元

卷首语

企业，是激荡经济发展的最大活力源泉，是一座城市发展的底气所在。企业的高质量发展，不仅能够汇聚经济发展的强劲动能，更能澎湃一座城市的信心和勇气，更加坚定自信地奔向高质量发展浪潮，在“百舸争流”的新发展格局中勇立潮头。

2023 年是烟台地区生产总值突破万亿大关的冲刺之年，为企业发展营造最为优质的法治营商环境，全面激活企业发展“强引擎”，更显得尤为重要。为此，烟台法院加快探索步伐，在理论与实践的循环往复中找到了答案，创新打造了“法护航·益企行”司法助企品牌，组织开展“金融法盾”“破茧新生”“法护创新”“绿色审判”和“执行亮剑”五大专项行动，着力构建法企“亲清”“常畅”良性互动机制，全力解决企业发展面临的“急难愁盼”问题。

本书正是围绕五大专项行动展开，用一篇篇宣传报道、一个个具体案例的方式，以点带面展现了烟台法院司法助企高质量发展的机制举措，生动体现了烟台法院干警服务企业发展一线的奉献担当。一张张照片记录、一幕幕情景再现，皆是法企赋能共生、携手同行的生动写照。

“无事不扰，有求必应”，这是烟台法院每一名干警的共识。无论是之前、现在，抑或将来，我们将坚定目标、一如既往，用心贴心、实打实的举措，助力企业在高质量发展新征程中行稳致远。

这一场法院与企业的双向奔赴，一份高质量司法与高质量发展的相互成就，邀您见证。

目 录

第一章 金融审判

第二章　破产审判

第三章　知识产权审判

第四章　环境资源审判

第五章 执行案件

第一章

金融审判

1. 珠海某投资发展公司诉某建设集团公司、烟台某建材公司票据追索权纠纷案*

——票据到期日前提示付款并且提示付款行为持续到提示付款期后，该提示付款行为有效

【基本案情】

原告珠海某投资发展公司诉称威海某置业公司于2020年9月28日签发电子商业承兑汇票给某建设集团公司，到期日为2021年9月28日，性质为可转让。汇票经多次背书转让，于2020年12月19日转让给原告，到期后原告进行了提示付款，系统一直显示待签收状态。为维护原告的合法权益，故诉至法院，请求判令某建设集团公司、烟台某建材公司承担票据责任。

经审理查明：威海某置业公司于2020年9月28日签发尾号为0706的电子商业承兑汇票给某建设集团公司，出票日期为2020年9月28日，汇票到期日为2021年9月28日，收票人为某建设集团公司，承兑人为威海某置业公司，票据金额为50万元，能否转让为可转让，出票人承诺本汇票请予承兑，到期无条件付款，承兑人已经承兑本汇票，到期无条件付款，承兑日期为2020年9月28日。某建设集团公司于2020年12月4日将该汇票背书转让给烟台某建材公司，烟台某建材公司于2020年12月4日将该汇票背书转让给某资源综合利用公司，某资源综合利用公司于2020年12月19日将该汇票背书转让给珠海某投资发展公司，珠海某投资发展公司于2021年9月27日第一次进行提示付款，后于2021年10月9日第二次进行提示付款，票据当前状态为逾期提示付款待签收。

山东省烟台高新技术产业开发区人民法院于2022年10月14日作出

---

* 参见山东省烟台高新技术产业开发区人民法院（2022）鲁0692民初750号民事判决书；山东省烟台市中级人民法院（2023）鲁06民终2031号民事判决书。

（2022）鲁 0692 民初 750 号民事判决，判决：某建设集团公司、烟台某建材公司于判决生效之日起 10 日内连带偿付珠海某投资发展公司票据款 50 万元，并共同承担自 2021 年 9 月 29 日起至实际付清之日止，按照全国银行间同业拆借中心公布的一年期贷款市场报价利率计算的利息。宣判后，某建设集团公司提出上诉。山东省烟台市中级人民法院于 2023 年 4 月 18 日作出（2023）鲁 06 民终 2031 号民事判决，判决：驳回上诉，维持原判。

【办理思路】

本案争议焦点为：（1）珠海某投资发展公司是否为涉案票据的合法持票人？（2）珠海某投资发展公司对某建设集团公司、烟台某建材公司是否享有追索权？

关于焦点 1，《最高人民法院关于审理票据纠纷案件若干问题的规定》第 13 条规定："票据债务人以票据法第十条、第二十一条的规定为由，对业经背书转让票据的持票人进行抗辩的，人民法院不予支持。"本案电子商业承兑汇票记载事项符合法律规定，背书连续、反映的票据关系明确。珠海某投资发展公司通过连续背书取得该汇票，应认定为汇票的合法持票人，其票据权利应受法律保护。故对于被告某建设集团公司认为需审查各背书人之间有无真实的交易关系和债权债务关系，是否支付相应对价以及是否存在民间贴现行为的答辩意见，法院不予支持。

关于焦点 2，被告某建设集团公司辩称，珠海某投资发展公司未在电子商业汇票系统行使追索权，而是通过线下直接起诉的方式请求支付票据款，违反《电子商业汇票业务管理办法》的规定，不属于行使了票据追索权。持票人未在票据权利时效内通过电票系统行使追索权导致票据权利消灭。法院认为，《电子商业汇票业务管理办法》系中国人民银行为规范电子商业汇票票据行为而制定的部门规章，虽然《电子商业汇票业务管理办法》第 5 条规定，电子商业汇票的出票、承兑、背书、保证、提示付款和追索等业务，必须通过电子商业汇票系统办理，但该规定并不能排除持票人依据票据法所享有的追索权利，持票人可通过起诉的方式行使追索权，且涉案票据未超过票据追索时效，对某建设集团公司的该辩称意见，法院不予支持。关于原告在汇票到期日前提示付款而未在汇票到期后 10 日内进行提示付款操作是否丧失对前手追索权的问题，涉案汇票票据行为依托电子商业汇票系统以数据电文形式制作、传输，原告在汇票到期日的前一日进行提示付款操作，由于承兑人未予应答而使涉案汇票在电子商业汇票系统中呈延续状态，故该提示付款行为的效力及于汇票到期后的提示付款期，经原告提示付款，承兑人一直未予签收应视为承兑人拒付，原告依法取得对其前手的拒付追索权。

【法条链接】

1.《中华人民共和国票据法》（2004 年 8 月 23 日修正）

第五十三条第一款、第二款　持票人应当按照下列期限提示付款：

（一）见票即付的汇票，自出票日起一个月内向付款人提示付款；

（二）定日付款、出票后定期付款或者见票后定期付款的汇票，自到期日起十日内向承兑人提示付款。

持票人未按照前款规定期限提示付款的，在作出说明后，承兑人或者付款人仍应当继续对持票人承担付款责任。

第六十一条第一款　汇票到期被拒绝付款的，持票人可以对背书人、出票人以及汇票的其他债务人行使追索权。

第六十八条第一款、第二款　汇票的出票人、背书人、承兑人和保证人对持票人承担连带责任。

持票人可以不按照汇票债务人的先后顺序，对其中任何一人、数人或者全体行使追索权。

2.《电子商业汇票业务管理办法》（2009 年 10 月 16 日）

第五十九条　持票人在票据到期日前提示付款的，承兑人可付款或拒绝付款，或于到期日付款。承兑人拒绝付款或未予应答的，持票人可待票据到期后再次提示付款。

【法官心语】

票据追索权是为促进票据流通、加强票据安全、保护持票人权益而创设的制度，持票人在付款人拒付后有权向其前手行使票据追索权，同时各前手有权行使抗辩权，但需注意以下问题。

一、票据基础法律关系抗辩行使的前提及电子票据线下追索效力的认定

1. 根据《票据法》第 10 条“票据的签发、取得和转让，应当遵循诚实信用的原则，具有真实的交易关系和债权债务关系”以及《最高人民法院关于审理票据纠纷案件若干问题的规定》第 13 条“票据债务人以票据法第十

条、第二十一条的规定为由，对业经背书转让票据的持票人进行抗辩的，人民法院不予支持”之规定，票据债务人仅得向其直接前后手进行票据基础法律关系上的抗辩。非票据直接前后手进行票据基础法律关系上的抗辩，应当有充足的证据证实。

2. 关于电子票据线下追索的效力。《电子商业汇票业务管理办法》系部门规章，该管理办法制定的目的是“为规范电子商业汇票业务，保障电子商业汇票活动中当事人的合法权益，促进电子商业汇票业务发展”，是调整电子商业汇票业务各环节的行为规范。我国《票据法》及其司法解释并未规定持票人不通过电子商业汇票系统线上方式进行追索即丧失追索权，该管理办法作为《票据法》的下位法，并不能排除持票人依据《票据法》所享有的追索权利，故电子票据线下追索符合《票据法》的规定，具有法律效力。

二、票据到期日前提示付款并且提示付款行为持续到了提示付款期后，该提示付款行为的效力认定

《电子商业汇票业务管理办法》第59条规定：“持票人在票据到期日前提示付款的，承兑人可付款或拒绝付款，或于到期日付款。承兑人拒绝付款或未予应答的，持票人可待票据到期后再次提示付款。”根据上述规定可知，出票人或承兑人对票据到期日前的提示付款享有付款的期限利益，但该条款仅是规定到期日前已提示付款的持票人可以再次提示付款，并未对此做强制性要求。此外，由于电子商业汇票的数据电文在信息系统可持续储存，持票人的提示付款行为具有持续性，持票人在到期日前提示付款，承兑人未做拒绝付款操作的，持票人在到期日前提示付款的状态可以一直持续至到期日之后，故该到期日前提示付款行为可视为在付款提示期提示付款并认定持票人提示付款有效，持票人可向所有前手行使拒付追索。

承办法官：张秀波

执笔人：张秀波　宫　楠

2. 某银行诉某家居装饰公司金融借款合同纠纷案*

——“繁简分流 + 行业调解”助企金融纠纷化解“提速降费”

【基本案情】

2020 年，因企业经营发展需要，王某以企业和个人名义向银行办理了抵押贷款，并签订了《借款合同》，约定：借款额度为 60 万元，有效期为 2020 年 12 月至 2023 年 12 月。为了保障上述贷款能够顺利发放，王某还将自己名下的坐落于芝罘区的某房产抵押给某银行作为担保，并与某银行签订《最高额抵押合同》。合同签订后，银行如约向王某发放贷款。

后受疫情影响，王某经营的某家居装饰公司出现经营困难，未能按期偿还借款，出现还款逾期，某银行依约宣布贷款提前到期，要求公司及王某偿还全部贷款 60 万元及利息，但王某因公司资金周转困难无法一次性偿还贷款，某银行多次追索无果，无奈之下将王某及其公司起诉至法院。

涉企金融纠纷案件进入诉讼程序，可能面临当事人对抗情绪强、程序要求严、解决成本高、权益兑现难等问题。“我们是做家具装饰的公司，进货需要资金，而且现在厂商的材料费、人工费都在往上涨，再这么下去我们只有倒闭关张了。”王某失去了后续银行贷款的支撑，再加上现金流断裂，原本经营困难的公司更是“雪上加霜”。面对某银行的一纸诉状，王某表示希望能和某银行通过调解的方式解决这起贷款纠纷，尽可能地降低对其公司经营的影响。

为推动金融纠纷源头治理，更好地提升涉企金融纠纷案件调解率，近年来，芝罘法院聚焦搭平台、畅流程、凝合力三方面，全面推进金融纠纷案件

* 参见山东省烟台市芝罘区人民法院（2022）鲁 0602 民初 4046 号民事调解书。

繁简分流，实现简案快审、繁案精审，利用要素式、表格式等法律文书提取重要信息，准确适用小额速裁和简易程序，同时联合诉讼服务中心商事调解员，通过专业化调解流程，用“马上办”“一起办”的解纷新模式，力推金融纠纷高效化解。

【办理思路】

商事纠纷调解员接收案件后，第一时间与金融审判团队法官商定调解方案。经查阅卷宗，法官指导调解员确定了基本的化解方案。调解员迅速联系双方当事人了解案件具体情况，没想到在调解的第一步便陷入僵局。因王某无法一次性偿还欠款，银行方表示要求法院尽快处理，拍卖王某名下房产，防止拖延生变，导致债权难以收回。王某则希望银行方能再延迟欠款偿还时间，等资金回流后一定第一时间将欠款还清。

多番沟通却毫无进展，双方均坚持己见，调解工作一度停滞。是否停止调解，将案件导入诉讼程序后“一判了之”?“调解不成的症结在哪里？双方主要争议点是什么?”调解员和法官反复思考这些问题，还想再努力一下。

为了防止“久调不成”加重各方损失，案件被分配到芝罘法院金融审判团队进行审理，承办法官表示，“这个案子虽然在商事调解室那边没有调成，但我还是想再试试”。该案事实清楚、证据充分、法律关系明确，且诉讼争议不大，可以适用简易程序进行审理。

相比诉讼，调解无疑是企业间化解纠纷的更好方式。一方面，调解结案仅收取一半受理费，可有效减轻企业诉讼负担；另一方面，调解能够促进当事人握手言和，保留各方合作基础，且由于调解书需在裁判文书网公开，可降低诉讼对企业后续经营的影响。

尽管该案在诉前调解阶段未能达成一致意见，但承办法官在对案件进行开庭审理时，再一次联合商事调解室的调解员进行协助调解。庭审中，法庭调查、法庭辩论和联合调解等环节依次进行，承办法官通过以案释法的方式耐心引导双方换位思考，一方面说服王某支付部分本金、充分表示履行诚意，另一方面引导银行从承担社会责任、实现双赢的角度尝试和解，最终促使王某以延期还款的方式与银行达成和解。法院当庭制作民事调解书，矛盾圆满化解。

“三年疫情，公司受到的影响太严重了，我们也不愿故意拖欠这笔款，但资金实在周转困难，这种延期付款的方案大大缓解了我们的压力，非常感谢!”在签订调解协议书时，王某由衷地对法院耐心、细致的调解工作表示感谢。

【法条链接】

《中华人民共和国民法典》（2020 年 5 月 28 日）

第五百零九条　当事人应当按照约定全面履行自己的义务。

当事人应当遵循诚信原则，根据合同的性质、目的和交易习惯履行通知、协助、保密等义务。

当事人在履行合同过程中，应当避免浪费资源、污染环境和破坏生态。

第六百七十四条　借款人应当按照约定的期限支付利息。对支付利息的期限没有约定或者约定不明确，依据本法第五百一十条的规定仍不能确定，借款期间不满一年的，应当在返还借款时一并支付；借款期间一年以上的，应当在每届满一年时支付，剩余期间不满一年的，应当在返还借款时一并支付。

第六百七十六条　借款人未按照约定的期限返还借款的，应当按照约定或者国家有关规定支付逾期利息。

【法官心语】

随着金融类纠纷逐年增多，各金融机构和涉诉企业都渴望有更快的方式、更多的方法化解矛盾纠纷，金融类纠纷案件的调解工作更多的是为了促进诉讼双方重建信任，盘活交易的过程。通过承办法官对案情的充分了解，对法律适用心中有数，准确定位矛盾根源，才能给出切实可行的调解建议，有效促成双方的调解，从而有效化解金融风险、降低纠纷成诉率，实现双方利益的最大化。

在审理本案时，大多企业因受三年疫情的影响，导致企业入不敷出或者公司经营不善，从而使得资金链断裂，企业无法按期偿还贷款致使银行对企业提起诉讼。承办法官根据多年审理金融案件的经验发现，很多企业存在资金链断裂可能是暂时的，只要给予一定的“缓冲期”，后期企业是能够慢慢恢复从而继续正常经营下去。因此，在企业面对这类案件时，法院会更多地通过调解等方式帮助企业来渡过难关。虽然该案已在商事调解室进行过一次调解，未达成一致调解协议，但是承办法官仍继续尝试以调解的方式进行结案，因为如果一味地根据证据来直接作出判决，会让企业直接背负提前到期的全部债务，这更会加大他们的经营压力，不利于社会的和谐稳定。在调解过程中，承办法官也会尽力帮助企业争取更多的时间，但这并不意味着企业可以借此减轻还款责任，而是给予被告喘息之机，以达到和谐稳定的社会效果。

同时，调解还能最大程度挽回商业信誉。随着司法公开力度持续加大，各种 APP 平台均能查询到企业涉案涉诉情况，这会对企业造成很大的负面影响，而通过调解可以很大程度上避免违约方以败诉被告的身份出现在公众视野中，影响企业的经营、借贷等活动的进行。

因此，企业在面对起诉时，不要消极地去躲避，而要积极面对，与金融机构、法院真诚沟通、增进理解，例如形成可行的延期付款协议，这样既可以减少银行贷款坏账的可能，又兼顾疫情中经营者的难处，更好地保障了银行和企业主的合法权益。“司法助企”不是抽象的，是通过一个个具体案件的审理，一次次与当事人耐心沟通，实实在在实践出来的。

承办法官：赵春良

法官助理：刘丹萍

执笔人：樊　依

3. 烟台某服饰有限公司金融借款案*

——两个关联合同“整体调解”助企缓解压力

【基本案情】

2019年12月27日，原告中国某银行股份有限公司烟台福山支行和被告烟台某服饰有限公司、法定代表人王某、臧某签订《小微企业抵押快贷借款合同》，约定中国某银行股份有限公司烟台福山支行向被告烟台某服饰有限公司、王某、臧某发放借款额度50万元用于日常生产经营周转，借款额度有效期自2019年12月25日至2022年12月25日，贷款利率为浮动利率即LPR利率加60基点。2019年12月27日，中国某银行股份有限公司烟台福山支行和臧某签订《最高额抵押合同》，约定臧某以坐落于烟台市福山区福海路某房屋为涉案债务提供最高额抵押担保，担保最高限额为779 056元，担保范围包含本金、利息、罚息、复利、诉讼费、保全费、执行费、评估费、律师费等。2019年12月，中国某银行股份有限公司烟台福山支行依约向被告烟台某服饰有限公司、王某发放贷款50万元，贷款已到期后，被告烟台某服饰有限公司、被告王某未按期归还借款，已构成根本违约，故银行起诉要求偿还借款。2022年8月3日，中国某银行股份有限公司烟台福山支行和被告烟台某服饰有限公司、王某签订《小微快贷借款合同》，约定中国某银行股份有限公司烟台福山支行向被告烟台某服饰有限公司、王某发放借款额度10万元用于日常生产经营周转，借款额度有效期自2022年8月3日至2023年8月3日。2022年8月，原告中国某银行股份有限公司烟台福山支行依约向被告烟台某服饰有限公司、王某发放贷款10万元，后贷款虽未到期，但烟台某服饰有限公司、王某在中国某银行股份有限公司烟台福山支行处于2019年12月27

* 参见山东省烟台市福山区人民法院（2023）鲁0611民初1201号民事调解书。

日的借款已经到期且未依约履行到期债务，已构成根本违约，中国某银行股份有限公司烟台福山支行依照合同约定要求被告烟台某服饰有限公司、王某立即偿还于2022年8月3日签订的借款合同项下的债务本金、利息及费用。

【办理思路】

一是全面把握案情，辨析法理。本案立案时因涉及两份合同，原告中国某银行股份有限公司烟台福山支行同时起诉了涉及被告烟台某服饰有限公司的两个金融借款案件，进入诉前调解阶段后，在庭前阅卷审查中发现本案虽然为两份不同的借款合同，但实际是由第一份借款合同的违约所引发的两个案件，在此前提下，通过对案情充分了解，对法律适用心中有数，决定对本案一并审理。

二是树立整体思维，一并解决。根据“一案一诉”原则，通常一个诉讼仅审理一个法律关系，如果当事人之间有多个基于不同法律关系的争议，那么应当分别起诉。由于不同案件所涉法律关系相对独立，法官即便对其他纠纷的内容不甚了解，也不影响该特定案件的判决。但不同案件所争议的利益仍归集于相同主体，因此在调解中则通常需做整体考虑。如果不了解其他案件的审理情况，就难以真正把握双方争议的症结。本案中，被告实际是因为《小微企业抵押快贷借款合同》的违约行为导致了《小微快贷借款合同》的加速到期，如果不解决《小微企业抵押快贷借款合同》的问题，单纯针对《小微快贷借款合同》进行调解是无法达成一致的，故在案件调解过程中，一并对两个合同进行调解，主要针对《小微企业抵押快贷借款合同》进行调解，将案件的堵点打通。

三是恢复双方信任，注重调解。金融纠纷是陷入僵局的交易，要将这样的交易盘活，需要法官发挥主观能动性，为成功调解或和解创造条件、清除障碍。信任是现代社会交易双方天然缺乏的基本交易条件，恢复交易的前提是让主体之间基于互信而建立交往，金融纠纷源于“失信”，其调解过程本质上是恢复信任的过程。与一般民事调解多通过将心比心、换位思考来弥合当事人之间的失信裂痕，以求“冰释前嫌”“破镜重圆”不同，陌生的商主体之间大多不具备共情的现实基础，重建信任需更多借助外力，即依靠规则和促调者的公信，以践诺督促和失信惩戒稳定预期，打消守信方对对方再次毁约的顾虑。这是金融纠纷成功调解的关键，也是难点所在。被告认为其在贷款中遇到疫情影响根据相关政策应当获得利息优惠，在调解中也提交了部分

"因疫情原因受影响而减息"的相关政策文件，本案被告因在借款时提供房产作为抵押物，银行在被告无力还款时仍能够拍卖、变卖抵押物以获得自身利益的弥补，所以在调解过程中，银行处于优势一方，经过法官调解，原告主动调整逾期利息，大幅度降低了利息数额，使被告实现了获得部分预期的利息减免，双方最终恢复信任达成调解，既减少了企业的贷款成本，又增加了银行的获益成果。

【法条链接】

《中华人民共和国民法典》（2020 年 5 月 28 日）

第六百六十七条　借款合同是借款人向贷款人借款，到期返还借款并支付利息的合同。

第六百七十一条第一款　贷款人未按照约定的日期、数额提供借款，造成借款人损失的，应当赔偿损失。

【法官心语】

对于金融类案件，相较诉讼，调解更注重柔性的人情而非刚性的法条，更有赖于当事人对利益的妥协而非对权利的执着，但这并不意味着调解可以脱离案件事实和法律评价。相反，事实和法律应当是调解的基础。调解传承了中华民族"贵和"的优良传统，其背后的文化基因是儒家思想关于秩序与正义的辩证思考。因此，倡导正确的价值观，引导当事人遵守法律和道德，应当是调解工作更具深意的使命。如果调解的结果是增加"当好人的成本"，助长"当坏人的气焰"，那么就不如径行判决。不顾是非的促调，会给当事人造成"和稀泥"的负面印象。金融交易更具专业性，商主体也通常更为理性，参与纠纷解决的能力更强。相应地，他们对促调者的专业要求也更高，对"和稀泥"式的促调方式，他们不仅不会买账，还会对"老好人"式的促调者失去信任，连带怀疑案件审理的专业性。金融纠纷的调解工作本质上是促使诉讼双方重建信任，盘活交易的过程，对商主体和商事交易具有经济作用。为了最大程度实现这种经济作用，法官既要熟悉交易、重视规则，也要创新思路、灵活变通，更要兼顾协议的履行或执行。一次成功的调解，不仅能高效、彻底解决纠纷，还能修复、维护双方的商业关系，为双方继续进行交易提供可能。所以在金融类案件的调解工作中，因该类案件往往事实清楚，需要加强对案情的全面把握，辨析法理，将法官内心确信的过程明确表达，使被告能够明晰案件的情况与走向，促成调解，并且在审理过程中要树立整体思维，避免“头痛医头，脚痛医脚”的情况。

承办法官：蒋基德
法官助理：谭智文
执笔人：谭智文

4. 建设银行某支行与李某金融借款纠纷案*

——“区块链+智慧法院”高效化解金融纠纷

【基本案情】

烟台市莱山区人民法院于2023年4月7日受理原告建设银行某支行与被告李某金融借款合同纠纷案，2020年，被告向原告申请办理银行卡，并申请开通网上银行、手机银行等。原告审查并核发银行卡。当日，被告通过建设银行电子系统申请贷款并进行贷款操作，且绑定了银行卡号。被告先以密码、手机短信验证码或网银U盾等方式进行实名认证，然后进入建设银行电子银行系统点击快贷页面，确认页面显示的贷款利率及期限等信息后，被告确认申请和授权征信查询，建设银行电子银行系统依据征信查询结果计算出可贷款额度，由被告根据可贷款额度选择贷款金额，经原告审批通过并与被告签订《中国建设银行“快e贷”借款合同》《中国建设银行“借贷通”服务协议》，合同主要约定了贷款金额、贷款种类（信用贷款）、贷款用途、贷款期限、贷款利率、罚息利率、复利利率、还款方式等内容。之后原告按约向被告发放贷款，借款到期后被告未依约偿还贷款本息。

原告认为，依法成立的合同受法律保护。被告申请了建设银行的银行卡，并以此向原告申请借款，原告与被告签署的《中国建设银行“快e贷”借款合同》《中国建设银行“借贷通”服务协议》系双方的真实意思表示。未违反法律、行政法规的强制性规定，合法有效。双方当事人均应按约履行各自的义务。原告要求被告立即偿还全部贷款本息并承担违约责任。

在审理过程中，原告提交贷款申请全流程日志、区块链存证证明书（身

* 参见山东省烟台市莱山区人民法院（2023）鲁0613民初779号民事判决书。

份信息、借款合同、支用记录、日志信息)、人脸识别图片等证据，用于证明被告线上申请贷款及支用款项的事实。被告对上述证据的真实性予以认可，最终本案判决被告偿还原告借款本息。

【办理思路】

该系列案件原告通过银行立案端口与省院平台对接推送到法院立案平台，区块链电子存证系统里保存的原始电子证据就会自动导入法院办案平台，实现了起诉状自动生成、欠款人身份信息自动提取以及原始电子证据的固定和存验。依靠区块链技术公开透明、可验证、可追溯、不可篡改及全流程记录、全链路可信、全节点见证等技术优势，实现简单快速认证。

根据工业和信息化部对区块链的定义，“区块链是分布式数据存储、点对点传输、共识机制、加密算法等计算机技术在互联网时代的创新应用模式”。区块链的本质是一种分布式记账的数据库，大量共同记账的主体作为节点构筑成区块链网络，任何一个服务器都可以加入这一网络成为节点，每个节点将一段时间内接收到的交易数据和代码存储到加盖时间戳的区块中，同时全网其他节点都会同步这个新加入的数据，以保证整个区块链网络存储数据的一致性。这种分布式记账方式在数据真实性方面远优于数据中心或中心化云存储产品。因此，区块链不仅是一种数据存储方式，也是一种证据保全方式。

区块链上存储的是用共识算法计算出的数据信息的哈希值，是数据摘要而非数据信息本身。哈希值也被称作数据信息的“电子指纹”，具有唯一性与可识别性。一旦发生争议，可以将当事人提交的链下保存的电子数据计算出哈希值，与链上存储的哈希值做对比，以验证电子数据是否被篡改。各地法院应用的司法区块链平台，即通过存储及验证数据哈希值的方式来审查当事人提交的电子数据真实性。

本案事实清楚，案件审理过程中，原告提交了区块链存证证书等证据，存证证书是运用区块链技术取证、存证的电子证据，因区块链存证具有可信、不可篡改等特征，在对方当事人未举出相反证据推翻其真实性的情况下，应予确认其真实性并采信。本案中，双方当事人均对相关证据及事实表示认可，减少了不必要的争议，为查明案件提供了便利。在此基础上，判决采取“表格式”形式，内容简明，重点突出，将“快”与“简”有效结合，实现审判增效提速。

【法条链接】

《人民法院在线诉讼规则》（2021 年 6 月 16 日，法释〔2021〕12 号）

第十六条　当事人作为证据提交的电子数据系通过区块链技术存储，并经技术核验一致的，人民法院可以认定该电子数据上链后未经篡改，但有相反证据足以推翻的除外。

第十七条　当事人对区块链技术存储的电子数据上链后的真实性提出异议，并有合理理由的，人民法院应当结合下列因素作出判断：

（一）存证平台是否符合国家有关部门关于提供区块链存证服务的相关规定；

（二）当事人与存证平台是否存在利害关系，并利用技术手段不当干预取证、存证过程；

（三）存证平台的信息系统是否符合清洁性、安全性、可靠性、可用性的国家标准或者行业标准；

（四）存证技术和过程是否符合相关国家标准或者行业标准中关于系统环境、技术安全、加密方式、数据传输、信息验证等方面的要求。

【法官心语】

随着互联网金融行业的创新发展，线上信贷业务也快速得到普及，相关纠纷案件的增多，对于银行等金融机构来说对线上证据的固定和保存都面临新的挑战，法官在审理过程中怎么审查也是新的难题。区块链技术因其不易篡改、去中心化、防伪溯源、公开透明等特征，在司法领域的存证、固证、验证等方面凸显出独特的作用。

现阶段，部分法院已经开启法院区块链证据核验平台，接入“至信链”等区块链应用，实现第三方存证平台便捷存证、证据高效核验的闭环链条，建设一条从电子数据到电子证据的可信数据通道，实现电子送达、在线调解、互联网庭审等多场景中法律文书、证据材料、音视频文件的上链存证、全程留痕，大大减轻了法官审理过程中对于第三方平台的审查以及提升了电子数据核验的速度，提升了案件审理效率。

当然，区块链技术从数字货币开始进入大众视野，随着这项技术在各个领域的不断发展，会给民事司法带来改变，也存在相应的不确定性。虽然区块链技术存在不易篡改、防伪溯源等特征，但不意味不会被篡改，故《人民法院在线诉讼规则》第 17 条、第 18 条、第 19 条也规定了对区块链存疑证据的审查。在司法实践过程中我们应积极面对，严谨甄别，更好地发扬该项技术在司法审判领域的实践。在区块链金融速裁模式下，大多数金融案件可快速送达、快速查明事实，全程要素式标准化审理，纠纷得以优质高效化解，审判质效得到有力提高。

区块链技术在金融类纠纷里应用仅仅是冰山一角，更广阔的应用应在知识产权类等民事诉讼证据的固定、执行类财产线索的固定以及送达方式的多样化上。区块链技术将探索拓展更多典型应用场景，为司法数据安全、电子证据可信、执行操作合规、司法文书权威提供技术保障，进一步提升司法公信力。要充分发挥区块链优化司法业务流程的重要作用，支持立案信息流转应用、调解与审判流程衔接应用、审判与执行流程衔接联动、提升执行效率等典型应用场景，不断提高司法效率，以数字正义推动实现更高水平的公平正义。

承办法官：丁　晶
法官助理：宋　健
执笔人：丁　晶

5. 丙公司恶意增资案*

——保护股东合法权益，优化稳定营商环境

【基本案情】

甲公司原系丙公司持股30%股东，乙公司原系丙公司持股70%股东。2017年1月，丙公司召开2017年第一次股东会，会议的议题是“丙公司新增加实缴注册资本200万元”。会议表决结果为乙公司同意，甲公司不同意。甲公司在表决票中注明了反对意见“此变更违反出资协议，相关资金缺口应由乙公司提供或由丙公司收入解决”。当日，丙公司通过了《股东会决议》，决定公司注册资本由1000万元增加至1200万元，增加的200万元由乙公司以货币出资，并于2017年3月24日前缴足。乙公司在该股东会决议上加盖公章。后丙公司向工商部门申请变更了公司注册资本及股东持股比例，变更后乙公司持股75%，甲公司持股25%。

甲公司认为，乙公司利用其大股东优势，滥用股东权利，在未取得甲公司同意且无任何合理事由的情况下，仅凭盖有乙公司公章的股东会决议擅自增加200万元注册资本，恶意稀释甲公司股权，致使甲公司股权及利润分配权严重受损。甲公司提起诉讼，要求判令丙公司的增资行为无效。

被告丙公司未出庭亦未答辩。

被告乙公司认为，丙公司的增资行为符合《公司法》的规定，符合公司章程的约定。在甲公司所诉增资行为发生之前，乙公司就持有丙公司70%股权，甲公司持有丙公司30%股权。2017年1月，丙公司基于扩大生产的需求，组织召开股东会，对公司增资事项进行了表决，丙公司全体股东均列席此次股东会，会议形式合法。在股东会上，甲公司就公司增资事项表示反对，

---

* 参见山东省烟台市牟平区人民法院（2021）鲁0612民初3188号民事判决书；山东省烟台市中级人民法院（2022）鲁06民终2053号民事判决书。

丙公司对此如实进行了书面记录。根据丙公司章程，“增加注册资本事宜应召开股东会，并由代表2/3以上表决权的股东通过”，乙公司持有超过2/3表决权的股份，经股东会表决，公司增资事宜经2/3以上表决权通过，该股东会决议完全合法，无违反强制规定的情形，请求人民法院依法驳回甲公司的诉讼请求。

【办理思路】

资本多数决原则，是指在股东大会上或者股东会上，股东按照其所持股份或者出资比例对公司重大事项行使表决权的原则。“资本多数决”是公司运作的重要原则，但是一旦该原则被滥用，就有可能出现多数股股东利用“资本多数决”原则欺压小股东、损害其他股东及公司利益的行为，致使小股东权益受损。

本案的争议焦点为：（1）涉案增资是否损害甲公司的利益？（2）涉案增资效力的认定。

牟平法院审理后认为，首先，有限责任公司增资时，应综合考虑各股东利益的平衡，科学评估公司净资产额以确定股权价值。丙公司未按照当时公司的净资产额，而是按照远低于公司净资产的注册资本进行增资。在甲公司对涉案增资方案提出异议的情况下，乙公司作为持股70%的大股东，凭借其控制的多数表决权，对决议的通过起到了决定性作用，实际是损害了甲公司的股东利益。同时，根据2015、2016、2017年丙公司的财务报表显示，丙公司作出涉案增资决定时，经营状况良好，经营利润可观，而涉案增资的目的系“进一步扩大公司生产经营规模和加快公司发展”，对此丙公司并未提交充分的证据对其增资目的作出合理的解释。另外，涉案财务报表显示丙公司资金充裕，即使是为了通过融资扩大公司生产，增资也并非唯一的融资方式。丙公司排除通过未分配利润、公积金转增注册资本等方式，选择股东新增出资进行增资，明显不符合公司的实际情况。

其次，被告乙公司的行为属于《公司法》第20条第1款①规定的“滥用股东权利”，其作为丙公司大股东滥用资本多数决，随意增资，稀释了甲公司的股权，损害了甲公司的合法权益。根据《公司法》第22条第1款②“公司股东或者股东大会、董事会的决议内容违反法律、行政法规的无效”的规定，乙公司作为大股东滥用资本多数决原则通过的2017年1月丙公司股东会决议

---

① 对应《公司法》（2023年修订）第21条第1款。
② 对应《公司法》（2023年修订）第25条。

内容因违反法律强制性规定而无效，基于无效的股东会决议而实施的增资行为亦应认定为无效。故判决：确认被告丙公司依据 2017 年 1 月《股东会决议》作出的增资行为无效。

丙公司不服，提起上诉，二审法院经审理予以维持。

【法条链接】

《中华人民共和国公司法》（2023 年 12 月 29 日修订）

第二十一条 公司股东应当遵守法律、行政法规和公司章程，依法行使股东权利，不得滥用股东权利损害公司或者其他股东的利益。

公司股东滥用股东权利给公司或者其他股东造成损失的，应当承担赔偿责任。

第二十五条 公司股东会、董事会的决议内容违反法律、行政法规的无效。

第五十三条 公司成立后，股东不得抽逃出资。

违反前款规定的，股东应当返还抽逃的出资；给公司造成损失的，负有责任的董事、监事、高级管理人员应当与该股东承担连带赔偿责任。

第二百二十七条 有限责任公司增加注册资本时，股东在同等条件下有权优先按照实缴的出资比例认缴出资。但是，全体股东约定不按照出资比例优先认缴出资的除外。

股份有限公司为增加注册资本发行新股时，股东不享有优先认购权，公司章程另有规定或者股东会决议决定股东享有优先认购权的除外。

【法官心语】

保护股东尤其是中小股东的合法权益是优化营商环境的重要内容，不仅关系到中小股东自身的投资收益，也关系到企业正常运营和持续发展，更关系到激发广大中小股东的投资热情，保护市场信心和稳定市场基础。

有限责任公司的增资是公司基于筹集资金、扩大经营等目的，依照法定条件和程序增加公司注册资本的行为。在实务中，往往出现大股东利用控股地位，在公司盈利预期良好的情况下，以增资扩股的方式，提高自身持股比例，摊薄小股东利益。这是有限责任公司大股东巩固自身地位，获取更多经营收益的常见做法，直接影响其他小股东的利益，往往引发小股东的不满。在涉案股东会召开时，甲公司作为小股东对增资表示反对，但乙公司作为持股 70% 的大股东表决同意通过了由其向公司增资 200 万元同时修改公司章程相应条款的决议，丙公司随后申请工商部门变更了公司注册资本及股东持股比例，致使乙公司持股比例增至 75%，甲公司持股比例由之前的 30% 降至 25%。这是一起典型的小股东反对大股东利用资本多数决进行增资扩股而引发的纠纷。对此，如何从公平价值理念出发，基于保护小股东利益之需要进行介入，值得深思。

1. 公司通过股东会决议的方式增资不能滥用资本多数决规则。在丙公司经营状况良好，存在大量资本盈余的情况下，增资决议既没有合理的增资理由，非实现全体股东利益所必需，也未在资产评估基础上根据《公司法》第 227 条规定的“按照实缴的出资比例认缴出资”实行增资。作为丙公司大股东的乙公司在小股东反对的情况下，滥用资本多数决，随意增资，稀释了小股东的股份，尤其是依据原注册资本，而非净资本确定股权比例，导致原有的利润稀释化，以隐蔽的方式侵犯了小股东的财产利益。

2. 公司股东滥用股东权利损害其他股东利益的股东会决议效力认定的法律依据。虽然资本多数决是股东会的重要议事规则，但并非公司的所有事项都属于资本多数决处分的范围。认缴新增资本属于股东固有的、非经股东自身同意不可剥夺的权利，而非义务。股东有权根据自己的资金状况或者对公司前景的判断决定是否增资，即便是股东会也无权强制小股东认缴新增资本。因此，乙公司作为大股东未经小股东同意而强行通过的 2017 年 1 月丙公司股东会决议内容，违背了其他股东真实意愿，违反上述法律强制性规定，对小股东不具有约束力，基于该无效的股东会决议而实施的增资行为亦无效。

承办法官：张毓芝

执笔人：张毓芝　王　迪

6. 某合作社与和某食品公司借款合同案*

——“暖心调解+建议指导”助企构筑金融法盾

【基本案情】

2017 年 12 月 20 日至 2018 年 9 月 11 日，和某食品公司（以下简称和某食品）、李某某以及嘉某食品分别与案外人某宸食品签订借款合同 6 份，向某宸食品借款共计 9 167 876.1 元，借款利率均为年利率 7.35%，李某某、嘉某食品为上述借款提供连带责任保证，保证期限为债务履行期限届满后两年。2019 年 11 月 22 日，某宸食品分别向和某食品、李某某、嘉某食品发出《债务催收通知书》《履行保证责任通知书》，载明：截至 2019 年 11 月 22 日，和某食品仍欠付借款本金 7 667 876.1 元及相应利息，要求和某食品在接到通知书后 30 日内偿还债务，并要求保证人李某某、嘉某食品承担连带保证责任。和某食品、李某某、嘉某食品同日在通知回执上签字盖章。2021 年 6 月 30 日，某宸食品与某合作社签订债权转让合同，将借款本金 7 667 876.1 元及相应利息的到期债权全部转让给某合作社，并通知了和某食品和李某某。合作社认为，某宸食品与和某食品、李某某与和某食品、李某某及嘉某食品签订的借款合同合法有效，并对三方享有到期债权。合作社与某宸食品签订债权转让合同，是双方真实意思表示，未违反法律法规的禁止性规定，且已通知和某食品和李某某，债权转让已经发生法律效力，和某食品、李某某有义务向某合作社偿还到期债务。本案经法官诉前调解，促使双方当事人达成调解协议，协议内容如下：原告某合作社与被告和某食品、李某某确认现尚欠借款本金 6 717 876 元，和某食品于 2023 年 1 月 30 日前、2023 年 8 月 30 日前、2024 年 1 月 30 日前、2024 年 8 月 30 日前、2025 年 1 月 30 日前、2025 年 8

---

* 参见山东省烟台经济技术开发区人民法院（2022）鲁 0691 民初 1460 号民事判决书。

月 30 日前、2026 年 1 月 30 日前，向原告烟台某合作社分别偿还 836 000 元，其余借款本金 865 876 元于 2026 年 8 月 30 日前一次性还清。如被告和某食品按期足额履行，原告某合作社放弃追要之前所欠的借款利息。如有任一期未足额履行，则被告和某食品应自逾期之日起以本期应给付的金额为基数，按照中国人民银行授权全国银行间同业拆借中心公布贷款市场一年期报价利率支付利息直至付清之日止，同时赔偿原告某合作社损失 1 000 000 元。本案至此案结事了，成功化解了当事人之间的矛盾。

【办理思路】

《最高人民法院关于依法妥善审理涉新冠肺炎疫情民事案件若干问题的指导意见（一）》中明确规定，各级法院要充分发挥司法服务保障作用。要充分认识此次疫情对经济社会产生的重大影响，立足统筹推进疫情防控和经济社会发展工作大局，充分发挥司法调节社会关系的作用，积极参与诉源治理，坚持把非诉讼纠纷解决机制挺在前面，坚持调解优先，积极引导当事人协商和解、共担风险、共渡难关，切实把矛盾解决在萌芽状态、化解在基层。这告诉我们调解工作是处理矛盾纠纷的最优方式。

对于受疫情影响陷入困境的企业特别是中小微企业、个体工商户，采取灵活的诉讼财产保全措施或者财产保全担保方式，可以切实减轻企业负担，助力企业复工复产。本案中，和某食品因经营需要向某合作社借款人民币 900 余万元，期间陆续还款 200 余万元，但因受疫情等原因的影响，企业经营出现困难，无力偿还其余借款。某合作社起诉到法院，索要欠款，并申请了财产保全，法院保全了和某食品的部分资产。在审理过程中，该公司对欠款事实没有异议，并向主审法官陈述了目前企业现状，企业有员工几百人，依靠银行贷款勉强进行部分经营，如果查封其财产，银行就会中止贷款支持，企业将无法经营，职工面临失业，所欠借款也将无法足额偿还。法官了解情况后，到该公司进行走访、了解企业生产状况，认为该企业只是一时陷入经营困难，发展前景较好。法官及时将企业的经营状况、发展前景和现实困难反馈给合作社，多次组织双方进行调解，商谈切实可行的还款方案，并邀请金融机构参与调解，争取金融机构给予企业政策支持，最终双方达成还款协议，握手言和。法院也及时解除了对企业的保全措施，企业生产步入正轨。调解协议生效后，该企业依约履行了还款义务，银行债权也有了保证，实现三方共赢。不止于此，该案结案后，承办法官根据涉企金融风险预防指引，从强化金融风险意识、规范内控管理机制、严格控制项目论证、合理规划融资结构等方面入手，指导该企业负责人立即着手制定防范措施，避免高负债情况继续恶化，从源头上防范金融风险，将资产负债控制在合理水平。

【法条链接】

1.《中华人民共和国民法典》(2020 年 5 月 28 日)

第一百七十八条 二人以上依法承担连带责任的，权利人有权请求部分或者全部连带责任人承担责任。

连带责任人的责任份额根据各自责任大小确定；难以确定责任大小的，平均承担责任。实际承担责任超过自己责任份额的连带责任人，有权向其他连带责任人追偿。

连带责任，由法律规定或者当事人约定。

第五百四十五条 债权人可以将债权的全部或者部分转让给第三人，但是有下列情形之一的除外：

（一）根据债权性质不得转让；

（二）按照当事人约定不得转让；

（三）依照法律规定不得转让。

当事人约定非金钱债权不得转让的，不得对抗善意第三人。当事人约定金钱债权不得转让的，不得对抗第三人。

2.《最高人民法院关于审理民间借贷案件适用法律若干问题的规定》(2020 年 12 月 29 日修正)

第九条 自然人之间的借款合同具有下列情形之一的，可以视为合同成立：

（一）以现金支付的，自借款人收到借款时；

（二）以银行转账、网上电子汇款等形式支付的，自资金到达借款人账户时；

（三）以票据交付的，自借款人依法取得票据权利时；

（四）出借人将特定资金账户支配权授权给借款人时，自借款人取得对账户控制权时；

（五）出借人以与借款人约定的其他方式提供借款并实际履行完成时。

【法官心语】

随着我国社会主义市场经济的持续繁荣，各类经济活动大幅增多，民间借贷、金融借款合同类的纠纷案件数量也日益增加。烟台经济技术开发区人民法院聚焦高效化解涉企金融风险，扎实推进金融案件审判执行工作，全力筑牢涉企金融风险“防火墙”，为推动金融市场稳定发展提供了强有力的司法服务和保障。法院主动畅通金融纠纷诉讼“绿色通道”，通过设立金融调解委员会专业调解、优化立审部门衔接、实行案件繁简分流等方式，推动部门间加强协作，汇聚涉企金融纠纷化解合力，推动纠纷高效化解。

本案中，法官以“暖心调解 + 建议指导”为工作思路开展工作。第一，承办法官通过走访，实地了解企业生产状况，发现该企业只是一时陷入经营困难，企业发展前景较好，具有调解的基础。因此，法官团队多次组织双方进行调解，商谈切实可行的还款方案，并邀请金融机构参与调解，争取金融机构给予企业政策支持，最终双方达成还款协议，握手言和，法院也及时解除了对企业的保全措施，企业生产步入正轨。调解协议生效后，该企业依约履行了还款义务，银行债权也有了保证，实现三方共赢。第二，法官在案后加强对企业的规范引导。该案结案后，承办法官根据涉企金融风险预防指引，从强化金融风险意识、规范内控管理机制、严格控制项目论证、合理规划融资结构等方面入手，指导该企业负责人立即着手制定防范措施，避免高负债继续发展，从源头上防范金融风险，将资产负债控制在合理水平。本案的顺利解决体现了法院以人为本的工作理念，通过“暖心调解 + 建议指导”让中小企业在纾困解难中感受司法的温度。

中小微企业是国民经济和社会发展的生力军，是建设现代化产业体系、推动经济实现高质量发展的重要基础，是扩大就业、改善民生的重要支撑。如何加大困难企业帮扶力度，通过构筑金融法盾为中小微企业护航高质量发展，是我们目前司法工作的一个重要课题。下一步，我们将继续按照“司法助企 · 金融法盾”的行动要求，依法保护金融市场各方合法权益，充分发挥金融审判职能作用，妥善审理金融纠纷案件，加强与金融监管部门协作，积极推进金融类纠纷多元化解，努力把纠纷化解在诉前、解决在萌芽，同时扎实开展金融风险预警工作，通过制发司法建议等形式，精准指导企业加强防范，以更务实、更高效的司法举措护航经济社会高质量发展。

承办法官：刘　晓

执笔人：曲俊丞

7. 某银行诉姜某甲、某置业公司金融借款合同案*

——缺席后再调解止纠纷

【基本案情】

2018 年 12 月 13 日，某银行与姜某甲、某置业公司签订《个人购房担保借款合同》，约定姜某甲借款 68 万元用于购买某房产及借款期限、还款方式、还款日、借款利率等，并约定姜某甲未按约定期限归还借款本金的，某银行对逾期借款从逾期之日起在本合同约定的借款执行利率基础上上浮 50% 计收罚息，直至本息清偿为止，逾期期间，如遇中国人民银行同期人民币贷款基准利率（或 1 年期 LPR）调整，自基准利率调整之日（或 1 年期 LPR 调整后一个工作日）起罚息利率相应调整；姜某甲未按约定按期足额偿还借款，某银行有权提前收回已发放借款，有权宣布姜某甲与某银行签订的其他借款合同项下借款立即到期或采取其他资产保全措施，并有权在遭受损失时要求姜某甲全额赔偿；因姜某甲、某置业公司违约致使某银行采取诉讼或仲裁方式实现债权的，姜某甲、某置业公司应当承担某银行为此支付的律师费、差旅费及其他实现债权的费用；合同项下的借款由阶段性保证人某置业公司自借款发放之日起，至姜某甲取得房地产权属证书，并办妥以某银行为抵押权人的抵押登记手续止，为姜某甲的债务承担连带保证责任，保证范围包括合同项下借款本金、利息、罚息、复利、违约金、损害赔偿金等贷款人实现债权的一切费用。合同项下借款由阶段性保证人某置业公司为姜某甲的债务承担连带保证责任。2018 年 12 月 13 日，某银行依约向姜某甲发放借款。

2018 年 12 月 7 日，姜某甲向某银行出具《同意房产抵押承诺书》。2019

* 参见山东省烟台高新技术产业开发区人民法院（2022）鲁 0692 民初 59 号民事调解书。

年10月12日，某银行与姜某甲依约就涉案房产办理了预购商品房抵押权预告登记手续。该房屋尚未办理不动产权属证书。姜某甲向某银行借款后按期足额还款至2019年9月，自2019年10月起多次出现逾期还款情况。因姜某甲未出庭应诉，本案于2022年2月16日缺席开庭审理。经查，姜某甲2022年2月13日前的本金、利息、罚息、复利均已偿清。

【办理思路】

某银行与姜某甲、某置业公司签订的《个人购房担保借款合同》系当事人真实意思表示，不违反法律、行政法规的强制性规定，合法有效，各方均应按约履行。某银行按约向姜某甲发放借款68万元，姜某甲应按合同约定按期偿还借款本息。姜某甲自2019年10月起未能按期足额偿还借款构成违约，某银行有权依照合同约定加速债务到期，提前收回借款，并按照合同约定的利率标准计算利息、罚息、复利。

《个人购房担保借款合同》约定了某置业公司自借款发放之日起，至姜某甲取得房地产权属证书，并办妥以某银行为抵押权人的抵押登记手续之日止，为姜某甲的债务承担连带保证责任。涉案房屋至今尚未办理不动产权属证书，某置业公司应对姜某甲的上述债务承担连带保证责任。某置业公司承担保证责任后，有权向姜某甲追偿。

合同约定，因姜某甲、某置业公司违约致使某银行采取诉讼或仲裁方式实现债权的，姜某甲、某置业公司应当承担某银行为此支付的律师费、差旅费及其他实现债权的费用，但某银行仅提交《委托代理协议》，不能证明其已实际支付律师费。

出于为当事人考虑的角度，庭后承办法官主动联系姜某甲，询问其为何未到庭参加诉讼，得知姜某甲自以为已将逾期的贷款、利息、罚息补交完毕，以为该案件已处理完毕，银行会自行撤诉，不需要再到法院应诉答辩，遂接到了传票也没有到法院应诉，错误地放弃了自身权利，亦未就该案与法院及原告及时沟通。承办法官告知其银行要求提前行使《个人购房担保借款合同》约定的权利，收回银行向姜某甲发放的全部贷款，并要求姜某甲承担因诉讼产生的诉讼费、律师费等各项费用，并再次告知其缺席的不利后果。

了解原被告双方的情况后，特别是了解到涉案房产系老两口给儿子准备的婚房，对整个家庭意义重大，法官从法理人情的角度耐心细致地进行了解释，告知姜某甲房屋断贷的严重后果，得知姜某甲确有继续履约的意愿后，做通银行的工作，找机会让双方坐下来，组织了调解，达成了调解协议，此事得到了圆满解决。

【法条链接】

《中华人民共和国民法典》（2020 年 5 月 28 日）

第五百零九条 当事人应当按照约定全面履行自己的义务。

当事人应当遵循诚信原则，根据合同的性质、目的和交易习惯履行通知、协助、保密等义务。

当事人在履行合同过程中，应当避免浪费资源、污染环境和破坏生态。

第五百七十七条 当事人一方不履行合同义务或者履行合同义务不符合约定的，应当承担继续履行、采取补救措施或者赔偿损失等违约责任。

第五百七十九条 当事人一方未支付价款、报酬、租金、利息，或者不履行其他金钱债务的，对方可以请求其支付。

第六百六十七条 借款合同是借款人向贷款人借款，到期返还借款并支付利息的合同。

第六百七十六条 借款人未按照约定的期限返还借款的，应当按照约定或者国家有关规定支付逾期利息。

【法官心语】

作为一名法官，在每一起案件的具体审理过程中，都应该严格要求自己，做到严谨、细致、高效、专业，工作责任心强一点、效率高一点、做得细一点、专业性更强一点，把注意细节贯穿于每一起案件的每个环节。该起案件案情并不复杂，本可以在姜某甲缺席的情况下直接下达判决，但多打一个电话，多问一句，就拯救了一个家庭的幸福。在处理案件过程中，应该像这样时刻心系群众利益，法官不应该是一台冰冷的办案机器，而是要把人民群众的点滴利益挂在心头。

房贷断供有许多严重后果。房屋断贷，首先需要承担高罚息。逾期还贷时，银行会催促还贷，并处以罚息惩罚。如若多次逾期，甚至长期不还房贷，银行可能会向法院申请拍卖房产。如果贷款人出现断供的情况，银行一般会给予贷款人 6 个月的宽限期，若连续 6 个月以上不还房贷，银行可能就会向法院申请对房子进行拍卖，拍卖所得优先用于偿还银行的贷款以及所产生的罚息。一般来说，房屋的拍卖价会低于市场价，一旦房产拍卖成交价太低，贷款人首付款、装修费等前期费用可能就要白交了。同时，当购房人弃房断供时，银行必然会向法院起诉，诉讼费用也就需要由购房者承担。最严重的是，一旦出现断供，银行个人征信系统就会留下不良记录，断供者会被列入征信黑名单，个人信贷产生污点后个人征信将受损严重。日后若想要办理信用卡、坐飞机、高铁出行等，都会受到影响，且将不能再从银行获得任何贷款，甚至连自身工作都会受到牵连。因此，绝不能轻易断贷，一旦断贷，如果接到了法院的传票，要积极出庭进行应诉，行使好自己的诉讼权利。

如果确实还不起房贷，可以采取以下措施：一是可以要求暂停还本金，如果购房者只是暂时无法偿还银行贷款，可以与银行协商，要求短时间内只还利息不还本金。当然前提是一定要准备好关于借贷款的相关资料，然后对个人目前无法偿还贷款的情况进行详细的阐述，等待银行的审批。如果家中有其他的资产可以提供有力的资产证明，更容易获得银行的审批。二是可以要求延长还款期。大多的购房者在贷款时会选择 10～20 年的还款年限，如果还款过程中遇到资金困难，可以向银行申请延长贷款期限。同样，这种方式仍然需要与银行协商，由银行综合考虑贷款人的年龄、工作能力、经济能力等，符合条件的，由银行同意放宽贷款期限限制。

承办法官：马潇枭
法官助理：侯　潇
执笔人：侯　潇

8. 山东蓬莱某银行股份有限公司诉梁某某金融借款合同纠纷案*

——通过电子银行进行银行借贷的证据审查形式

【基本案情】

2022 年 1 月 5 日，通过信 e 贷电子银行渠道，原告山东蓬莱某银行股份有限公司与被告梁某某签订了《个人借款合同》，原告借给被告梁某某 20 万元，借期为 2022 年 1 月 5 日至 2023 年 1 月 4 日。现被告违约拖欠借款本息，原告于 2023 年 4 月 14 日诉至法院。

第一，借款合同签订情况：2022 年 1 月 5 日，原告与被告梁某某通过信 e 贷电子银行渠道签订了《个人借款合同》，约定被告梁某某向原告借款本金人民币 20 万元，借期为 2022 年 1 月 5 日至 2023 年 1 月 4 日；借款种类为个人信 e 贷（信用），借款用途为住房装修，借款利率为年利率 7%；还款方法为定期结息，到期日利随本清，按月结息，结息日为每月 20 日，借款到期日一次性偿还所有借款本金。合同第 2 条约定，借款人应在贷款人处开立账户，办理借款资金的发放、支付与还款等业务。凡与借款人账户（含借款人换领或变更后的折/卡）账号相符并通过密码验证的操作均为借款人本人或本人授权实施。借款的放款、支付、还款、金额、期限、利率、利息计算等具体事项，以相关业务档案、凭证记载为准。涉及计算机业务系统或各类自主银行渠道交易的，贷款人业务系统或相关设备形成的交易记录、电子数据等具有同等证据效力。双方确认贷款人业务系统或相关设备所产生的电子数据的有效性。

第二，借款合同履行情况：2022 年 1 月 5 日，原告依约向被告梁某某账

* 参见山东省烟台市蓬莱区人民法院（2023）鲁 0614 民初 1243 号民事判决书。

户发放贷款人民币 20 万元，履行了发放贷款义务。被告梁某某取得 20 万元借款后，自 2022 年 12 月 21 日开始欠息，2023 年 1 月 4 日借款期满后未归还借款本金。依据合同约定，借款期内按 7% 计算利息、复利，借款期满后按 10.5% 计算逾期利息及复利，截至 2023 年 2 月 20 日，被告梁某某归还借款本金 0 元，已支付利息 13 704.11 元，尚欠本金 20 万元及逾期利息 3232.03 元、复利 15.18 元，本金、利息、复利合计 203 247.21 元。

【办理思路】

原告提交证据如下：第一组证据：（1）《个人借款合同》及数字证书签名验证报告各一份；（2）账户活期查询单一份，证明 2022 年 1 月 5 日，原告与被告梁某某通过信 e 贷电子银行渠道签订了《个人借款合同》，约定被告梁某某向原告借款本金人民币 20 万元，借期为 2022 年 1 月 5 日至 2023 年 1 月 4 日；借款种类为个人信 e 贷（信用），借款用途为住房装修，借款利率为年利率 7%；还款方法为定期结息，到期日利随本清，按月结息，结息日为每月 20 日，借款到期日一次性偿还所有借款本金。合同第 8.2 款约定，借款人未按合同约定期限归还借款本金的，贷款人对逾期借款从逾期之日起在借款执行利率基础上上浮 50% 计收罚息，直至本息清偿为止；第 8.4 款约定，对应付未付利息，贷款人依据中国人民银行有关规定计收复利；第 8.7 款约定，因借款人违约致使贷款人采取诉讼或仲裁方式实现债权的，借款人应当承担贷款人为此支付的诉讼费、保全费、执行费、律师费、差旅费等费用及其他相关费用。2023 年 2 月 14 日，通过中金金融认证中心有限公司验证，被告梁某某的电子签名真实有效。原告在上述借款合同签订当日，依约向被告梁某某账户发放贷款人民币 20 万元，履行了发放贷款义务。第二组证据：利息清单一份，证明被告梁某某取得 20 万元借款后，自 2022 年 12 月 21 日开始欠息，2023 年 1 月 4 日借款期满后未归还借款本金。依据合同约定，借款期内按 7% 计算利息、复利，借款期满后按 10.5% 计算逾期利息及复利。截至 2023 年 2 月 20 日，被告梁某某归还借款本金 0 元，已支付利息 13 704.11 元，尚欠本金 20 万元及利息 3232.03 元、复利 15.18 元，本金、利息、复利合计 203 247.21 元。

法院认为，原告与被告梁某某通过信 e 贷电子银行渠道签订的《个人借款合同》系当事人的真实意思表示，内容不违反法律、行政法规的强制性规定，合法有效，双方均应按约履行。被告梁某某取得 20 万元借款后，未按照约定期限偿还借款本息，自 2022 年 12 月 21 日开始欠息，2023 年 1 月 4 日借款期满后未归还借款本金，已构成违约，原告有权依据合同的约定，要求被告承担逾期还款的违约责任。原告的诉讼请求，有事实与法律依据，法院依法予以支持。

【法条链接】

《中华人民共和国民法典》（2020 年 5 月 28 日）

第六百七十四条 借款人应当按照约定的期限支付利息。对支付利息的期限没有约定或者约定不明确，依据本法第五百一十条的规定仍不能确定，借款期间不满一年的，应当在返还借款时一并支付；借款期间一年以上的，应当在每届满一年时支付，剩余期间不满一年的，应当在返还借款时一并支付。

第六百七十五条 借款人应当按照约定的期限返还借款。对借款期限没有约定或者约定不明确，依据本法第五百一十条的规定仍不能确定的，借款人可以随时返还；贷款人可以催告借款人在合理期限内返还。

第六百七十六条 借款人未按照约定的期限返还借款的，应当按照约定或者国家有关规定支付逾期利息。

【法官心语】

近年来，互联网金融小微快贷业务迅速发展，各银行纷纷涉足，创新业务类型不断涌现。为民营企业、小微企业带来快捷金融服务的同时，全程网络签约的缔约方式的转变亦伴生诸多风险。在网络金融贷款中，从借款申请、身份审核、合同订立、贷款发放与回收等环节均在网络平台操作，形成的一切资料、数据都以数字化形式存储。这类无纸化新型贷款模式对银行固定证据，法院审查证据均提出了新的要求。

本案系金融借款合同纠纷，借款人通过电子银行借款，涉及计算机业务系统或各类自主银行渠道交易，银行作为原告提交了双方线上签订的借款申请书、借款合同、借款凭证等电子文本打印件、银行交易流水以及第三方机构出具的数字证书签名验证报告，并现场演示了涉案借款的线上操作步骤。法院审查后认为，贷款人业务系统或相关设备形成的交易记录、电子数据等具有同等证据效力，银行提交的证据形成完整证据链，符合证据的真实性、合法性和关联性，能够证明原被告签订的线上借款申请书、借款合同系双方当事人的真实意思表示，合法有效，故判决被告承担还本付息义务。

借款人的主要义务是还本付息，未按期返还借款是一种严重违约行为，借款人应当对其违约行为承担相应的法律责任。逾期利息，又称罚息，是借款人承担违约责任的一种形式，其性质应属于违约金或损害赔偿金。《民法典》第676条规定："借款人未按照约定的期限返还借款的，应当按照约定或者国家有关规定支付逾期利息。"根据该条规定，当事人可以在合同中对逾期利息的问题进行约定，这种约定既可以是自然人之间对是否收取逾期利息或者逾期利息为多少的约定，也可以是金融机构与借款人在国家规定的幅度内对逾期利率的确定。如果金融机构贷款时，没有对逾期利率作出约定的，金融机构可以按照国家有关规定的利率向借款人收取逾期利息。关于逾期利息的标准，按照《贷款通则》的规定，贷款人对不能按借款合同约定期限归还的贷款，应当按规定加罚利息。根据《中国人民银行关于人民币贷款利率有关问题的通知》（银发〔2003〕251号）规定，逾期贷款（借款人未按合同约定日期还款的借款）罚息利率为在借款合同载明的贷款利率水平上加收30%～50%。

承办法官：金　莉

法官助理：陈泉芝

执笔人：陈泉芝

9. 某公司票据追索案*

——《全国法院民商事审判工作会议纪要》发布后交易真实性成为案件审理要点

【基本案情】

原告某公司向法院提出诉讼请求：请求人民法院判决三被告连带支付给原告票据款共6.230 899万元；并支付自2022年7月6日起至实际清偿之日止，按同期全国银行间同业拆借中心公布的贷款市场报价利率计算的利息（利息暂从票据到期次日至起诉日计算，17÷365×3.7%×62308.99元≈107元）。

原告某公司持有电子商业承兑汇票一张，票面信息为出票日期2021年7月6日，到期日期2022年7月5日，票据金额为62 308.99元，票据记载"可再转让"，出票人承诺"本汇票请予以承兑，到期无条件付款"，承兑人承诺"本汇票已经承兑，到期无条件付款"。该票据背书情况为：烟台某公司→某园林→某咨询有限公司→某国际贸易有限公司→某贸易有限公司→常州某公司→常州某贸易有限公司→原告某公司。2022年7月5日，原告就该票据提示付款，2022年7月15日遭拒付。目前票据状态为"提示付款已拒付（可拒付追索，可以追所有人）"。

原告为证实其系通过正常交易关系合法取得涉案票据权利，向法院提交与其前手常州某贸易有限公司之间签订的《买卖合同》一份，合同内容为常州某贸易有限公司向原告购买三种型号的电缆，合同金额为472 437元，2022年5月1日前交货，其中第12条规定："补充说明：如付款方式为承兑汇票，则货物的单价需上浮，具体价格由双方协商确定，增值税发票待承兑汇票兑

* 参见山东省龙口市人民法院（2022）鲁0681民初6755号民事判决书。

付后再开具。”双方盖章确认，签订日期为2022年4月1日；送货单一张，载明原告于2022年4月25日向常州某贸易有限公司发送三种型号的电缆，收货人为胡某；收款收据一张，系原告于2022年5月24日向常州某贸易有限公司开具。

【办理思路】

依照《票据法》第10条规定：“票据的签发、取得和转让，应当遵循诚实信用的原则，具有真实的交易关系和债权债务关系。票据的取得，必须给付对价，即应当给付票据双方当事人认可的相对应的代价。”本案中，原告提交的证据形式和内容符合证据规则要求，能够证明原告与其直接上手之间的交易关系，原告合法取得该票据的权利，法院对原告提供的证据予以采信，认定原告系涉案票据的合法持票人。根据该法第62条第2款规定：“持票人提示承兑或者提示付款被拒绝的，承兑人或者付款人必须出具拒绝证明，或者出具退票理由书。未出具拒绝证明或者退票理由书的，应当承担由此产生的民事责任。”该法第68条第1款、第2款规定：“汇票的出票人、背书人、承兑人和保证人对持票人承担连带责任。持票人可以不按照汇票债务人的先后顺序，对其中任何一人、数人或者全体行使追索权。”原告作为合法的持票人，烟台某公司作为出票人和承兑人，某园林、某苗木作为背书人，属于法定的票据义务人，因此，原告对三被告享有票据追索权。原告要求三被告承担给付义务，理由正当，于法有据，法院予以支持。

《票据法》第66条规定：“持票人应当自收到被拒绝承兑或者被拒绝付款的有关证明之日起三日内，将被拒绝事由书面通知其前手；其前手应当自收到通知之日起三日内书面通知其再前手。持票人也可以同时向各汇票债务人发出书面通知。未按照前款规定期限通知的，持票人仍可以行使追索权。但因延期通知给其前手或者出票人造成损失的，由没有按照规定期限通知的汇票当事人，承担对该损失的赔偿责任……”该法第70条第1款规定：“……持票人行使追索权，可以请求被追索人支付下列金额和费用：（一）被拒绝付款的汇票金额；（二）汇票金额自到期日或者提示付款日起至清偿日止，按照中国人民银行规定的利率计算的利息；（三）取得有关拒绝证明和发出通知书的费用。”本案中，原告作为涉案票据的合法持有人，票据到期后在法定期限内提示付款被拒绝承兑，被告作为出票人和承兑人，能够在第一时间收到系统提示信息，且原告又通知其前手常州某贸易有限公司，应认定原告已依法行使了付款请求权并取得拒付证明，故原告要求三被告向原告支付票据款，于法有据，法院予以支持；原告主张的利息亦不超出法律规定，法院予以支持。

【法条链接】

《中华人民共和国票据法》（2004 年 8 月 28 日修正）

第十条 票据的签发、取得和转让，应当遵循诚实信用的原则，具有真实的交易关系和债权债务关系。

票据的取得，必须给付对价，即应当给付票据双方当事人认可的相对应的代价。

第六十二条第二款 持票人提示承兑或者提示付款被拒绝的，承兑人或者付款人必须出具拒绝证明，或者出具退票理由书。未出具拒绝证明或者退票理由书的，应当承担由此产生的民事责任。

第六十六条第一款、第二款 持票人应当自收到被拒绝承兑或者被拒绝付款的有关证明之日起三日内，将被拒绝事由书面通知其前手；其前手应当自收到通知之日起三日内书面通知其再前手。持票人也可以同时向各汇票债务人发出书面通知。

未按照前款规定期限通知的，持票人仍可以行使追索权。但因延期通知给其前手或者出票人造成损失的，由没有按照规定期限通知的汇票当事人，承担对该损失的赔偿责任，但是所有赔偿的金额以汇票金额为限。

第六十八条第一款、第二款 汇票的出票人、背书人、承兑人和保证人对持票人承担连带责任。

持票人可以不按照汇票债务人的先后顺序，对其中任何一人、数人或者全体行使追索权。

第七十条第一款 持票人行使追索权，可以请求被追索人支付下列金额和费用：

（一）被拒绝付款的汇票金额；

（二）汇票金额自到期日或者提示付款日起至清偿日止，按照中国人民银行规定的利率计算的利息；

（三）取得有关拒绝证明和发出通知书的费用。

【法官心语】

票据本身是一种有价证券，于付款人是一种债权凭证。由于票据作为一种金融工具，在流通过程中，企业间经常存在以票据进行结算的情况，也经常存在买卖票据等情况，票据纠纷的数量也与日俱增。因而，持票人的票据是否存在真实的交易背景，往往影响持票人票据权利是否能够实现。在《全国法院民商事审判工作会议纪要》（以下简称《纪要》）中专门针对新形势下票据纠纷案件的审理做出了明确指导。该纪要认为，人民法院在审理票据纠纷案件时，应当注意区分票据的种类和功能，正确理解票据行为无因性的立法目的，在维护票据流通性功能的同时，依法认定票据行为的效力，依法确认当事人之间的权利义务关系以及保护合法持票人的权益，防范和化解票据融资市场风险，维护票据市场的交易安全。在《纪要》出台前，人民法院对票据案件的审理重点在于票据本身的真实性，只要票据是真实的，就依据无因性原则，支持持票人的追索权。票据的无因性是指票据关系一经成立，就与其基础关系相分离。票据行为的效力不受其基础行为效力的影响，不因基础行为不成立、无效或被撤销而受牵连。《纪要》对票据的交易背景进行了新的规定。在法院审理票据案件过程中，会重点对持票人票据的来源合法性，即持票人与前手之前是否存在真实的合法的交易关系进行审查。对于无真实交易背景而取得的票据（常见的如“名为票据转让实为借款融资”、票据买卖等）将会导致转让票据的行为无效，从而对持票人的追索权不予支持。因而，审查票据的真实交易背景，成为《纪要》发布后票据追索权案件审理的要点，这对于商业银行贴现和承兑而言尤为重要，这项要求有利于倒逼持票人在取得票据时增加风险意识，从而对通过民间票据贴现等违法途径取得票据的行为进行有效遏制。

票据交易背景真实性与无因性就像天平的两端，一边是安全性，一边是流通性，人民法院应该依法严格把握票据纠纷的审查及认定标准，严格落实《纪要》的指导要求，积极引导票据行为规范化，充分发挥金融审判防范化解金融风险的职能作用。

承办法官：田光宇

法官助理：王　娇

执笔人：田光宇

10. 蔡某诉某保险公司人身保险合同纠纷案*

——精准适用“免责条款”界定保险公司责任

【基本案情】

2020 年 12 月 15 日，李某慧驾驶的鲁 Y××× 小型轿车在 307 省道 108 公里 300 米处因操作不当，与对面龚某力驾驶的鲁 F××× 小型轿车相撞，致使李某慧及其乘车人徐某杰受伤，龚某力及其乘车人蔡某等受伤。经莱州交警队认定李某慧承担全部责任。又查明蔡某在被告某保险公司处投保意外险，保额意外残疾为 10 万元，意外医疗 5 万元，事故发生在保险期间内。因协商未果，特诉至法院。原告蔡某请求依法判令被告某保险公司赔付原告损失 10 万元，诉讼费由被告负担。

被告某保险公司辩称：原告伤残鉴定标准与保险合同约定不符，且诉讼的保险金额与保险合同约定的不符，请法院依照保险合同依法驳回原告的诉讼请求。涉案保险合同约定的意外残疾保险金根据《人身保险伤残评定标准》的规定确定原告的伤残等级，以及按该项基本保险金额的一定比例给付意外残疾保险金，上述内容是否属于免责条款，是否加重了投保人、被保险人的责任，是否限制了投保人、被保险人的权利，该条款是否需要被告保险公司尽到提示和明确说明义务才能生效。山东省莱州市人民法院经审理认为：涉案保险合同约定的意外残疾保险金根据《人身保险伤残评定标准》的规定，按该项基本保险金额的一定比例给付意外残疾保险金，不属于免责条款，保险人无须履行提示和明确说明义务。

根据上述分析，山东省莱州市人民法院于 2022 年 7 月 20 日作出判决，判

* 参见山东省莱州市人民法院（2022）鲁 0683 民初 2653 号民事判决书。

令被告某保险公司给付原告蔡某保险金 1 万元，限于判决生效后 10 日内付清。原被告均未上诉，案件已生效并履行完毕。

【办理思路】

伤残等级评定标准属于保险合同的“保险责任”部分，从表面上看是对保险公司责任的削减，实际上却是区别不同保险产品的定义性约定，是对保险人在何种情况下承担伤残保险责任的具体约定，没有涉及免除保险责任问题，不属于免责条款，故无须提示和明确说明即对双方当事人具有合同约束力。《保险法》第 18 条规定，保险金额是指保险人承担赔偿或者给付保险金责任的最高限额。保险单上载明的意外伤害保险金额，并不意味着无论被保险人发生何种程度的伤害、残疾，保险人一律应按该数额赔付。人身保险合同中关于按照伤残等级对应比例给付意外伤残保险金的约定，虽然在计算方式上带有比例因素，但并不具有免除或减轻保险人责任的本质特征。该约定体现了被保险人伤残程度的轻重与保险人给付保险金的多少相适应的关系，兼顾被保险人利益的同时，合理分配了各方权利义务，是对保险人承担保险责任的范围和保险金赔偿标准的确定，并未在保险人应承担保险责任的范围内减轻或免除其本应承担的责任，亦符合轻伤少赔、重伤多赔的社会公众普遍认知。

保险合同纠纷案件争议的焦点多数为保险公司有无对免责条款尽到提示和明确说明义务，本案解决的争议焦点问题是涉案保险合同约定的意外残疾保险金根据《人身保险伤残评定标准》的规定确定原告的伤残等级，以及按该项基本保险金额的一定比例给付意外残疾保险金，是否属于免责条款，该争议焦点较为新颖。保险合同的相关内容，是否属于免责条款，属于比较难界定的问题。本案的裁判，一方面对保险合同“免责条款”和“保险责任条款”作了明确和区分，特别是对“免责条款”相关概念作了进一步的解释；另一方面，对《保险法》第 18 条的规定作了进一步的阐释，对如何适用该条款，通过判决进行了明确，具有普遍的指导和参考意义。

【法条链接】

1.**《中华人民共和国民事诉讼法》**（2023 年 9 月 1 日修正）

第六十七条　当事人对自己提出的主张，有责任提供证据。

当事人及其诉讼代理人因客观原因不能自行收集的证据，或者人民法院认为审理案件需要的证据，人民法院应当调查收集。

人民法院应当按照法定程序，全面地、客观地审查核实证据。

2. **《中华人民共和国保险法》**（2015 年 4 月 24 日修正）

第二十三条　保险人收到被保险人或者受益人的赔偿或者给付保险金的请求后，应当及时作出核定；情形复杂的，应当在三十日内作出核定，但合同另有约定的除外。保险人应当将核定结果通知被保险人或者受益人；对属于保险责任的，在与被保险人或者受益人达成赔偿或者给付保险金的协议后十日内，履行赔偿或者给付保险金义务。保险合同对赔偿或者给付保险金的期限有约定的，保险人应当按照约定履行赔偿或者给付保险金义务。

保险人未及时履行前款规定义务的，除支付保险金外，应当赔偿被保险人或者受益人因此受到的损失。

任何单位和个人不得非法干预保险人履行赔偿或者给付保险金的义务，也不得限制被保险人或者受益人取得保险金的权利。

第六十四条　保险人、被保险人为查明和确定保险事故的性质、原因和保险标的的损失程度所支付的必要的、合理的费用，由保险人承担。

【法官心语】

保险合同相关条款确认为免责条款，如果保险公司对其没有尽到提示和说明义务，法院就会判决合同相关免责条款约定内容无效。法院对保险公司尽到提示说明义务的审核较为严格，有的律师、当事人以“保险公司没有尽到提示和说明义务”作为要求对方承担全部赔偿责任的“撒手锏”和万能辩论模板，为应对这种情况，保险公司在投保过程中针对免责条款的提示和说明，想方设法保留证据，并且对投保流程进行细化和完善，一定程度上减少了败诉的风险。但是，实践中，有些保险公司出于商业效率等因素考虑，仍然没有对投保流程进行规范，诉讼过程中，一旦对方当事人或者代理人提出保险公司未履行提示或者明确说明义务，保险公司就容易陷入被动。本案中，蔡某与保险公司针对保险公司是否尽到了提示和说明义务展开了举证质证和辩论，虽然都没有触及焦点问题，但是反映出当前针对免责条款的主流争议观点，以及保险公司在尽到提示和明确说明义务的举证方面存在较大困难。

保险合同是格式合同，但是并非所有条款都需要进行提示和明确说明才能生效。对于“保险责任”条款，只要投保人与保险公司签订了保险合同，就对其具有约束力。有的条款看似减轻保险人的责任，但其在分配双方权利义务方面具有合理性，且并没有加重、限制投保人和被保险人的权利，仍然属于保险责任条款，许多当事人存在认识误区。就本案而言，涉案保险合同约定：意外残疾保险金根据《人身保险伤残评定标准》的规定，并按该项基本保险金额的一定比例给付意外残疾保险金。上述约定，只是对保险责任范围的一项约定，虽然对保险公司赔付范围金额等做了一定的限制，但是并没有加重投保人和被保险人的责任，也没有限制投保人、被保险人的权利，并不具有免除或减轻保险人责任的本质特征。因此，不属于免责条款。相关条款是否属于免责条款，需要从保险法立法的本义去理解。

免责条款属于保险合同约定中的“除外”情形，即约定的赔偿责任范围中，特别约定部分损失不予赔付。考虑到保险公司在合同签订过程中处于优势地位，故在立法过程中，严格规定了其对免责条款等“格式条款”的提示和说明义务。但是对于保险合同中的非“格式条款”，特别是合同约定的具体理赔范围，投保人、被保险人在合同签订过程中，有义务理解，并在遵循平等、公平和自愿等原则的基础上签订，无须保险公司对此作出特别的提示和说明。本案中，原告混淆了相关概念，导致诉讼主张标的过高，对其多主张的部分不仅得不到支持，还要承担相应的诉讼费等损失。

承办法官：王　静
法官助理：刘　红
执笔人：刘　源

11. 蔡某诉某化工有限公司金融不良债权追偿纠纷案*

——积极引导双方就债务减免、即时履行达成一致助企复产

【基本案情】

2000年12月22日，被告某化工有限公司因缺少资金周转，向中国建设银行招远支行借款，双方签订编号（2000）114号借款合同，约定由中国建设银行招远支行贷款90万元给被告某化工有限公司，期限自2000年12月22日至2001年12月21日，贷款利率月息5.85‰，按季结息，不能支付的利息计收复利。根据该借款合同第13条第2款，双方约定按日万分之二点一计算逾期利息，被告某化工有限公司以其名下厂房为贷款进行担保。后中国建设银行招远支行依约向被告某化工有限公司支付借款，但被告某化工有限公司仅在2001年8月30日还款30万元、2002年8月21日还款10万元。2003年6月28日，中国建设银行招远支行经被告某化工有限公司同意将相关债权转让给中国信达资产管理公司济南办事处；2004年11月29日，中国信达资产管理公司济南办事处将债权转让给中国东方资产管理公司青岛办事处；2013年，中国东方资产管理公司青岛办事处又将相关债权转让给本案原告蔡某，各债权人在接收债权后均依法进行了公告和催收。但被告某化工有限公司一直未履行完毕还款义务。2021年12月31日，蔡某向招远市人民法院提起诉讼，要求被告立即偿还借款本金50万元和利息753 541.67元（计算至2021年8月29日，自2020年8月30日起至实际付清之日止仍按日万分之二点一计算），本息合计1 253 541.67元，并向人民法院申请确认原告对被告名下厂房享有抵押权且对被告名下厂房拍卖后的价值享有优先受偿权，相关诉讼费、

* 参见山东省招远市人民法院（2021）鲁0685民初6191号民事调解书。

保全费均由被告某化工有限公司承担。经法庭调解，双方最终达成调解协议，约定被告某化工有限公司向原告蔡某一次性支付40万元，原告蔡某自收到相关款项两日内向人民法院申请解除被查封的被告某化工有限公司名下厂房。

【办理思路】

案件受理后，承办法官认为涉及金融不良债权追偿纠纷虽然不是新生事物，但却是近年来比较少见的一类纠纷，办理好此案对于积累妥善处理相关纠纷的成功经验有着十分重要的意义，于是带领工作人员对案情进行全面梳理、分析和研判。承办法官发现，被告某化工有限公司是本地一家规模尚可的化工企业，新冠肺炎疫情之前已经连续运营多年，且经营状况及经营信誉良好。2001年年初，因环保原因，政府要求被告将生产厂房整体搬迁，并安排被告与一家房地产开发公司签订协议，由该房地产开发公司为贷款提供担保责任，同时对厂房原所在地进行项目开发。后被告按政府要求将厂房搬迁，并在新址建设厂房和综合办公配套建筑，由于新建项目较大，占用了企业大部分资金，因此在能力允许范围内先后分两次偿还了银行共计40万元的贷款。2004年年初，房地产开发公司及银行代表告知被告贷款已经解决。2006年，该开发项目建设完毕启动销售。

本案审理过程中，被告到自然规划部门及不动产登记中心查询了土地抵押手续，发现已经不再存在任何抵押，因此被告认为抵押不存在即可证明贷款问题已经解决。同时，被告指出，相关债权协议明确转让的是截至2003年12月31日的债权，同时根据借款合同第1条第2款以及附件债权清单载明的是本金50万元，因此应认定即使被告尚未还清贷款以及房地产开发公司未与中国建设银行招远支行协商解决，中国建设银行招远支行转让给信达资产公司济南办事处的债权也仅仅是截止到2003年12月31日的借款本金50万元，不包含利息，属于部分转让。

在对案情相关事实及证据全盘掌握的基础上，承办法官提出了“分工协作、双向突破”的调解思路，即承办法官负责原告方释法、法官助理负责被告方答疑，在此基础上，引导原告方依照转让协议放弃利息部分的诉讼请求，并根据当时的疫情影响对被告人的债务予以适当减免，同时动员被告方树立积极还款的意识，拿出一次性解决案件的最大诚意，争取原告方的理解和减免意愿。最终，在承办法官和法官助理的反复调解下，原被告双方就一次性还款达成一致，原告方同意放弃涉及利息的诉讼请求，同时将待还本金金额由50万元减至40万元，而被告方则依据双方达成的协议，积极筹措资金，并在资金到位后第一时间向原告方支付。此案得以圆满化解。

【法条链接】

《最高人民法院关于审理涉及金融不良债权转让案件工作座谈会纪要》（2009 年 3 月 30 日，法发〔2009〕19 号）

关于受让人收取利息的问题

会议认为，受让人向国有企业债务人主张利息的计算基数应以原借款合同本金为准；受让人向国有企业债务人主张不良债权受让日之后发生的利息的，人民法院不予支持。但不良债权转让合同被认定无效的，出让人在向受让人返还受让款本金的同时，应当按照中国人民银行规定的同期定期存款利率支付利息。

【法官心语】

金融是我国国民经济的命脉，现代经济的发展离不开金融的有力支撑。党的十八大以来，习近平总书记多次就金融与实体经济的关系问题发表重要论述。2017 年 7 月 15 日，习近平总书记在第五次全国金融工作会议上指出："金融是实体经济的血脉，为实体经济服务是金融的天职，是金融的宗旨，也是防范金融风险的根本举措。"① 这一重要论断科学地阐释了金融与实体经济的辩证关系，为新时代我国金融市场秩序规范、发展指明了方向和道路。

随着我国改革开放特别是进入新时代十年以来全面深化改革的推进，我国经济体制已经从计划经济成功转型为中国特色社会主义市场经济。金融不良债权转让这一随着经济社会不断发展衍生出来的新鲜事物，也在实践中逐渐走上了正轨。与之相关的处置方式已经从最初单一的政策性剥离，发展到现在更为成熟更为有序的商业收购运作模式。此类债权的转让行为，因为关系到国有金融资产的安全问题，所以与国家利益、社会公共利益息息相关。但由于金融业的固有风险，以及各种内外因素综合作用，近年来一些金融不良资产数量呈现快速增长态势。如何妥善审理此类案件，对于维护稳定的金融市场秩序乃至整个经济社会秩序有着至关重要的作用。

招远法院商事庭深入学习贯彻习近平总书记关于金融与实体经济辩证关系的重要论断，在审理此类涉及金融不良债权追偿纠纷的案件时，严格按照

---

① 出自《习近平著作选读》（第一卷），《服务实体经济，防范金融风险》，人民法院出版社 2023 年版，第 614 页。

上述规定、纪要的精神要求，从严把握计算基数、起算时间、利率标准、计收复息等方面的规定，坚持以法律为准绳、以事实为依据，充分保障双方当事人的合法权益，确保案件事实清晰明了、证据确实充分，双方当事人服判息诉、案结事了。本案中，被告某化工有限公司在庭审中对基于贷款合同形成的借贷事实予以认可，也曾以主动还款的方式履行义务，但因涉及环保原因和厂房搬迁，无力在规定时间按约定还款。而原告方在经过法官释法说理后，对被告的经营处境表达了理解，并表示愿意通过放弃利息诉求、减免部分本金的方式，与被告方达成和解，为本案通过调解结案打好了基础。承办法官慎重对待此类涉及金融不良债权追偿的案件，同时出于帮助涉诉企业快速甩掉沉重“包袱”尽快恢复生产经营的目的，积极运用调解方式促成双方达成一致，既有效保障了原告方的合法权益，又避免了使涉诉企业掉入涉诉风险“漩涡”而面临更加困难的经营状况，这充分展现了法院通过司法职能有效维护健康有序的金融市场秩序和活跃有力的经济发展秩序的重要作用。

承办法官：王祖民
法官助理：周永正
执笔人：周永正　王新鑫

12. 龙口市某网套厂诉某供应链有限公司案*

——“商誉调解法”助企渡难关

【基本案情】

2021年7月1日，被告某供应链有限公司因经营冷风库所需，向原告购买网套用于套苹果。原告龙口市某网套厂与被告某供应链有限公司签订包装物料采购协议，双方在协议中约定如下内容：协议标的为“网套”，质量标准为“按照中华人民共和国国家标准法《GB 2828－2003》”，约定付款方式为按照双方约定的时间及方式结款，经甲、乙双方友好协商后可以延期结款，协议履行期限为2021年7月1日至2026年12月31日，约定管辖法院为栖霞市人民法院。另，协议注明如乙方未经甲方同意变更物料价格，那么乙方应在原内容执行完毕后，同甲方领导积极协商，并且新价格应从甲方同意之时起算。

协议签订后，原告向被告出具发票并供货，累计货款为357 629元。后被告陆续向原告支付包装物料款项共计142 414元，被告于2021年与2022年分别向原告支付货款72 414元与50 000元，但自2023年1月18日原告龙口市某网套厂收到被告最后一笔货款20 000元后，被告再未向原告转款，也未就货款支付事宜向原告沟通，剩余的215 215元货款经原告多次催要，被告均未付款。因此原告依据协议约定的管辖法院于2023年8月16日将被告某供应链有限公司起诉至栖霞市人民法院，希望法院能够维护其合法权益，敦促被告及时履行合同。原告向法院提出如下诉讼请求：（1）依法判令被告支付货款215 215元，并承担资金占用期间的利息；（2）案件受理费、财产保全费等由

* 参见山东省栖霞市人民法院（2023）鲁0686民初2822号民事调解书。

被告承担。原告为证明其诉讼请求向法院提交了原告与被告间签订的《包装物料采购协议》、原告与被告间的发货单以及被告向原告银行转账记录作为本案的证据材料。

【办理思路】

办理涉企买卖合同纠纷案件，首先，需要明确案件的主要方向，即案件争议的主要矛盾是什么。该案系买卖合同纠纷，纠纷的主要内容是关于履行标的和履行方式认识的不同。该案《包装物料采购协议》中对合同价款的支付时间及支付方式均未约定，采用了模糊的叙述，即“甲方按双方约定的时间及方式结款，经过甲方与乙方友好协商后甲方可以延期结款”。其次，要明确该案中被告拒不支付货款的原因是什么，是否系原告提交的网套质量不符合合同要求，导致被告不按照约定情况履行合同内容，抑或原告擅自变更价格，未及时通知被告方，导致被告不按约定履行合同，以及是不是两方经营方面出现了什么困难，导致本可友好协商的两方被迫“对簿公堂”。

办理涉企案件，要慎用财产保全措施。对于当事人提出的诉前保全请求，更要审慎处理。一旦对企业当事人采取保全措施，对于其银行账户的冻结行为实质上限制了企业的资金流，既影响了企业的正常生产经营，也不利于纠纷的实质解决。对于本地营商环境的影响也是无形的，查封一家企业的财产很容易，但对于企业在本地落地生根、茁壮成长是有巨大影响的。

了解完案件全貌后，在判决之前寻求调解可能，法院可以机械地选择“一判了之”，该案也确实符合事实清楚、证据确实充分的要求，但是如此简单处置，不仅对企业涉诉情况有所影响，对于企业经营商誉的影响更是无形的。

在本案中，法官在仔细研读案卷材料之后，明确了案件争议主要内容，也了解了被告企业因合作方的变更导致资金流紧张的现状，便积极同各方当事人沟通联系，与特邀驻院调解员协同开展案件调解工作。被告表示因为受疫情影响导致资金链断裂，无法及时将货款交付原告，并非有意拖欠。于是法官进行了释法明理，虽然企业经营困难是现状，但欠款也应当及时归还，原告起诉对于被告企业“商誉”的影响以及企业长久发展是不利的。被告表示愿意将货款及时支付给原告，也在调解过程中表达了对于原告资金占用的歉意，并主动承担了诉讼费用。原告对被告经营现状表示理解，表示如果不是现阶段经营也遇到了问题，不会急着收回货款，也希望在今后能够继续与原告合作。两家企业遂握手言和，案结事了。

【法条链接】

《中华人民共和国民法典》（2020 年 5 月 28 日）

第七条 民事主体从事民事活动，应当遵循诚信原则，秉持诚实，恪守承诺。

第五百零九条 当事人应当按照约定全面履行自己的义务。

当事人应当遵循诚信原则，根据合同的性质、目的和交易习惯履行通知、协助、保密等义务。

当事人在履行合同过程中，应当避免浪费资源、污染环境和破坏生态。

第五百一十条 合同生效后，当事人就质量、价款或者报酬、履行地点等内容没有约定或者约定不明确的，可以协议补充；不能达成补充协议的，按照合同相关条款或者交易习惯确定。

【法官心语】

诚信原则是《民法典》的重要立法精神，也是每一个参与社会主义市场经济的平等民事主体在从事民事活动中应该遵守的基本原则。我国传统文化中亦有“曾子杀猪”“一诺千金”等典故，“诚信为本，立身安邦”。企业诚信经营，方能行稳致远。良好的法治环境，是企业营商环境建设的重要推手。法官处理涉及企业个案，实际上影响的是本市营商环境的优劣，法官要立足大局，立足审判职能，将营商环境融入执法办案的全过程，护航企业的健康、有序发展。

人无信不立，企业经营也是如此，商君“徙木立信”，十镒黄金仅为“信”。企业在生产经营过程中难免遇到问题，无论是资金链断裂还是产品质量控制，都要警惕出现“小事拖大、大事拖炸”的问题，适时沟通、及时回应对于两方合作的影响是无限大的。并且我们也要清楚，一个企业本可以掌好企业运行的船舵，通过诚信经营来规避诉讼，两方企业达成合作意向，是出于双方之间高度的信任和对经营状况的认可，是希望通过合作取长补短、谋求共同发展，及时架起沟通的桥梁，将本企业基本情况及时进行意见的交换，信任才能维系、合作才能继续。一拖了之、不闻不问，损耗的是两个企业的互相信任，人际交往如此，企业经营亦是如此。商誉一旦受损，损害的是企业无形的利益，是难以弥补的，因此诚信经营，将恪守信誉贯彻在企业经营过程中，自然百毒不侵、顺风顺水。

在处理本地企业与辖区外企业的纠纷时，也要注意不能机械办案，要取得企业的信任，争取企业的配合。“一判了之”很容易，化解纠纷引导良善风气不容易。本案中，承办法官在调解工作中下了大工夫，用大量的时间为企业释法明理，成功找准了案件痛点，使案件得到了及时的解决，企业间的利益得到了平衡，保护了企业的商誉，使案件得到了化解，更为以后他们的合作创造了条件。在涉企案件的处理中，坚持“调解为主、调判结合”，以解决企业困难，助力重新发展为指导，力求法律效果与社会效果的相互配合、统一，护航本地区经济高质量发展，努力打造诚信、有序的法治营商环境。

承办法官：吴庆光
法官助理：刘政岐
执笔人：刘政岐

13. 某银行股份有限公司莱阳市支行与宫某某、某市房地产开发有限公司金融借款合同纠纷案*

——“前哨释明、调撤为主、调判并行”助力涉企纠纷高效化解

【基本案情】

2013 年，宫某某、某市房地产开发有限公司（以下简称某房地产公司）与某银行股份有限公司莱阳市支行（以下简称某银行）签订《个人购房担保借款合同》，合同约定由宫某某为购买某房地产公司开发的房屋向某银行申请房屋贷款 20 万元，由某房地产公司提供阶段性保证担保，合同中明确约定阶段性保证人自借款发放之日起，至借款人取得房地产权属证书并办妥以贷款人为抵押权人的抵押登记手续之日止，为借款人的债务承担连带保证责任。同日，双方至不动产登记中心办理房屋预告抵押登记手续，某银行依约向宫某某放款 20 万元，借款发放后，宫某某未按照借款合同约定还款，银行将宫某某和某房地产公司一并起诉至法院，要求解除双方之间签订的《个人购房担保借款合同》，由宫某某偿还剩余未还借款本息，并承担罚息及律师费用，对登记在宫某某名下涉案房产经折价或者拍卖、变卖后所得价款享有有限受偿权。并要求某房地产公司承担连带还款责任。

经查明，宫某某自借款之后，因各种因素的影响，其累计多次逾期还款或不足额还款（累计次数超过 6 个还款期），按照合同约定已构成严重违约，某银行有权解除与借款人的借贷关系，停止发放合同借款，宣布贷款立即到期，要求借款人立即清偿借款本息及相关费用，向借款人收取违约金等。某房地产公司所开发的涉案房屋所在小区于 2017 年 6 月 20 日完成首次登记手

---

* 参见山东省莱阳市人民法院（2023）鲁 1280 号民事判决书。

续，涉案房屋已具备办理正式不动产权证书条件，宫某某截止到开庭当日未予办理正式不动产权证书，也未与某银行办理正式抵押手续。

【办理思路】

审理中，某银行与宫某某之间达成一致调解意见，由宫某某将前期逾期未付的借款本息在一定期限内还清，自调解之日起继续按照借款合同约定向银行按期履行付款义务。问题的焦点在于某银行欲由某房地产公司对上述未还借款本息承担连带还款责任，但某房地产公司认为其阶段性连带担保责任早已免除，不应承担任何担保责任，该案陷入僵局。

首先，某银行与某房地产公司约定的由某房地产公司提供阶段性保证担保，系当事人的真实意思表示，内容不违反法律、法规的强制性规定，应认定为有效。其次，案件审查过程中，已查明某房地产公司所开发的涉案小区不动产首次登记手续办结，已符合办证条件。综合考虑阶段性保证合同的设立初衷和法律性质，该合同应属附解除条件的合同，在房屋竣工办理产权及他项权登记后，应视为解除条件已成就，阶段性保证合同失去效力，开发商不再承担合同项下的保证责任。根据《民法典》第 158 条、第 159 条规定，附解除条件的民事法律行为，自条件成就时失效。当事人为自己的利益不正当阻止条件成就的，视为条件已经成就；不正当地促成条件成就的，视为条件不成就。开发商在商品房竣工、进行竣工验收备案登记、交房并通知购房人办理房屋产权登记手续后，其全部合同义务履行完毕，涉案房屋办理正式抵押登记的条件已经具备，购房人应当在合理期间内办理正式抵押登记。根据查明的事实，涉案房屋所在楼栋已经具备办理正式产权证书的条件，宫某某未及时办理正式产权登记，亦未办理抵押登记，为不正当阻止阶段性保证合同的解除条件成就，应当视为该合同的解除条件已经成就，故某房地产公司的保证责任已经因合同失去效力而消灭，因此某银行要求其承担连带责任保证的诉讼请求，不能成立，法院依法不予支持。因此，法院根据某银行与宫某某之间达成的调解协议，先行制作调解文书，对本案有争议的某银行与某房地产公司的责任认定问题，依法作出判决，认定免除某房地产公司承担的阶段性担保责任。综观本案，法院切实维护了金融公司、房地产开发公司的合法权益不受侵害，也使购房人基本的居住生存权利得到保障，圆满解决了纠纷，保障了社会和谐稳定。

【法条链接】

1.**《中华人民共和国民法典》**（2020年5月28日）

第三百九十二条　被担保的债权既有物的担保又有人的担保的，债务人不履行到期债务或者发生当事人约定的实现担保物权的情形，债权人应当按照约定实现债权；没有约定或者约定不明确，债务人自己提供物的担保的，债权人应当先就该物的担保实现债权；第三人提供物的担保的，债权人可以就物的担保实现债权，也可以请求保证人承担保证责任。提供担保的第三人承担担保责任后，有权向债务人追偿。

第四百零二条　以本法第三百九十五条第一款第一项至第三项规定的财产或者第五项规定的正在建造的建筑物抵押的，应当办理抵押登记。抵押权自登记时设立。

第四百一十条　债务人不履行到期债务或者发生当事人约定的实现抵押权的情形，抵押权人可以与抵押人协议以抵押财产折价或者以拍卖、变卖该抵押财产所得的价款优先受偿。协议损害其他债权人利益的，其他债权人可以请求人民法院撤销该协议。

抵押权人与抵押人未就抵押权实现方式达成协议的，抵押权人可以请求人民法院拍卖、变卖抵押财产。

抵押财产折价或者变卖的，应当参照市场价格。

第五百零九条第一款　当事人应当按照约定全面履行自己的义务。

第六百八十八条　当事人在保证合同中约定保证人和债务人对债务承担连带责任的，为连带责任保证。

连带责任保证的债务人不履行到期债务或者发生当事人约定的情形时，债权人可以请求债务人履行债务，也可以请求保证人在其保证范围内承担保证责任。

第七百条　保证人承担保证责任后，除当事人另有约定外，有权在其承担保证责任的范围内向债务人追偿，享有债权人对债务人的权利，但是不得损害债权人的利益。

2.**《最高人民法院关于适用〈中华人民共和国民法典〉有关担保制度的解释》**（2020年12月31日，法释〔2020〕28号）

第五十二条第一款　当事人办理抵押预告登记后，预告登记权利人请求就抵押财产优先受偿，经审查存在尚未办理建筑物所有权首次登记、预告登记的财产与办理建筑物所有权首次登记时的财产不一致、抵押预告登记已经失效等情形，导致不具备办理抵押登记条件的，人民法院不予支持；经审查已经办理建筑物所有权首次登记，且不存在预告登记失效等情形的，人民法院应予支持，并应当认定抵押权自预告登记之日起设立。

【法官心语】

该金融借款合同纠纷案的圆满解决是莱阳法院办案重温度、求质量、讲效率的一个缩影，在涉房企金融案件审理过程中，莱阳法院通过精准“把脉”金融合同纠纷中的突出问题，积极采取有效应对措施，形成了“前哨释明、调撤为主、调判并行”的审理规程，即诉前积极与银行、开发商、购房人沟通，释明此类案件的法律规定和审理裁判规范，以达到调撤目标，调撤不成的情况下，进入审判阶段针对无争议和有争议事实部分，积极推行“调解+判决”的裁判形式，切实达到三方共赢的良好效果。“前哨释明、调撤为主、调判并行”的处置规程为后续探索其他类型的案件处理办法，提供了有效的指引，对充分发挥司法服务职能，推进辖区金融营商环境具有较大意义。

近年来，受新冠肺炎疫情和房地产行业下行压力等因素影响，法院受理的涉房企金融借款合同纠纷类案件数量、诉讼标的额均呈增长趋势，而涉房企金融案件，往往存在标的额较高、交易主体多、担保类型多样等特点，相当多的案件还涉及民生需求。2023 年 1 月 10 日召开的全国金融审判工作会议强调，要坚定不移促进金融服务实体经济，助力防范化解金融风险，服务深化金融体制改革；要大力推进金融纠纷多元化解机制建设，大大减轻企业和群众解纷成本，促进优化营商环境。

作为审判机关，针对涉金融案件，莱阳法院牢固树立“法治就是最好的营商环境”理念，聚焦企业急难愁盼问题，注重金融风险的防范化解，充分发挥司法职能作用，从服务保障金融发展大局角度，最大限度保护各类市场主体合法权益。

今后，莱阳法院将以更积极的态度救济企权、以更优质的服务减轻企负、以更快捷的审理解除企忧、以更公正的审判保障企利，为市场主体提供更加高标、高质、高效的司法服务，让法治成为最优营商环境的“硬核”，助力擦亮莱阳法治化营商环境“金招牌”，唱响“法护航·益企行”司法助企品牌，全力服务保障全市经济社会高质量发展。

承办法官：张生涛
法官助理：毕琳琳
执笔人：张生涛

14. 某农场与某保险公司财产损失保险合同纠纷案*

——公正判决，助力企业规避损失

【基本案情】

某农场经合法手续承建猪棚一处，并于2021年5月31日向某保险公司投保财产一切险，保障方案为房屋主体、设备、装修项目每次事故赔偿限额150万元，存货每次事故赔偿限额20万元。保险期间自2021年6月1日至2022年5月31日。

保单载明，每次事故财产损失绝对免赔1000元或损失金额的10%，两者以高者为准……本保单财产一切险承保标的为房屋主体、设备、装修、存货，其中，猪棚房屋主体仅承保建筑结构为钢混凝土结构、砖混凝土结构的小微企业经营场所，存货仅承保在保险期间内由于火灾、爆炸造成的损失，除此之外其他原因造成的损失均属于保险人的除外责任。

上述保单对应的《财产一切险条款》第8条载明，下列损失、费用，保险人也不负责赔偿……广告牌、天线、霓虹灯、太阳能装置等建筑物外部附属设施，存放于露天或简易建筑物内的保险标的以及简易建筑，由于雷电……沙尘暴造成的损失……释义部分第41条第25款载明，简易建筑指的是符合下列条件之一的建筑：（1）使用竹木……玻璃缸瓦等材料为顶或墙体的建筑；（2）顶部封闭，但直立面非封闭部分的面积与直立面总面积的比例超过10%；（3）屋顶与所有墙体之间的最大距离超过一米的建筑。

2021年7月3日，猪棚发生倒塌事故，事发后，某农场向某保险公司报案，保险公司派员到现场进行了勘查。随后，某农场向某保险公司申请理赔，

* 参见山东省海阳市人民法院（2022）鲁0687民初1844号民事判决书。

该公司出具拒赔通知书，通知书载明，倒塌的房屋结构不属于保单特约建筑结构为钢混结构、砖混结构的小微企业经营场所，故其不承担相关保险责任。

2021 年 7 月 28 日，某农场委托烟台市某价格评估事务所有限公司对猪棚的拆除重建价格进行评估，评估结论为涉案猪棚拆除重建价格 300 950 元。某农场支付鉴定费 10 000 元。诉讼过程中，某保险公司申请对于涉案猪棚的损失进行重新鉴定，法院依法委托至山东某价格评估有限公司，评估结论为，涉案猪棚损失为 279 596 元。某保险公司支付鉴定费 21 000 元。

双方对于理赔事宜，未能达成一致意见。

【办理思路】

涉案保险合同关系是双方当事人真实意思表示，系有效合同。本案争议焦点在于某保险公司对于猪棚损失是否应当理赔以及理赔金额如何确定。

1. 关于是否应当理赔的问题。某保险公司拒赔的理由如下：第一，猪棚结构不在承保范围内；第二，涉案损失属于免责范围。

2. 关于猪棚结构。首先，签订保险合同系双方当事人真实意思表示，没有证据证明某农场存在隐瞒，某保险公司在签订合同时未对承保标的提出异议，应当认定，其对于承保标的是认可的。其次，《保险法》第 16 条规定投保人对于保险人的询问有如实告知义务。本案中，保险公司并没有举证证明其对于保险标的的情况进行了询问，换言之，其在签订合同时没有尽到审慎审查义务，在没有证据证明某农场有所隐瞒或存在其他重大过失的情况下，承保系保险公司真实意思表示。最后，某保险公司在猪棚结构不符合承保标的要求的情况下承保并收取保费，使得某农场失去了其他获得保障的途径，后其拒赔行为又使某农场的损失无法得到弥补，对某农场显然是不公平的。故某保险公司的抗辩意见，法院不予采信。对于猪棚的合理损失，其应予理赔。

3. 关于免责问题。《保险法》第 17 条对保险合同格式条款的提示说明义务进行了规定。本案中，某保险公司主张猪棚系简易建筑，在免责条款规定范围内，即便理赔，也应当扣除免赔额。某农场称，保险公司未举证证明其对免责条款尽到提示说明义务，其承担不利后果。法院认为，某保险条款系格式条款，保险公司对于免责内容没有尽到提示说明义务，那么该格式条款对于某农场不产生效力，某保险公司不能据此拒赔。保单约定免赔额的条款没有作出加黑加粗等足以引起投保人注意的标注，在某农场主张某保险公司没有作出提示说明的情况下，该条款同样不产生效力。

4. 关于理赔金额。经依法委托鉴定，涉案猪棚损失为279 596元，该损失明细均在涉案保险的保障责任范围内。该部分损失，某保险公司应予赔付。

【法条链接】

《中华人民共和国保险法》（2015年4月24日修正）

第十六条　订立保险合同，保险人就保险标的或者被保险人的有关情况提出询问的，投保人应当如实告知。

投保人故意或者因重大过失未履行前款规定的如实告知义务，足以影响保险人决定是否同意承保或者提高保险费率的，保险人有权解除合同。

前款规定的合同解除权，自保险人知道有解除事由之日起，超过三十日不行使而消灭。自合同成立之日起超过二年的，保险人不得解除合同；发生保险事故的，保险人应当承担赔偿或者给付保险金的责任。

投保人故意不履行如实告知义务的，保险人对于合同解除前发生的保险事故，不承担赔偿或者给付保险金的责任，并不退还保险费。

投保人因重大过失未履行如实告知义务，对保险事故的发生有严重影响的，保险人对于合同解除前发生的保险事故，不承担赔偿或者给付保险金的责任，但应当退还保险费。

保险人在合同订立时已经知道投保人未如实告知的情况的，保险人不得解除合同；发生保险事故的，保险人应当承担赔偿或者给付保险金的责任。

保险事故是指保险合同约定的保险责任范围内的事故。

第十七条　订立保险合同，采用保险人提供的格式条款的，保险人向投保人提供的投保单应当附格式条款，保险人应当向投保人说明合同的内容。

对保险合同中免除保险人责任的条款，保险人在订立合同时应当在投保单、保险单或者其他保险凭证上作出足以引起投保人注意的提示，并对该条款的内容以书面或者口头形式向投保人作出明确说明；未作提示或者明确说明的，该条款不产生效力。

【法官心语】

企业是我国经济发展的基础，为国家的发展和复兴贡献着自己的力量。而其中，民营企业是我国经济组织形式的重要成分之一，各行各业、大大小小的民营企业为我国社会经济的发展以及群体的就业做出了不可磨灭的贡献。民营企业中小微企业的成立和发展，民营企业家中的农民企业家的创业和成长道路相对更加艰难，更加需要司法力量的保驾护航。

本案的事实基础是民营企业遭受财产损失后向保险公司理赔遭拒，随后提起诉讼，寻求司法力量的帮助。习近平法治思想、维护民营企业产权和企业家权益的工作理念贯穿案件审理工作始终。案件处理结果也体现了鼓励支持民营企业发展壮大的司法理念，传播了法治正能量。

随着社会的进步、经济的发展，以及老百姓、企业家风险防范意识的提高。购买保险、规避损失、转移风险成为越来越多人的选择。但是，由于当事人法律意识相对薄弱，专业知识有所欠缺，所以对于保险领域的相关法律法规，以及保险合同的相关约定不甚清楚。所以，出于各种各样的原因，购买保险并不意味着一定能够得到理赔。这也是近年来保险损失合同纠纷案件不断攀升的现实原因。

本案原告某农场是我国民营企业的缩影，该农场的经营者程某某是典型的农民企业家，其通过合法手续建成并经营涉案养殖场，应该说，对于当地经济的发展和劳动力的就业起到了一定的带动和促进作用。其为规避损失、转移风险，在保险公司投保财产一切险，但后期发生意外事故遭受财产损失后，却遭受拒赔。本着以事实为依据、以法律为准绳的审判宗旨，本着保护民营企业产权和民营企业家权益的大局意识，结合案件实际情况作出以上判决。本案的处理结果帮助企业获得保险公司的理赔，有效地减损了某农场的财产损失，助力企业的向好发展。同时，也在无形中增强了司法公信力，传播了法治正能量，鼓舞了民营经济组织发展的士气，给予了民营经济组织、小微企业发展的信心。

承办法官：丁光勇

法官助理：刘玉翠

执笔人：刘玉翠

第二章

破产审判

1. 烟台某机械股份有限公司破产重整转清算案*

——引入第三方垫付，提前兑现职工权益，妥善安置职工群体

【基本案情】

位于烟台高新技术产业开发区的烟台某机械股份有限公司成立于2003年，是一家以经营汽车配件、冶金机械、通用零部件加工，钢材销售等为主的民营企业。公司设立后，经营资金缺乏，公司主要资产均已用于银行抵押贷款，2017年以来，受环保治理政策及银行压缩贷款等外部因素影响，公司生产加工规模进一步萎缩，破产前已出现较为严重的欠付税款、欠付职工工资及社保费用、欠付银行利息等情况，加之连年亏损，企业经营运转困难。

截至2018年7月，财务审计报告显示该公司整体资产为8000多万元，整体负债为一亿多元，整体负债率高达159.33%，严重资不抵债，其中涉及的欠薪职工达120余人，该公司于2018年8月向烟台市中级人民法院申请破产重整。

2018年8月28日，烟台市中级人民法院裁定受理该公司重整申请并指定由烟台高新区管委会经济发展部、社会中介机构组成的清算组担任破产管理人。进入程序后，债务人在法院及管理人监督下开始恢复自主经营、管理，但受企业自身生产技术水平、经营模式较为落后等影响，未能实现扭亏为盈，重整计划草案也未能按期提出。2019年7月30日，烟台市中级人民法院裁定终止该公司重整程序，宣告其破产。因企业负债率高且主要资产均已抵押，担保权人、职工、普通债权人等各群体利益冲突十分激烈。2021年9月18日，烟台市中级人民法院裁定认可了管理人制作的《破产财产变价方案》并

* 参见山东省烟台市中级人民法院（2023）鲁06破2－1、2－2号等民事裁判文书。

通过拍卖程序陆续实现了房地产、机器设备、原材料等资产的处置。基于企业严重资不抵债的实际情况，分配程序中最大限度地平衡各方主体利益及职工内部利益，矛盾最为突出的职工安置问题得到妥善处理，避免了矛盾激化，化解职工群体信访风险，案件于2023年5月顺利结案。

【办理思路】

受理此案后，烟台市中级人民法院指定由烟台高新区管委会经济发展部及其他社会中介机构组成的清算组担任破产管理人，就案件推进过程中涉及的问题及时沟通、协作推进，充分发挥府院联动机制在解决民生保障、社会稳定、费用保障等问题方面的优势，助力推动破产案件的依法、高效审理。

在案件审理过程中，企业历经“重整——清算”的过程，涉及职工的债权构成复杂，既有破产前欠付的职工债权，也有重整期间新产生的劳动报酬和社会保险费用等共益债务，职工群体间利益亦存在冲突，经管理人公示、统计，确认职工相关债权金额高达665万元，其中欠缴社保费用170余万元。企业被宣告破产后，企业与职工间劳动关系陆续解除，受制于资产尚未处置，暂时无法为职工办理社保费用补缴则成为案件推进的一大难题。企业本身欠付薪资时间周期长，加之破产后程序的转变，职工出于对程序的不理解和对清偿前景的担忧，在宣告破产前后多次就该问题进行信访，对程序的推进形成不小的阻力。

为尽快推进解决职工安置问题，促进其下岗后重新就业，维护社会的稳定，烟台市中级人民法院借助府院联动机制就安置方案问题多次与高新区管委会沟通研究，提出相关思路及法律支持，最终确定了“由政府协调第三方先行垫付欠缴社会保险费用，对其垫付费用按职工债权认定处理”的方案。2019年9月，管理人与高新某建投公司正式签订《借款合同》，向其借款220万元，专项用于支付破产企业欠缴社会保险费用，借款到账后第一时间为全部职工办理补缴，并返还此前职工个人垫付社保费用及因拖欠社保导致不能报销的社保费用，累计支出171.39万元。

职工关注的核心问题得以解决，破产程序的推进更加顺畅，至2022年年初，该破产企业资产陆续处理完毕，管理人第一时间拟定分配方案报债权人会议审议。鉴于该案件非担保财产极少、职工债权清偿不足的实际情况，法院及管理人积极沟通担保权人，在合法、合理范围内协调其承担部分审计评估、财产安保等费用，进一步降低破产费用支出；同时在职工内部权益保护的问题上优先保护“劳动报酬”，对债权的性质认定、清偿进行合理安排，最终职工债权清偿比例较正常情况略有提升。同时，对于第三方垫付的费用，烟台市中级人民法院及管理人严格依法予以认定、保护，对于垫付的重整期间的社保费用，按共益债务进行确认并全额清偿，对于其余部分作为职工债权进行处理，最大程度上保护了第三方的合法权益。

【法条链接】

1. **《中华人民共和国企业破产法》**（2006 年 8 月 27 日）

第八条 向人民法院提出破产申请，应当提交破产申请书和有关证据。

破产申请书应当载明下列事项：

（一）申请人、被申请人的基本情况；

（二）申请目的；

（三）申请的事实和理由；

（四）人民法院认为应当载明的其他事项。

债务人提出申请的，还应当向人民法院提交财产状况说明、债务清册、债权清册、有关财务会计报告、职工安置预案以及职工工资的支付和社会保险费用的缴纳情况。

第四十二条 人民法院受理破产申请后发生的下列债务，为共益债务：

（一）因管理人或者债务人请求对方当事人履行双方均未履行完毕的合同所产生的债务；

（二）债务人财产受无因管理所产生的债务；

（三）因债务人不当得利所产生的债务；

（四）为债务人继续营业而应支付的劳动报酬和社会保险费用以及由此产生的其他债务；

（五）管理人或相关人员执行职务致人损害所产生的债务；

（六）债务人财产致人损害所产生的债务。

第一百一十三条 破产财产在优先清偿破产费用和共益债务后，依照下列顺序清偿：

（一）破产人所欠职工的工资和医疗、伤残补助、抚恤费用，所欠的应当划入职工个人账户的基本养老保险、基本医疗保险费用，以及法律、行政法规规定应当支付给职工的补偿金；

（二）破产人欠缴的除前项规定以外的社会保险费用和破产人所欠税款；

（三）普通破产债权。

破产财产不足以清偿同一顺序的清偿要求的，按照比例分配。

破产企业的董事、监事和高级管理人员的工资按照该企业职工的平均工资计算。

2. **《最高人民法院关于正确审理企业破产案件为维护市场经济秩序提供司法保障若干问题的意见》**（2009年6月12日，法发〔2009〕36号）

5. 对于职工欠薪和就业问题突出、债权人矛盾激化、债务人弃企逃债等敏感类破产案件，要及时向当地党委汇报，争取政府的支持。在政府协调下，加强与相关部门的沟通、配合，及时采取有力措施，积极疏导并化解各种矛盾纠纷，避免哄抢企业财产、职工集体上访的情况发生，将不稳定因素消除在萌芽状态。有条件的地方，可通过政府设立的维稳基金或鼓励第三方垫款等方式，优先解决破产企业职工的安置问题，政府或第三方就劳动债权的垫款，可以在破产程序中按照职工债权的受偿顺序优先获得清偿。

【法官心语】

职工安置问题属于破产法的核心内容之一，在破产程序中的重要性不言而喻。在当事人向法院提交破产申请与法院受理阶段，就必须由债务人制定出职工安置预案并向法院报告被申请企业职工工资支付、社保费用缴纳情况。除在债权申报与审查阶段的特殊性外，在破产财产分配阶段职工债权也被摆在破产费用和共益债务之后、税款债权和普通债权之前清偿。

对于债务人所欠职工债权由管理人调查、核实、确认的基础上，列出清单并予以公示。法院一边多次组织与职工进行面对面沟通，一边与当地政府及下辖人社局等部门进行协调，最终形成了由政府协调辖区国营企业先行垫付资金保障欠付职工社保及医保费用可行方案，最大限度地保障了职工债权人的合法权益。

处理好了职工债权问题，才能更好地安置职工，以至于职工不因债权问题信访、闹事，让破产程序有序推进。但是，进入破产程序之前的企业大都"自身难保"，更难说妥善解决职工债权问题，因此，第三方垫付职工债权就显得十分具有现实意义，诚然，第三方作为局外人，并不能从根本上解决职工债权需要清偿的问题，但是作为"缓兵之计"，无论是对破产企业、管理人还是法院来说，都是极为有利的，能够最大限度避免职工安置问题对破产程序的影响，使破产程序在安全、稳定的情况下持续推进。职工债权的顺利清偿，离不开参与其中的政府各部门及破产管理人的共同努力，也为法院审理破产清算案件积累了经验。

职工债权优先权确立系基于破产企业劳动者职工基本生活保障的考虑，

法律规定职工工资在受偿顺位上优先于普通债权。第三方代破产企业垫付工资款，帮助职工及时获得工资或解决社保问题，使破产企业职工权益得到有效保障，进而维护社会的和谐稳定，客观上实现了上述立法目的。但同时应当注意到，正因为职工债权在企业破产分配过程中享有优先受偿权，职工债权数额的多少会直接影响到其他债权人的分配数额，在破产程序中对于职工债权的优先权行使不宜无限制扩大，代垫人垫付款项时应注意合理性的限制，管理人应当严格审查，否则会对其他债权人的权利造成损害。

承办法官：付景波
法官助理：滕　岭
执笔人：滕　岭

2. 山东某集团有限公司等 24 家企业合并重整案*

——创新采用“整体重整 + 分类处置”模式破解融资难题

【基本案情】

一家成立 33 年之久的老牌企业被成功盘活后，300 多位债权人和 1100 多位职工的权益得以保障；旗下 24 家企业整体负债约 20 亿元，合并重整后，全体债权人获得了公平、及时、最大限度的受偿。2022 年 6 月，烟台市芝罘区人民法院（以下简称芝罘法院）顺利审结了山东某集团有限公司等 24 家企业合并重整一案，吸引 7 家投资人助力企业重整成功，实现了“绝境重生”“腾笼引凤”。

位于烟台市芝罘区的山东某集团有限公司创立于 1989 年，曾多次荣获“国家重点高新技术企业”“山东省百强民营企业”等称号。然而，该集团于 2017 年开始，因资金链断裂、经营管理不善，加上外部经济形势的不利影响等一系列问题，导致了大量的诉讼、仲裁及执行案件，财产、土地、房产等被多地法院查封，企业经营举步维艰，濒临绝境。

据了解，截至 2021 年 3 月 31 日，审计报告显示该集团等 24 家企业的在职职工为 1100 余人，整体资产约为 10.9 亿元，整体负债约为 19.8 亿元。2021 年 5 月，该集团等 24 家企业依法分别向芝罘法院、烟台市中级人民法院（以下简称烟台中院）申请破产重整。

2021 年 5 月 18 日至 6 月 9 日，芝罘法院裁定受理该集团等 17 家企业的重整申请；同年 6 月 5 日，芝罘法院接受烟台中院的指定，审理山东某民营科技园股份有限公司等 7 家企业破产重整案，合计 24 家企业。同年 9 月 23

* 参见山东省烟台市芝罘区人民法院（2021）鲁 0602 破 8 号 - 31 号等民事裁判文书。

日，芝罘法院裁定对该24家企业进行实质合并重整。2022年6月20日，实质合并重整案第二次债权人会议召开，会议以高票率表决通过了重整计划草案，其中，担保债权组、税款债权组全票通过，职工债权组、普通债权组、出资人组通过率均在80%以上。6月26日，芝罘法院裁定批准重整计划并终止重整程序，耗时仅一年零38天，在同类案件中居于前列。

【办理思路】

受理此案后，芝罘法院第一时间与区委、区政府对接，成立了由常务副区长担任组长，区发改局、区工信局、属地街道等相关部门单位为成员的集团破产重整工作组，保证了府院之间信息高度对称，以“多破产重整，少破产清算”为政策导向，积极发挥破产重整制度的拯救功能，推动企业重生再造。

在案件审理过程中，芝罘法院破产团队认为山东某集团有限公司等24家关联企业构成法人人格高度混同，换句话说，24家企业中真正能“当家作主”的只有山东某集团有限公司一家。为此，芝罘法院在对24家企业进行整体重整的基础上，创新地采用了“整体重整、分类处置”的模式：一方面，对山东某集团有限公司等24家企业的共同债务、连带债务及因互相担保形成的债权不重复计算，将负债按照债权性质统一清偿比例；另一方面，对该集团各板块资产和业务进行了梳理，划分为该集团本部及汽车部件、电线电缆、有色金属加工、建筑装饰、化学新材料六个类别，分别公开招募投资人，从而让企业得以“盘活”。

分类确定后，如何最大限度地保障该集团1100多名职工和债权人的合法权益，成为政府和法院需要着力解决的“重中之重”。为此，芝罘法院多次通过府院联动机制，秉持以保障民生为第一工作理念，兼顾企业发展和社会利益，督促管理人资产接管与洽谈潜在投资人同步进行，同时结合案件具体情况研究制订出职工和债权人的清偿计划，对债权额在6万元以下的200余位普通债权人的普通债权进行了倾向性保护，及时就各债权人关心关注的问题进行沟通协调，最大限度地保障了债权人的合法权益，为《重整计划草案》的表决通过奠定了基础。

融资难，是破产企业重整面临的又一困难。为此，芝罘法院在重整中进行了“金融创新”，切断企业担保链，通过发挥资产管理公司牌照及属地联动优势，实现金融债权的统一掌握，为重整工作的顺利推进提供保障。

“24家企业中，有10家都是专门为母公司提供贷款担保的‘空壳公司’，我们将其全部注销，同时保留剩余14家核心企业资产，通过分类打包拍卖的形式遴选确定了7家规模较大、实力较强的大型企业为某集团14家企业重整投资人，让企业恢复造血功能，避免了核心资产的流失，助力企业‘减负瘦身’轻装上阵。”芝罘法院破产团队法官李淑美说。

2022年6月20日，第二次债权人会议召开，会议以高票率表决通过了山东某集团有限公司等24家企业破产重整计划草案。同年6月26日，芝罘法院裁定批准了某集团等24家企业破产重整计划并终止重整程序，耗时一年零38天，在同类案件中居于前列。

【法条链接】

《中华人民共和国企业破产法》（2006年8月27日）

第二条　企业法人不能清偿到期债务，并且资产不足以清偿全部债务或者明显缺乏清偿能力的，依照本法规定清理债务。

企业法人有前款规定情形，或者有明显丧失清偿能力可能的，可以依照本法规定进行重整。

第七条第一款　债务人有本法第二条规定的情形，可以向人民法院提出重整、和解或者破产清算申请。

第八条　向人民法院提出破产申请，应当提交破产申请书和有关证据。

破产申请书应当载明下列事项：

（一）申请人、被申请人的基本情况；

（二）申请目的；

（三）申请的事实和理由；

（四）人民法院认为应当载明的其他事项。

债务人提出申请的，还应当向人民法院提交财产状况说明、债务清册、债权清册、有关财务会计报告、职工安置预案以及职工工资的支付和社会保险费用的缴纳情况。

第九十四条　按照重整计划减免的债务，自重整计划执行完毕时起，债务人不再承担清偿责任。

【法官心语】

企业的优胜劣汰是市场规律。破产审判工作中很重要的一项使命就是通过清算、重整、和解程序，让丧失经营价值的企业和产能迅速出清，使具有挽救价值的企业破茧重生。在该集团破产案件办理中，法院运用重整制度有效发挥挽救功能，为生存压力日趋严峻、生产经营举步维艰的24家企业提供了全新的拯救模式。

1. 用市场手段挖掘债务人企业重整价值。法院在审查当事人提出的破产重整申请时，需要对重整的可行性进行判定。重整可行性，是指判定债务人企业是否具备重整希望和重整价值，这是重整申请审查区别于破产清算的重要因素。作为司法审判机关，法院在对于重整价值这一更偏向商业价值判断的工作上，重点从债务人企业的市场影响力、潜在投资人、债权人利益保护三个方面综合评价。该集团曾多次获得“山东省百强工业企业”“山东省制造业百强企业”等称号，产品集研发、生产、制造、销售于一体，因此该集团具有重整价值。

2. 用创新方式招募重整投资人。重整投资人是重整程序中向债务人注入资金或其他资源，帮助债务人清偿债务，恢复经营能力的重要主体。重整投资人的招募工作在《企业破产法》中没有具体规定，实践中均由管理人通过两种方式产生：一是债务人或者债权人推荐协商（非公开招募）；二是公开招募。非公开招募有利于保护债务人企业商业秘密，同时因债务人对企业经营发展最为了解，由其直接推荐引入的重整投资人在一定程度上也有利于企业发展。公开招募则更能保证招募工作的公平、透明，也能通过竞争机制对投资人进行遴选，使债权人利益最大化。本案中，重整投资人的招募将非公开招募和公开招募有效结合，由管理人前期通过走访协商确定兜底重整投资人，确保重整成功。同时，管理人将该集团涉猎的领域划分成六个板块，确定了每个板块分别公开招募重整投资人，既减轻重整投资人的资金压力，又有利于各个版块做大做强，最大程度提高该集团的商业价值，提高债权的清偿比例。

3. 用法治思维助力危困企业摆脱困境。法院在审查破产申请时应当充分保障当事人的权利，给债务人企业充分表达意见的机会，并通过具体案例宣传，向当事人释明清算、重整、和解程序的功能及法律后果等方式，让当事人了解人民法院审理破产案件产生的法律后果，由当事人自主决定是否启动破产审查程序。本案中，该集团及其控股的24家企业主动提出重整申请，通过重整程序，使即将退出市场的危困企业重获新生，在实现企业主体存续的同时注入了新鲜血液。

承办法官：李淑美
法官助理：徐子越
执笔人：樊　依

3. 烟台市福山区某置业有限公司破产清算案*

——创新“0 元起拍”的拍卖方案，实现破产财产价值最大化

【基本案情】

烟台市福山区某置业有限公司（以下简称某置业公司）于 2005 年 3 月成立，注册资本 6750 万元，经营范围为房地产开发、销售，物业管理。某置业公司名下登记住宅及商服用地 195 851 平方米，主要用于开发某小区项目；项目一期、二期大部分已交房、办证；三期项目因某置业公司不能按期拨付工程款，已于 2018 年春节后全面停工，三期房屋 95% 已出售，但迟迟不能向业主交房；四期项目系征迁旧村改造项目，但因开工手续不全，资金不到位，未启动施工。对已征迁的拆迁家属楼，尚有 2000 余万元货币补偿未支付到位，实物安置房（三期房源）亦不能落实。购房户及拆迁户不满情绪严重，群访压力大。

此外，某置业公司于 2015 年 8 月开始通过网络平台融资，自 2018 年 4 月，因资金链断裂，到期借款不能兑付，逾期借款本息高达 2 亿元，引发诉讼千余起。另因其他工程款纠纷、民间借贷纠纷，存在多笔涉诉案件。因大量涉诉，某置业公司资金、房产、土地等均被查封，导致在建工程无法正常开展，项目烂尾，一期、二期业主办证工作停止，其他债务债权纠纷、矛盾也由此陆续产生。在此情况下，公司实际控制人、高管人员因涉及刑事案件陆续被采取刑事羁押等强制措施，经营管理已无法正常开展。某置业公司涉及负债金额庞大，债权类别错综复杂，各类主体矛盾激烈，已造成恶劣的社会影响。

---

* 参见山东省烟台市福山区人民法院（2018）鲁 0611 破 2 号民事裁定书。

2018 年 10 月 16 日，烟台市福山区人民法院（以下简称福山法院）根据债权人申请裁定受理某置业公司破产清算，2018 年 11 月 4 日宣告破产，2019 年 5 月，三期烂尾项目开始复工续建，2020 年 10 月至 2021 年 9 月陆续向业主交房，2022 年 12 月 31 日破产程序终结。

【办理思路】

本案覆盖房企破产涉及的全部债权类型，法律关系复杂。债权申报期限内，共接收申报 3000 余笔债权，申报债权总额 12.79 亿元，另有拆迁某村庄、某单位家属楼拆迁安置权益主张，债权类型涉及拆迁安置、工程款、购房款、P2P 网络借贷款、抵押债权等。在债权体量较大、权利冲突激烈的情况下，案件审理坚持公平原则，权衡各类主体权益，以法律为准绳，关注保护弱势群体。依照相关法律规定，确定审查原则，严格界定优先保护的范围，不损害其他主体权益。因此在审查债权的过程中，针对各类债权的特点及法律规定，根据不同债权类型进行区分审查，尤其重视对购房户生存权益的优先保护，确认了购房户生存权优先于工程价款优先权及抵押债权的审查原则，同时也要特别注意对购房申报中以房抵债、让与担保、内部按揭等名义购房形式的审查，遵守、保障破产程序中债权“公平受偿”的基本原则，避免损害其他债权人的权益。此外，因 P2P 网络借贷债权涉及刑事案件，在对该类债权的审查认定中也充分平衡刑事程序与民事程序的衔接，以及民事案件和刑事认定的区分，对千余人债权作出依法认定。

审查完成各类债权认定后，为解决某小区 300 余户购房业主的交房诉求及稳定社会民生，福山法院充分发挥府院联动机制，与政府职能部门成立专项工作组，就复工续建资金来源及偿还方案等问题进行协调、研讨，最终确定了引入接盘方，实现复工续建的处置方案。但该项目在建工程 95% 的房源已被销售处置，剩余房源拍卖价值并不高；未开发土地尚存大量待拆迁建筑物，拆迁成本、费用较高，很难吸引竞买人，复工续建难度大。为此，承办法官转化思路，创新性地制定“0 元起拍”方案，将上述复工续建、拆迁安置等问题通过未开发土地使用权拍卖转嫁到买受人处，实现资产处置的最大价值。同时，为避免 0 元起拍，解决保证金设置过低、无法起到防范竞买人违约的问题，拍卖方案中将欠付部分被拆迁户货币补偿款及躲迁费金额设置为起拍价格并确认对应的竞买保证金。最终通过该拍卖方案成功实现了安置拆迁户及复工续建工作，最大程度实现了破产财产价值。

【法条链接】

1.**《最高人民法院关于人民法院办理执行异议和复议案件若干问题的规定》**（2020 年 12 月 29 日修正）

第二十八条 金钱债权执行中，买受人对登记在被执行人名下的不动产提出异议，符合下列情形且其权利能够排除执行的，人民法院应予支持：

（一）在人民法院查封之前已签订合法有效的书面买卖合同；

（二）在人民法院查封之前已合法占有该不动产；

（三）已支付全部价款，或者已按照合同约定支付部分价款且将剩余价款按照人民法院的要求交付执行；

（四）非因买受人自身原因未办理过户登记。

第二十九条 金钱债权执行中，买受人对登记在被执行的房地产开发企业名下的商品房提出异议，符合下列情形且其权利能够排除执行的，人民法院应予支持：

（一）在人民法院查封之前已签订合法有效的书面买卖合同；

（二）所购商品房系用于居住且买受人名下无其他用于居住的房屋；

（三）已支付的价款超过合同约定总价款的百分之五十。

2.**《最高人民法院关于审理商品房买卖合同纠纷案件适用法律若干问题的解释》**（2020 年 12 月 29 日修正）

第五条 商品房的认购、订购、预订等协议具备《商品房销售管理办法》第十六条规定的商品房买卖合同的主要内容，并且出卖人已经按照约定收受购房款的，该协议应当认定为商品房买卖合同。

第七条 买受人以出卖人与第三人恶意串通，另行订立商品房买卖合同并将房屋交付使用，导致其无法取得房屋为由，请求确认出卖人与第三人订立的商品房买卖合同无效的，应予支持。

【法官心语】

不同于其他企业破产，房地产企业因涉及“住”的问题，一旦深陷债务危机，“问题楼盘”将会让回迁户和购房者的“安居梦”一夜破碎，影响社会稳定。涉房破产企业在建工程，俗称“烂尾楼”工程，又被称为“城市伤疤”，其危害更是涉及社会、经济、金融、环境等方方面面。因此在审理房企破产案件时，应该立足司法职能，依托府院联动机制，探索多元化续建模式，在破产程序中助力“建设——验收——交付办证”全过程。受理案件后，一方面，发挥破产制度优势，全面推进涉案资产解除查封、解除抵押，消除阻碍因素；另一方面，协同住建部门牢牢抓住国家、省、市出台的解决历史遗留问题政策窗口期，全力推进“烂尾楼”的建设、验收及办证问题。某置业公司破产清算案共交付拆迁安置面积 27 159.19 平方米，对应清偿拆迁户优先债权金额 1.72 亿元，其中拆迁某村居民安置房及躲迁费、某单位家属楼拆迁户拆迁补偿款及部分躲迁费通过土地使用权拍卖转移给买受人，由买受人与拆迁户继续履行拆迁合同，实现全额受偿；某单位家属楼拆迁户安置房通过破产程序实现交房 38 套，交房前躲迁费全额受偿。全额清偿购房户优先权 307 人，优先权金额 1.38 亿元，其中通过项目复工续建向购房户交付房屋 263 套。工程款优先债权分配清偿 3488 万元，清偿率高达 77.77%。此外，职工得到全面安置，担保债权、税款债权等均得到有效清偿。

自 2007 年 6 月 1 日《企业破产法》实施以来，福山法院高度重视破产案件审判工作，注重破产审判对化解企业危机、优化资源配置的重要实效。尤其是在立案登记制改革、破产重整信息平台上线使用、《最高人民法院关于执行案件移送破产审查若干问题的指导意见》出台后，福山法院均积极贯彻执行，努力排除一切外界因素干扰，做到有案必查，依法必立，保护社会弱势群体权益，在破产案件审判工作上继续砥砺前行。

承办法官：刘萍萍
法官助理：罗诗琪
执笔人：罗诗琪

4. 某核电设备股份有限公司破产重整案*

——创新引入“产业+财务”投资人制度助企破茧重生

【基本案情】

某核电设备股份有限公司是国内核电、军工和新能源高端装备制造龙头骨干企业，在国内军工及核电领域有较高的市场价值。近年来，企业受国家核电行业政策调控和金融去杠杆政策影响，其整体债务危机和经营危机日趋严重。该公司因 2021 年度经审计的期末净资产为负值，面临紧迫的退市风险。

2022 年 8 月 18 日，烟台市中级人民法院（以下简称烟台中院）受理该公司重整案并指定烟台市莱山区人民法院（以下简称莱山法院）审理。莱山法院迅速启动府院联动机制，组成精干审判团队，指定该公司清算组担任管理人。2022 年 8 月 19 日，本着破产不停产、保留其竞争优势的原则，批准其继续营业且自行管理财产和营业事务。2022 年 11 月 28 日，该公司重整案召开第二次债权人会议，高票通过了《重整计划草案》。同日下午，该公司出资人组会议表决通过《出资人权益调整方案》，并迅速开展推进执行。

2022 年 11 月 28 日，该公司、烟台某公司等三家公司实质合并重整案召开第二次债权人会议，各表决组经审议均高票表决通过了实质合并重整计划草案。

2022 年 11 月 29 日，莱山法院裁定批准三家公司重整计划，并裁定终止重整程序。

执行期间，莱山法院与管理人加大与重整投资人的沟通力度，尽快促成投资到位，仅用时不到一个月的时间，重整投资人 20 余亿元投资款项均全额

* 参见山东省烟台市莱山区人民法院（2022）鲁 0613 破 3 号民事裁定书。

支付，职工债权、税款债权全部清偿完毕，转增股票均登记至管理人专用账户，并已向提供证券账户信息的债权人分配。2022 年 12 月 23 日，莱山法院裁定重整计划执行完毕并终结重整程序。

通过司法重整，成功为该公司引入 20 余亿元投资，化解 50 余亿元债务，保障了千余名员工及数百名上游供应商的就业岗位，保护了 500 余名债权人及 48 000 余名中小股东免遭重大损失。

【办理思路】

在办理某核电设备股份有限公司破产重整案过程中，合议庭秉持整个重整程序合法合规，批准重整计划草案需考虑合法、合规性，诚实公正性，可行性。

一、程序合法合规

1. 债权人会议筹备合法、合规。管理人在法律规定的期限内依法制作重整计划草案并提交债权人会议表决，同时在债权人会议上对重整计划草案进行了说明，并在债权人会议召开前依法履行通知义务；该公司亦对重整计划草案内容依法进行了信息披露。

2. 重整计划表决合法、合规。管理人提交重整计划草案到债权人会议表决，该公司亦召开出资人会议表决出资人权益调整方案。债权人会议表决结果符合《企业破产法》第 84 条之规定，表决通过。

二、重整计划具有可行性

1. 重整计划内容完备。重整计划内容不违反法律、行政法规以及证监会、证券交易所等相关规定，符合《企业破产法》第 81 条之规定。

2. 债权受偿方案合法公平。依据重整计划中的债权受偿方案，职工债权和税款债权优先受偿，且全额清偿；普通债权的清偿比例（100%）高于依照破产清算程序所能获得的清偿比例（0. 25%），符合《企业破产法》第 87 条之规定。

3. 出资人权益调整公平公正。如该公司破产清算，现有资产在清偿各类债权后已无剩余财产向出资人分配，出资人权益为零。如实施破产重整，按照重整计划，转增股票不向出资人分配，出资人亦不再是控股股东，出资人权益经过调整后公平公正。

4. 重整计划具有可执行性。在重整计划草案表决前，产业投资人、财务投资人均已签署《重整投资协议》，并约定合理的对价支付期限，债权人会议亦表决通过重整计划，债权人可按债权受偿方案受偿。

三、充分保障中小股东利益

按照重整计划，转增股票不向中小股东分配，为保护中小股东合法权益，使股价达到合理预期，由该公司重整财务顾问中信建投证券股份有限公司向深圳证券交易所出具《拟调整资本公积金转增股份除权参考价格计算公式的专项意见》，并对合理性进行详细说明。

综上，依照《企业破产法》第86条第2款之规定，批准《某核电设备股份有限公司重整计划》。

【法条链接】

《中华人民共和国企业破产法》（2006年8月27日）

第二条 企业法人不能清偿到期债务，并且资产不足以清偿全部债务或者明显缺乏清偿能力的，依照本法规定清理债务。

企业法人有前款规定情形，或者有明显丧失清偿能力可能的，可以依照本法规定进行重整。

第八十六条 各表决组均通过重整计划草案时，重整计划即为通过。

自重整计划通过之日起十日内，债务人或者管理人应当向人民法院提出批准重整计划的申请。人民法院经审查认为符合本法规定的，应当自收到申请之日起三十日内裁定批准，终止重整程序，并予以公告。

【法官心语】

该公司重整案是2022年度山东省唯一一家上市公司重整案例，是近十年烟台市唯一一家上市公司重整案例，重整完成后，市值从40余亿元增长至100余亿元，取得了良好的经济效果和社会效果。在办理过程中虽困难重重，但充满机遇。该系列案件是在办理的过程中摸索出最终的“一揽子”化解纠纷的解决方案，并不同于其他上市公司关联企业进入破产重整的顺序，有很好的借鉴意义。

1. 遵循破产立法本意，发挥重整制度价值。该案是运用重整制度支持实体经济发展的典型；是全面注册制背景下挽救产业价值的典型。

2. 改善公司基本面，坚持各方利益共赢。一是保全核心产业资源，助力危困企业涅槃重生；二是坚持各方利益共赢，努力实现债权人利益最大化。

3. 府院联动，优化地方营商环境。府院联动助力民营企业重生，是有效化解地方风险的重要实践。司法重整是在法院主导下进行的司法程序，但对于金融机构协调、职工权益保障、税务政策支持和企业信用修复等问题，必须依靠党委政府支持，统筹整合各方力量，多元化、多渠道解决危困企业的矛盾和问题。

两级法院与党委政府发挥合力作用，实现行政与司法的良性互动，高效有序推进重整工作，保障合规经营，共同作用于化解地方企业债务危机，是全面落实“六保六稳”、服务民营经济的典型案例。

4. 坚持母子公司同治，“一揽子”化解债务危机。烟台某公司等三家公司作为该公司的全资子公司，是该公司合并报表范围内最主要的经营实体，也是最重要的营业收入来源。为整体化解系列企业危机，三家公司重整必须与该公司的重整进行有机结合，形成依法合规、高效、统筹衔接的整体重整机制。重整实践大多选择只保留主营业务，很大部分拆分资产进行处置，或者各类资产分别找投资人承接。本案中，莱山法院创新思路，采取分别重整、统筹推进的审理模式，统筹运用母子公司的偿债资源，实现重整效率和重整效果的全面提高。

通过依法利用母公司重整程序中获得的部分资本公积金转增股票及部分现金，清偿子公司的到期债务，保存了子公司的经营资质及业务，同时将子公司保留在产业体系内继续创造价值。母子公司同治的思路与方法同步“一揽子”化解系列企业整体的债务风险和经营危机，确保了该上市主体地位不动摇，全面改善了企业的资产质量与基本面，最大限度地维护企业运营价值，公平维护全体债权人的整体权益。

承办法官：周永壮　徐桂霞　丁　晶
法官助理：韩　月
执笔人：丁　晶

5. 烟台某集团有限公司破产重整案*

——用合并重整的方式保留企业资质

【基本案情】

烟台某集团有限公司（以下简称某集团公司）合并破产重整案共涉及某集团公司、某物业公司、某仓储公司、某电商公司、某家政公司、某社区公司、某培训学校7家关联公司。其中，某集团公司成立于1981年9月1日，前身为山东省烟台市某储运公司。某集团公司等7家关联公司作为烟台市某合作社联合社下属单位，经营范围涵盖市场经营、物业服务、档案管理、仓储服务、培训教育、家政服务等多个领域，其位于烟台三站科技广场的“某数码广场”是烟台老牌商业实体，知名度广泛、商铺入驻率高；“烟台××”家政服务品牌深入人心；物业服务单位数十家。2021年以来，由于整体市场环境不佳，某集团公司、某物业公司等现金流型企业经营不善，资金出现紧张，加之受互联互保影响，深陷担保圈及股东借贷等问题，陆续被债权人起诉，企业银行账户、固定资产等先后被查封、冻结，正常经营受到较大冲击，引发涉及800多名企业职工以及众多债权人的一系列矛盾纠纷。为了“一揽子”解决企业债权债务问题，保障职工就业、实现企业脱困，某集团公司、某物业公司分别向烟台市中级人民法院申请破产重整。2021年9月15日，烟台市中级人民法院分别裁定受理某集团公司、某物业公司两公司破产重整，并指定烟台市牟平区人民法院审理。

【办理思路】

一是精准识别企业现状，转变思路适用合并重整。人民法院在审理企业

* 参见山东省烟台市牟平区人民法院（2021）鲁0612破3号民事裁定书。

破产案件时，应当尊重企业法人人格的独立性，对企业适用单个破产程序为原则，但是当关联企业之间存在法人人格高度混同、区分各关联企业成员财产的成本过高、严重损害债权人公平清偿利益时，可例外适用实质合并破产方式进行审理。牟平法院经过审查发现，某集团公司、某物业公司以及关联公司某仓储公司、某电商公司、某家政公司、某社区公司、某培训学校之间存在严重的人员混同、财务混同和财产混同情形。为保障全体债权人公平清偿利益，避免强行区分增加重整成本，牟平法院反复分析研判，在书面征询全体债权人意见的基础上，经管理人申请，作出裁定，对某集团公司等 7 家关联公司实施合并破产重整。

二是全面平衡利益需求，对症下药依法审慎审理。牟平法院在审理中发现，某集团等关联公司的资产构成中，不动产资产评估价值达 2 亿余元，占比较高且已被抵押，而投资人招募较为困难，继而影响到除抵押债权外其他债权的清偿和保障。为实现破产财产价值和债权人利益最大化，牟平法院积极指导管理人与评估机构多次沟通研究，评估机构最终通过收益法整体衡量企业营运价值，使企业无抵押资产评估价值提升了近 5000 万元。在牟平法院的监督下，管理人迅速完成了资产清理和审计评估、债权登记和审查、偿债能力分析、职工安置、资产处置、重整投资人招募、与投资人协商谈判、重整计划的论证和制作、债权人会议及出资人组会议的组织等工作。

三是灵活化解风险隐患，府院联动维护社会稳定。考虑到该案涉及职工众多，债权关系复杂、具有一定信访隐患的实际，为扫清重整路上的绊脚石，牟平法院通过“府院联动”机制，与国资、财政等相关部门多次召开联席会议，加强互联互动，切实解决破产费用负担、财产处置、信用修复等问题，有效确保职工债权、税款债权获得全额清偿，合力保障案件高效有序运行。最终，该案实现普通债权 50 万元以下的部分全额清偿、50 万元之上的部分比例清偿，重整计划草案获得抵押债权组、普通债权组均 100% 表决通过，现已完成破产重整，共计盘活资产33 334. 63万元，化解不良贷款39 906. 38万元，安置职工 63 人、退休职工 30 人。

【法条链接】

《中华人民共和国企业破产法》（2006 年 8 月 27 日）

第二条 企业法人不能清偿到期债务，并且资产不足以清偿全部债务或者明显缺乏清偿能力的，依照本法规定清理债务。

企业法人有前款规定情形，或者有明显丧失清偿能力可能的，可以依照本法规定进行重整。

第五十八条第二款 债务人、债权人对债权表记载的债权无异议的，由人民法院裁定确认。

第七十一条 人民法院经审查认为重整申请符合本法规定的，应当裁定债务人重整，并予以公告。

第八十六条 各表决组均通过重整计划草案时，重整计划即为通过。

自重整计划通过之日起十日内，债务人或者管理人应当向人民法院提出批准重整计划的申请。人民法院经审查认为符合本法规定的，应当自收到申请之日起三十日内裁定批准，终止重整程序，并予以公告。

【法官心语】

我国《企业破产法》的立法宗旨不仅在于保障企业公平有序清偿债务、规范退出市场，还在于赋予债务人自救再生的机会，同时也有利于市场经济秩序的健康运行。当前，我国经济发展面临需求收缩、供给冲击、预期转弱三重压力，关联企业破产近年在我国也愈发普遍。关联企业成员的破产应当以适用单个破产程序为原则，在关联企业成员之间出现法人人格高度混同、区分各关联企业成员财产成本过高、严重损害债权人公平清偿利益的情况下，可以依申请例外适用关联企业实质合并破产方式进行审理。

重整程序又称“破产保护程序”，在挽救债务人方面具有突出的效用，被公认为是避免企业破产最为有力的制度。在法院的积极主持和利害关系人的充分参与下，经由利害关系人申请，对具有重整原因和重整能力的债务人进行生产经营上的整顿和债权债务关系上的清理，以使其摆脱财务困境，尽可能地盘活和优化资源，使重整利害关系人的损失降到最低。

本案中，合议庭经过实地调研走访，审时度势、反复研判、果断决策，以合并破产重整的方式清理企业债务、整合关联企业优质资源。在此过程中，合议庭始终坚持依法平等保护各类主体合法权益，坚持重大事项会议表决与日常事项强化沟通相结合的原则。对于需表决的重大事项，均通过债权人会议予以表决通过；对于选聘审计评估机构、招募重整投资人等关键节点，通过听证会、评标会等形式，由债权人代表参会进行投票选定；对于重整计划草案制定等核心问题，及时召开听证会向债权人代表进行释明，听取债权人反馈意见。通过扩大债权人参与度、保障债权人知情权、提高债权人信任度的方式，为重整计划顺利通过夯实了民意基础。

市场主体是经济的力量载体，保市场主体就是保社会生产力。“保市场主体”是畅通国内经济大循环的当务之急、重中之重。合并破产重整的方式既保留了企业的核心品牌和业务、保证了企业职工的就业岗位，又最大程度上尊重、保障和维护了债权人的合法权益，有效节省了司法资源，切实提高重整效率。涉案 7 家企业借此合体，实现破茧重生，充分释放了破产重整程序的价值功能，为其他困境企业选择通过重整方式脱困起到了良好的示范效应，取得了良好的政治效果、社会效果和法律效果。

承办法官：于守都

执笔人：李彦晗　王　迪

6. 先破产后重整，推动老牌企业破产重整*

——打好处置债务府院联动“组合拳”助企破茧重生

【基本案情】

烟台某公司成立于1993年2月13日，系集体所有制企业，是烟台经济技术开发区的一家老牌公司，经营范围为批发、零售钢材、木材、建筑材料、普通机械、五金交电、日用百货、化工原料（不含危险品）、房地产开发。公司原始注册资本100万元，2008年8月4日经过一次增资，注册资本1100万元。该公司房地产开发主要为开发烟台经济技术开发区鑫兴项目，系杨家台子旧村改造项目，其营业收入来源于开发鑫兴小区对外销售楼房所得，通过银行借款、民间借贷等方式筹措资金，累计建成29栋楼、1555套住宅，尚未办理产权证书。

在正常经营20余年后，因债务累积、资金链断裂，鑫兴项目自2015年12月起陆续停工，在建的5栋住宅楼、幼儿园及网点主体封顶，致使拆迁村民187户9992平方米住宅未能完成安置，村外购房户217套23 776平方米楼房未能交付，银行、建筑商、材料商及民间借贷债权人利益受损，债权人纷纷起诉、申请强制执行，至烟台经济技术开发区人民法院（以下简称开发区法院）受理破产清算案件前，某公司涉诉未执行完毕的案件41起、未履行债务金额4.3亿元。某公司不能清偿到期债务，且资产不足以清偿全部债务，企业已岌岌可危。

2021年1月6日，烟台业达城市发展集团有限公司以被申请人未履行（2016）鲁0601民初1073号、1075号、1076号民事调解书所确定的债务为由，向法院申请对某公司进行破产清算。法院于2021年1月12日通知了某公

* 参见山东省烟台经济技术开发区人民法院（2021）鲁0691破1号民事裁定书。

司，某公司在法定期限内未提出异议，法院作出裁定，要求对某公司进行破产清算。

经会计师事务所审计，截至 2020 年 5 月 30 日，该公司账面净负债约 274 691 930.67元，已严重资不抵债。该公司除鑫兴项目外，无其他经营项目，公司无经营扭亏可能。某公司清算组于2020 年7 月28 日正式成立，清算组组成人员中的山东明朗律师事务所作为社会中介机构，在《山东省高级人民法院企业破产案件管理人名册》内，具备破产管理人资格，开发区法院指定某公司清算组为管理人，符合法律规定。法院作出（2021）鲁 0691 破 1－1 号裁定书裁定企业破产重整，该公司重整完毕盘活了市场资源，使危困企业重获新生，为职工生活提供了保障。

【办理思路】

司法助企，民生先行。此案涉及 745 家债权人和数百户拆迁户合法权益，民生稳定受到很大影响，开发区法院受理此案后迅速行动，以专业团队带头，打通府院联动，在综合研判之下批准破产重整，盘活危困企业资源，切实保障民生。

首先，完善府院联动机制，发挥多方合力。法院密切关注此案引起的社会舆情和信访隐患。自法院裁定受理破产之日起至2021 年9 月 22 日止，管理人共受理债权申报 774 家，申报金额已合计 10 亿余元，其中涉及建筑工程价款优先受偿权、有财产担保债权、职工债权等，经审计企业负债总额达 4 亿余元，牵扯到的数以千计债权人，其规模之大、负债之多远非法院可以处置，普通债权清偿率为 0% 。基于此，开发区法院与工委管委及相关职能部门加强联动协调，通过开展府院联动会议的形式对其中涉及职工稳定、风险防控等事务协调推进，批准重整计划将普通债权清偿率拉高至 9% ，后引入资方成立破产费用保障资金，大大保障了债权清偿。并专项讨论公司破产重整案件涉及的信访隐患，促进社会矛盾和纠纷的化解。

其次，高效核查资产审核债权，做好全面摸排。尽快地核定资产和审定债权是破产重整的重要一步。本案中管理人通过资产核查工作，审核司法文件、租赁协议等方式了解具体情况，前往资产现场进行盘点。法院根据烟台业达城市发展集团有限公司的申请于2021 年1 月 26 日裁定受理某公司破产清算一案并指定某公司清算组为管理人后，作出申报债权的通知，某公司的债权人应自 2021 年 3 月 30 日前，向某公司管理人申报债权，并于 2021 年 4 月 17 日和 9 月 12 日开展了两次债权人会议对债权的核定、重整计划进行讨论和表决。

最后，发挥网络审理模式，加快办案进展。在办理案件中，承办法官团队利用“互联网+”破产审理新模式，充分发挥互联网高效、便捷的作用，将第二次债权人会议通过全国企业破产重整案件信息网进行直播，组织进行线上债权申报，解决了因距离问题产生的不便，便利了债权人参与破产程序，提高审判效率。同时，法官团队及时通过电话、微信的形式组建工作群，利用了非工作时间与多方机构、当事人进行对接，大大提高了办事效率。

【法条链接】

《中华人民共和国企业破产法》（2006年8月27日）

第二条第一款 企业法人不能清偿到期债务，并且资产不足以清偿全部债务或者明显缺乏清偿能力的，依照本法规定清理债务。

第七条 债务人有本法第二条规定的情形，可以向人民法院提出重整、和解或者破产清算申请。

债务人不能清偿到期债务，债权人可以向人民法院提出对债务人进行重整或者破产清算的申请。

企业法人已解散但未清算或者未清算完毕，资产不足以清偿债务的，依法负有清算责任的人应当向人民法院申请破产清算。

【法官心语】

破产案件具有涉及面广、社会影响力大的特点，进行破产重整可以使处于危困的企业走出困境，也可以保障破产企业职工的合法权益，保障债权人的合法债权。因此，企业进行破产重整不仅可以使破产企业涅槃重生，还有利于社会稳定和保障民生。

案件办理专业化，办理破产要打好“主心骨”。受理此案后，开发区法院抓好破产团队建设，尽最大的可能维护民生权益，本案由院领导带头办案，员额法官专职办案，配齐配强审判辅助人员，为该公司破产重整提供了坚实的人员保障。

重整程序不可逆，批准重整要下好“关键棋”。在破产实践中如何采取灵活的工作方式处理好问题，是要点和难点。根据《企业破产法》第70条规定直接申请重整的是常态，在破产清算中申请重整的属例外。本案先申请破产清算后申请重整，是根据某公司特殊情况，选择认为有利于重整成功的一种办法。在办理破产重整时必须清醒地认识到重整程序不可逆，一切清算工作一定要围绕重整进行，绝对不能掉以轻心。

涉及民生影响大，稳定民生要亮起“提示牌”。在开展清算工作的同时，解决该公司历史遗留问题和清算过程中发现的问题，做好矛盾纠纷及上访信访化解工作也至关重要。本案既要确保重整计划获得通过，解决村民拆迁安置楼房问题，又要保护各类债权人合法权益，其中包括有优先权的债权、有担保的债权、普通债权等，职工工资能否正常发放、烂尾工程能否继续建设、百姓能否有家可归都是棘手问题，一旦处理不好社会舆情将不可控。在和工委管委和其他部门联动之下，隐患被逐一排查化解，为案结事了打下坚实基础。

该案的解决体现了开发区法院一以贯之的“为企业经营发展护航，为营造良好的法治营商环境助力”的司法理念，开发区法院在“司法助企·破茧重生”品牌的引领之下，不仅仅将破产案件作为个案办理，而是作为法院通过司法手段参与社会治理的桥梁，作为化解社会矛盾的突破口，破产案件涉及院、府、企三方联动，该公司破产重整案件的成功办理起到了良好的社会反响。近年来，开发区法院始终坚持以法治化营商环境建设为重点，切实加强对自贸区企业司法服务保障力度，为“筑巢引凤”保驾护航，以后也将引入更多的创新工作方式，促进破产案件的更好更快办理。

承办法官：董好东
法官助理：李柯成
执笔人：鞠宇昕

7. 烟台某金业有限公司破产重整案*

——创新采用“微信听证”助企破茧重生

【基本案情】

烟台某金业有限公司（以下简称金业公司）系一家合资公司，成立于2001年12月，致力于贵金属生产加工，注册资本1500万美元，共有两家股东：金某（香港）有限公司实缴出资额1440万美元、持股比例96%；南京某投资咨询有限公司实缴出资额60万美元、持股比例4%。公司的经营范围为生产、加工黄金制品、白银制品、铂金、钯金、仿真金银制品，加工以上产品模具和防伪科技产品，并销售公司上述所列自产产品。

公司设立后，因经营不善，收购公司亏损、投资矿山入不敷出、融资贷款无法偿还又产生沉重利息负担，再加之黄金价格不断上涨、公司外欠原料金负担加大，许多应收账款也无法及时收回，导致公司连年亏损。金业公司从2016年开始处于半停产状态，2018年后全面停产。此种情况下，金业公司严重资不抵债，由于资金流彻底断裂，金业公司的正常经营难以维系。根据会计师事务所的财务审计报告显示，公司固定资产账面值为13 878 309.82元人民币。公司的负债情况为银行借款21 046万元，应付材料款6945万元，应付员工工资、社会保险费用300万元及其他应付款项、税款等，总计负债32 303万元，资产负债率为265.65%，实属资不抵债。鉴于金业公司此时的状况，资产不足以清偿全部债务，依照公司章程，并经公司第十三届第二次董事会及股东代表大会研究决定，金业公司根据《企业破产法》第2条、第7条和第70条的规定，以金业公司不能清偿到期债务，并且现有资产明显丧失清偿能力为由，向烟台市蓬莱区人民法院提出重整申请。

---

* 参见山东省烟台市蓬莱区人民法院（2020）鲁0684破申3号决定书。

【办理思路】

法院收到申请后，立即开展立案审查工作，依照审查的惯例，须组织立案前听证，受疫情影响，不能组织相关人员聚集开会，但不及时进行听证程序，又会导致企业陷入困境。经过多方考量，为切实降低办理破产的成本，法院决定采用网络听证模式进行立案前审查。

2020 年 3 月 6 日，法院组建微信群，破产申请人即债务人、部分债权人、投资意向人（某国企）入群参加听证，微信听证会顺利召开。听证各方均表示同意金业公司进行重整程序。申请人对重整企业的发展前景发表如下看法：鉴于目前现状，只有重组才能使企业重生，这也是企业唯一重生的机会，企业若能重整成功有利于地方经济及社会稳定，通过多次到金业公司考察交流合作重整事宜，意向投资人对公司的相关资质、生产工艺及销售平台给予高度认可，通过交流意向投资人对企业加深了了解。意向投资人资金实力雄厚，平台好、起点高，承办法官相信重组一定能取得成功。

法院经过综合审查，认为金业公司具有优质资质，有很大的企业重整价值，为避免受疫情影响导致重整工作受阻，确保企业重整成功，法院决定对金业公司启动预重整程序。

烟台市首例预重整案件于2020 年 3 月 12 日在蓬莱法院正式启动。承办法官全程指导管理人进行资产汇总以及审计、评估工作，制定具体工作方案，对公司存在的矛盾和问题进行全面摸底、协调，由管理人逐一与债权人对接商谈，为债权人、股东和员工等利益主体搭建沟通平台。仅用一个半月时间，管理人、债务人与投资人就谈判形成初步的重整计划草案。预重整程序的进行，为后续的重整程序奠定了强有力的基础。

2020 年 4 月 25 日法院裁定进入重整程序，针对前期的计划草案，承办法官指导管理人与投资人、各方债权人进行深层次的谈判。针对难点、堵点重新修改方案，与反对重整的债权人多次接洽沟通。

历时 6 个月，最终以出资人组、担保债权组、职工债权组、税款债权组 100% 表决通过、普通债权组通过率超 66.7% 的比例，于 2020 年 11 月 23 日表决通过了金业重整计划草案。2020 年 11 月 30 日，蓬莱法院作出裁定通过金业公司重整计划。

2022 年 10 月 30 日，蓬莱法院裁定重整计划执行完毕，终结重整程序。金业公司重整成功。

【法条链接】

《中华人民共和国企业破产法》（2006 年 8 月 27 日）

第二条 企业法人不能清偿到期债务，并且资产不足以清偿全部债务或者明显缺乏清偿能力的，依照本法规定清理债务。

企业法人有前款规定情形，或者有明显丧失清偿能力可能的，可以依照本法规定进行重整。

第七条第一款 债务人有本法第二条规定的情形，可以向人民法院提出重整、和解或者破产清算申请。

第七十条第一款 债务人或者债权人可以依照本法规定，直接向人民法院申请对债务人进行重整。

第七十一条 人民法院经审查认为重整申请符合本法规定的，应当裁定债务人重整，并予以公告。

第八十六条 各表决组均通过重整计划草案时，重整计划即为通过。

自重整计划通过之日起十日内，债务人或者管理人应当向人民法院提出批准重整计划的申请。人民法院经审查认为符合本法规定的，应当自收到申请之日起三十日内裁定批准，终止重整程序，并予以公告。

第八十七条第一款 部分表决组未通过重整计划草案的，债务人或者管理人可以同未通过重整计划草案的表决组协商。该表决组可以在协商后再表决一次。双方协商的结果不得损害其他表决组的利益。

第九十一条第一款 监督期届满时，管理人应当向人民法院提交监督报告。自监督报告提交之日起，管理人的监督职责终止。

第九十四条 按照重整计划减免的债务，自重整计划执行完毕时起，债务人不再承担清偿责任。

【法官心语】

法治是最好的营商环境，破产案件的公正、高效审理对于优化法治化营商环境具有十分重要的意义。本案是企业重整后快速恢复正常经营的典型案例。破产审判工作涉及的群体庞大，法律关系复杂，牵扯利益众多，单纯依靠司法程序往往难以解决破产清算或重整程序中面临的复杂问题。在本案中，蓬莱法院探索打造“政府 + 法院 + 管理人”的联动模式，凝聚破产处置各方力量，充分发挥“府院联动”机制活力；通过联动预警降低运营风险，与发改局、国资局等建立破产风险预警机制，帮助企业化解法律风险；通过招商引资盘活优质资源，依托政府大力招商，实现破产财产变价最大化。

本案中，重整计划通过后，金业公司投资款按计划到位，为职工补缴欠费并发放补偿款。法院及管理人积极协调银行、税务部门进行企业信用修复，申请减免重整期间房产税、土地使用税合计 172 330.71 元。目前，金业公司与 22 家银行、两家造币公司建立金银币代销、加工业务；与山东省博物馆等单位建立战略合作关系，将针对泰山平安文化、山川文化、名人文化、孔子文化等 70 万件 IP 资源进行市场产品研发，企业顺利恢复经营、焕发活力。

本案仅用七个月的时间重整成功，实现各方主体利益的平衡，助力企业走出困境。本案作为烟台地区首例预重整案件，为其他困境企业提供了脱困重生的路径；本案中采取的听证方式也获得上级法院的大力称赞。本案的成功经验有如下意义：（1）首创微信群模式召开听证会。此举避免了疫情期间群聚活动，为疫情防控工作提供有力的司法保障，同时，大大降低了破产成本。（2）“预重整”提高重整成功率。通过启动预重整程序，增加谈判磋商的时间，有助于重整计划的达成。预重整制度给予债务人更多的自主权进行脱困自救，更利于企业走出困局、摆脱危机。（3）法官全程指导并参与磋商谈判，促进重整计划的形成。方案通过后协助企业进行信用修复，为企业重生打造光明坦途。

蓬莱法院首次启动破产预重整程序，对烟台市后续的破产审判工作有着深远的指导意义。

承办法官：李　丽
法官助理：徐　亚
执笔人：李　丽

8. 龙口某房地产公司破产和解案*

——创新运用“庭外债务重组+庭内破产和解”促进企业焕新颜

【基本案情】

龙口某房地产公司系“某社区阳光城”（以下简称该项目）开发商，该项目从2011年开发至今已达10年。项目业态包括住宅、商业、车位、草房及幼儿园等配套设施，已建成完工项目建筑面积总计33.2万平方米，在建面积总计10.8万平方米；未建项目建筑面积总计7.4万平方米。该项目开发建设之初，大量安置回迁户，改善了当地居民生活环境，商品房销售平稳，获得广大刚需用户青睐、市场口碑良好。

2020年后，因受新冠肺炎疫情影响及国家宏观政策调控，房地产市场持续低迷、项目销售不畅、资金链断裂。龙口某房地产公司拖欠宁波某公司借款本金1400万元及利息，同时拖欠施工方南通某集团股份有限公司施工款及利息6800万元。因龙口某房地产公司无资金履行，截至2022年破产和解前，法院相继查封房源170余套、冻结资金2000余万元，导致龙口某房地产公司房地产建设项目资金周转困难，无力支付工程款及职工工资，工程全部停工，项目面临烂尾风险，涉及购房户400余户。

【办理思路】

龙口市人民法院（以下简称龙口法院）破产审判团队近年来成功审结一系列破产案件，积累了较为丰富的经验。面对龙口某房地产公司的风险问题，龙口法院在市委、市政府领导下，充分发挥府院联动机制，由法院监督与指

---

* 参见山东省龙口市人民法院（2022）鲁0681破5号民事裁定书。

导，按照市场化、法治化原则开展工作。

一是提出“庭外债务重组 + 庭内破产和解”思路。龙口某房地产公司主要债权人系公司股东，导致资产查封、项目停工的直接原因为股东间纠纷，企业陷入股东僵局，无法正常经营。加之资金紧张，外部到期债务无法清偿，项目停工。龙口法院深入剖析上述原因，创造性提出庭外重组股东债务纠纷，问题股东退出，重构法人治理秩序；庭内破产和解，解决普通债权人债权清偿，主要包括施工单位、购房户及其他供应商。

二是细化处置路径及措施。龙口法院充分发挥法院在处置困境企业中的积极作用，就债务人提出的和解方案从法律角度进行了全方位的指导，特别是在政府纾困方案、和解路径、“保交楼”措施监管等方面提供司法建议。首先，加强组织保障。2022 年 9 月 8 日，龙口市人民政府下发《关于成立龙口市某房地产有限公司风险处置工作领导小组的通知》，副市长担任领导小组组长，领导小组下设工作组，由东莱街道书记担任工作组组长，各有关部门负责人任工作组成员。龙口法院指定工作组担任龙口某房地产公司破产和解管理人。其次，加强法院指导。充分发挥法院在处置困境企业中的积极作用，就债务人提出的和解方案从法律角度进行了全方位的指导，特别是在政府纾困方案、和解路径、“保交楼”措施监管等方面提供司法建议。

三是建立常态化沟通机制。为化解企业风险，本案合议庭、管理人与龙口市住建局、城投公司、市场监督局等职能部门之间形成了畅通的沟通渠道，建立了定期会议及汇报机制。各方信息能够得到及时同步，对于出现的问题能第一时间沟通，缩短了解决时限。另外，结合政府“保交楼”政策，创设“政府纾困基金”金融工具，解决股东退出及复工复产资金问题。

四是充分尊重债权人、债务人意思自治。深入研究法律法规，充分尊重债权人、债务人意思自治，实现和解草案全票通过。针对房地产开发企业涉及主体法律关系复杂、合同履行期长、共益债务金额大、债权金额确定难等特点，龙口法院充分尊重债权人、债务人意思自治，指导当事人逐一确定清偿方案，以现金、资产抵顶不同组合方式确定清偿方案，实现和解草案全票通过。

2022 年 12 月 30 日，龙口市人民法院审结龙口某房地产公司破产和解案，本案自 2022 年 10 月 17 日启动至裁定批准和解草案历时仅两个多月，并且债权人 100% 同意通过和解草案，顺利化解风险、实现企业复工复产，取得了债权人满意、企业健康发展、职工稳定、社会稳定的多赢效果。

【法条链接】

1.《中华人民共和国企业破产法》（2006 年 8 月 27 日）

第二条第一款 企业法人不能清偿到期债务，并且资产不足以清偿全部债务或者明显缺乏清偿能力的，依照本法规定清理债务。

第三条 破产案件由债务人住所地人民法院管辖。

第七条 债务人有本法第二条规定的情形，可以向人民法院提出重整、和解或者破产清算申请。

债务人不能清偿到期债务，债权人可以向人民法院提出对债务人进行重整或者破产清算的申请。

企业法人已解散但未清算或者未清算完毕，资产不足以清偿债务的，依法负有清算责任的人应当向人民法院申请破产清算。

第十九条 人民法院受理破产申请后，有关债务人财产的保全措施应当解除，执行程序应当中止。

第二十二条 管理人由人民法院指定。

债权人会议认为管理人不能依法、公正执行职务或者有其他不能胜任职务情形的，可以申请人民法院予以更换。

指定管理人和确定管理人报酬的办法，由最高人民法院规定。

第二十四条 管理人可以由有关部门、机构的人员组成的清算组或者依法设立的律师事务所、会计师事务所、破产清算事务所等社会中介机构担任。

人民法院根据债务人的实际情况，可以在征询有关社会中介机构的意见后，指定该机构具备相关专业知识并取得执业资格的人员担任管理人。

有下列情形之一的，不得担任管理人：

（一）因故意犯罪受过刑事处罚；

（二）曾被吊销相关专业执业证书；

（三）与本案有利害关系；

（四）人民法院认为不宜担任管理人的其他情形。

个人担任管理人的，应当参加执业责任保险。

第二十五条 管理人履行下列职责：

（一）接管债务人的财产、印章和账簿、文书等资料；

（二）调查债务人财产状况，制作财产状况报告；

（三）决定债务人的内部管理事务；

（四）决定债务人的日常开支和其他必要开支；

（五）在第一次债权人会议召开之前，决定继续或者停止债务人的营业；

（六）管理和处分债务人的财产；

（七）代表债务人参加诉讼、仲裁或者其他法律程序；

（八）提议召开债权人会议；

（九）人民法院认为管理人应当履行的其他职责。

本法对管理人的职责另有规定的，适用其规定。

第九十五条 债务人可以依照本法规定，直接向人民法院申请和解；也可以在人民法院受理破产申请后、宣告债务人破产前，向人民法院申请和解。

债务人申请和解，应当提出和解协议草案。

第九十六条第一款 人民法院经审查认为和解申请符合本法规定的，应当裁定和解，予以公告，并召集债权人会议讨论和解协议草案。

2. **《最高人民法院关于审理企业破产案件指定管理人的规定》**（2007 年 4 月 12 日，法释〔2007〕8 号）

第十九条 清算组为管理人的，人民法院可以从政府有关部门、编入管理人名册的社会中介机构、金融资产管理公司中指定清算组成员，人民银行及金融监督管理机构可以按照有关法律和行政法规的规定派人参加清算组。

【法官心语】

为助力企业破茧新生，龙口法院创造性开出“庭外债务重组 + 庭内破产和解”之“药方”，并充分发挥府院联动机制作用，创设“政府纾困基金”金融工具，以政府专项资金帮扶危困房企，解决股东退出及复工复产资金问题。最终，仅用两个月时间就完成破产和解工作，让企业“绝处逢生”。

破产企业就像是生病的病人，破产法官是给企业“把脉问诊”的医生，对症下药，精准救治；法官助理就是“破产医生”的助手，为医生做好准备工作，全程协助，参与其中。积极“救死扶伤”，成为企业的“治病良医”，远比简单地审结一个案件更为重要。法官在办理破产案件时，要更多地关注破产重整工作，通过企业重整给企业找到再生之道，减少企业实质性破产，通过重整程序让破产或者濒临破产的企业得到新生。

破产案件的审理，总是面临诸多挑战，这就要求法官不能平静地坐在桌前，而要脚踏实地走出办公室，将最好的方案、最真的意见、最诚的态度带给债权人。帮助债务人解决具体问题、建立信心，确保“保交楼”任务顺利实施。龙口法院在与债务人负责人沟通过程中发现，其对市场形势预期悲观、实施保交楼困难重重，充分发挥府院联动机制优势，协助企业解决实际困难，帮助其建立持续经营信心。

龙口某房地产公司破产和解案系烟台地区首例庭外重组结合庭内和解成功的案例，该案标志着烟台地区破产审判模式的新突破、危困房企脱困重生模式的创新，为同类案件的处理提供了借鉴与指引，丰富和提高了法院服务大局的手段与能力。此案在深入贯彻府院联动机制、帮助企业脱困纾困、创新风险处置方法、落实“保交楼”民生工程等方面具有典型性、示范性，为保障龙口及烟台地区房地产市场稳定健康发展、优化营商环境、助力经济社会发展作出了贡献。在优化营商环境、化解重大风险、服务“六稳”“六保”、推动供给侧结构性改革等方面取得了良好成效，为陷于困境但有挽救价值的企业脱困新生提供了有益思路。

龙口法院将进一步总结推广龙口某房地产公司破产和解案的理念和做法，在今后的司法审判工作中融会贯通，更好服务企业，服务辖区工作大局。

承办法官：李　杰
执笔人：李　杰

9. 山东某金业公司破产案*

——清算"拆分+"资产处置模式提升破产财产处置效率

【基本案情】

山东某金业公司是一家主要从事金精矿提取、销售的大型化工企业，鼎盛时期曾计划上市。后因市场行情发生变化，加之经营管理不善，对内欠付700余名职工巨额工资，对外负债高达20亿余元。进入破产程序后，针对山东某金业公司资产处置受众范围小、无形资产处置要求高等难题，莱州市人民法院（以下简称莱州法院）指导管理人根据资产性质分类，采取"拆分+"方式进行资产处置，使山东某金业公司的黄金交易席位等无形资产，库存危化产品、大型机器设备等有形资产在一年内先后处置成功。2022年1月6日，作为山东某金业公司最主要资产的厂房土地拍卖成交，由从事高科技、新型化工产业的上市公司山东某环保有限公司竞得，资产处置累计变现资金约1.38亿元。2022年2月8日，公司破产程序终结，700余名职工债权得到全部清偿。在公司破产程序中，坚持市场化、法治化原则，以创新、灵活、高效的资产处置方式推动资源高效整合利用，将山东某金业公司的各类资产科学划分为五个资产包，将动产与不动产相结合，易处置资产与不易处置资产相结合，先后处置机器设备、库存化工产品10大类、近3000项资产，实现了破产财产价值最大化；在盘活资产的同时引入了高新科技产业项目，通过府院联动机制成功引入上市公司接手山东某金业公司最难处置的800亩土地及厂房，实现了资产和产业的"双盘活"。为切实解决投资人在参与破产投资方面的难点、痛点问题，莱州法院积极发挥司法能动性，在抵押权人不配合办理资产解押情况下，及时向不动产部门出具解除抵押登记协助执行通知书，

---

* 参见山东省莱州市人民法院（2018）鲁0683破2号民事判决书。

保障了投资人新项目的按时开工建设，使700余名职工的债权在公司主要资产均被抵押的情形下获得全额清偿，保障了职工的合法权益。

【办理思路】

山东某金业公司成立于2006年，注册资本2亿余元，主要从事铜精矿中金属的提取、销售业务，是一家大型循环型环保企业，鼎盛时期曾计划上市。后因市场行情变化，加之经营管理不善，山东某金业公司欠下巨额债务且无力偿还。债权人向莱州法院申请对山东某金业公司进行破产清算。法院受理后，经查发现山东某金业公司具有黄金交易席位及固废、危废处理资质等优质无形资产，公司拥有先进的金银矿综合回收技术。若直接宣告破产，优质无形资产将贬损或失去价值，相关设备拆除也会造成资产价值的降低。部分股东向法院提出了重整投资意向。鉴于此，莱州法院许可山东某金业公司进入破产清算程序后继续经营，并要求管理人同时开展重整投资人招募工作，以“破产不停产”的方式尝试挽救企业，以实现各方利益最大化。虽经多方努力，但因意向投资人中途撤出、企业无力支付高昂的设备维修费用等原因，山东某金业公司最终未能实现重整，被迫停止经营。为防止山东某金业公司资产价值的贬损，莱州法院果断宣告山东某金业公司破产。

在宣告企业破产后，为破解企业资产处置受众范围狭小、无形资产处置要求较高的难题，莱州法院指导管理人根据资产分类优化资产配置，将山东某金业公司的各类资产科学划分为五个资产包，将动产与不动产相结合，易处置资产与不易处置资产相结合，同时广泛宣传，积极对接购买意向方，依法公开处置破产财产。历经一年多的努力，山东某金业公司的黄金交易席位、大型机器设备、库存化工产品先后交易成功，处置资产共涉及10大类、近3000项。莱州法院在该破产企业资产处置方式上的创新，让破产企业资产得到了重新优化配置的机会。2022年1月6日，山东某金业公司厂房土地等大宗资产也最终挂牌成交，上市公司——山东某环保有限公司成为山东某金业公司名下不动产的受让主体。该公司受让山东某金业公司不动产后，引入了高科技新产业项目。为尽快推动新科技项目立项，莱州法院积极发挥司法能动性，出具解除抵押登记协助执行通知书，为山东某金业公司名下的厂房土地办理资产过户消除阻碍，保障了买受方的按时开工建设。

【法条链接】

《中华人民共和国企业破产法》（2006 年 8 月 27 日）

第二条　企业法人不能清偿到期债务，并且资产不足以清偿全部债务或者明显缺乏清偿能力的，依照本法规定清理债务。

企业法人有前款规定情形，或者有明显丧失清偿能力可能的，可以依照本法规定进行重整。

第六条　人民法院审理破产案件，应当依法保障企业职工的合法权益，依法追究破产企业经营管理人员的法律责任。

第七条　债务人有本法第二条规定的情形，可以向人民法院提出重整、和解或者破产清算申请。

债务人不能清偿到期债务，债权人可以向人民法院提出对债务人进行重整或者破产清算的申请。

企业法人已解散但未清算或者未清算完毕，资产不足以清偿债务的，依法负有清算责任的人应当向人民法院申请破产清算。

第三十条　破产申请受理时属于债务人的全部财产，以及破产申请受理后至破产程序终结前债务人取得的财产，为债务人财产。

第三十一条　人民法院受理破产申请前一年内，涉及债务人财产的下列行为，管理人有权请求人民法院予以撤销：

（一）无偿转让财产的；

（二）以明显不合理的价格进行交易的；

（三）对没有财产担保的债务提供财产担保的；

（四）对未到期的债务提前清偿的；

（五）放弃债权的。

【法官心语】

企业破产处置是新旧动能转换的重要抓手，也是优胜劣汰的重要途径。做好破产审判，是司法助企的重要举措。一是建立破产费用筹集保障机制。在部分企业破产案件中，因债务人严重资不抵债，无法保障管理人报酬，导致破产程序遇阻。为破解这一普遍性难题，要设立管理人报酬辅助基金，可以协调管理人自收取的报酬中，提取相应比例作为基金，用于支付“无财可破”、破产企业负责人跑路等案件的管理人报酬，成功破解破产案件“启动难”问题，促进管理人依法、公正、忠实履行职务。二是建立困境企业预重整机制。为准确识别重整价值和重整可能、降低重整成本、提高重整成功率，应当积极借鉴北京、深圳等外地法院成功做法，建立推广预重整模式。对于资不抵债、极具发展潜力的困境企业，在充分论证行业优势、重整价值的基础上，主动向党委汇报，邀请相关利害关系人召开听证会，凝聚共识，并在导入程序之前，通过部分债务豁免、吸引投资等方式，为企业重整做足准备。三是建立破产案件繁简分流机制。为缩短破产案件审理周期、降低破产成本，推动清算主体快速退出市场，要积极探索破产案件简案快审模式，在提高破产审判质效方面进行大胆尝试。对企业法人债权债务关系明确、债务人财产和债权人人数较少、债务人财产已明显不足以支付破产费用、债务人无财产可供分配的案件，在收案时努力确定适用简易程序；对指定管理人、债权申报、破产宣告与终结等，每一环节的时间节点都作出具体规定；对法律文书送达、印章刻制、账户开立、财产审计评估等事项，依法依规简化处理。

同时，做好破产审判，助企涅槃重生，还需要做到如下几点：一是要注重破产审判专业化。组建专门的破产审判团队，审理疑难复杂案件，保证类案专办；对破产审判团队制定单独的绩效考核细则，促进多办案、办精品案。坚持理论实践相结合，推动破产审判能力的有效提升。二是要注重工作规范化。注重建章立制，针对工作中发现的难点、堵点问题，积极联合相关部门出台相关规范，确保相关工作有章可循；建立破产管理人名册，在管理人选任上，坚持随机摇号与公开竞聘相结合的方式，定期对管理人进行监督考核，保证管理人依法履职；坚持公开透明化审判，主动接受社会监督。

承办法官：张志香

执笔人：宋雪凝

10. 招远市某粮油公司申请破产案*

——依法组织开展破产清算，推动“僵尸企业”快速出清

【基本案情】

2023 年 4 月 24 日，招远市某粮油公司以其不能清偿到期债务且资产不足以清偿全部债务为由，向招远市人民法院申请进行破产清算。2023 年 5 月 22 日，招远市人民法院裁定受理，并于 2023 年 5 月 30 日指定山东某律师事务所担任招远市某粮油公司的破产管理人。法院经审理查明，招远市某粮油公司成立于 1991 年 7 月 19 日，负责人为董某斌，注册资本为人民币 70 万元，公司类型为全民所有制企业。公司经营范围：粮食制品、食用油、油料、粮油用包装物品批发零售。住所地：招远市。公司于 2003 年停止营业，注册地址已无人办公，工作人员已经全部离岗。2023 年 6 月 17 日，招远市某粮油公司管理人委托山东某会计师事务所（普通合伙）对招远市某粮油公司 2002 年 12 月 31 日的资产、负债、权益情况进行了审计，并出具审计报告一份。经审计，截至 2002 年 12 月 31 日的资产总额为 149 742. 28 元；负债总额为 187 225. 60元；净资产为 – 60 759. 42 元；已严重资不抵债。2023 年 8 月 16 日，招远市人民法院召集债权人会议，招远市发展和改革局被指定为债权人会议主席，管理人向会议报告了执行职务、债务人财产状况、提请核查债权、财产管理、财产变价方案及管理人报酬方案等情况，经债权人会议有表决权的债权人依法审核并表决通过。经管理人调查，招远市某粮油公司已无任何可供分配的破产财产。2023 年 8 月 21 日，招远市某粮油公司管理人向招远市人民法院提出申请，请求裁定终结招远市某粮油公司破产清算程序。招远市人民法院认为，招远市某粮油公司不能清偿到期债务且资产不足以清偿全部

---

* 参见山东省招远市人民法院（2023）鲁 0685 破 1 号民事裁定书。

债务，且无财产可供分配，符合法律规定的破产条件。

【办理思路】

本案系招远市人民法院办理的一起企业破产案件，涉及停产停运多年的“僵尸企业”出清工作。承办法官受理案件后，认真研究企业提交的破产申请及相关材料，分析企业连续多年无法恢复生产的原因。

经过调查，承办法官初步了解申请破产企业的相关信息。承办法官发现，作为一家成立于1991年7月的流通行业企业，招远市某粮油公司属于全民所有制法人企业，企业法人营业执照注册号为37068××××04508，注册资金为70万元整，企业经营范围为粮食及制品、食用油、油料、粮油用包装物品批发零售等。这一类企业在计划经济体制年代，一度属于福利待遇好、入职门槛高、人人羡慕的职场“香饽饽”。这一状况的转折出现在1998年前后，当时国家开始对粮食流通体制进行改革，受政策变动等因素影响，再加上这一类企业普遍存在经营理念没有及时跟上时代发展变化的问题，不能快速适应经济趋势，难以通过改革企业管理体制机制等手段有效推动企业转型发展，一时间一大批粮食企业生产经营开始出现困难，特别是在我国社会主义市场经济初步建立以后，这些企业大多数都因经营管理不善导致连年亏损，人员流失问题严重，随之而来的就是企业经营面临市场经济的冲击和内部经营管理不佳造成的双重压力，在此背景下，企业经营收入逐渐减少，难以为继甚至到了举债度日的境地。2003年，该企业为全部职工办理了下岗失业。截至2022年年底，企业账面资产总额为95.1万元，负债总额为18.57万元，账面资产主要是未摊费用而无实际资产，已经严重资不抵债，属于无资产、无人员、无运营的“三无”企业，成为事实上的“僵尸企业”。

针对以上情况，承办法官依法裁定受理企业破产申请，并指定辖区内在企业破产领域有相当工作经验的山东某律师事务所担任招远市某粮油公司的管理人，推动开展好管理人印章的启用、各项管理制度的起草等工作，第一时间启动申请破产案件调查，并积极协调上级主管部门配合做好企业破产信息核实和材料调查工作。承办法官认真履行破产审判职能作用，督促管理人对破产申请人财产情况开展详细调查。在充分查清企业资产负债情况的基础上，依法宣告早已严重资不抵债的“僵尸企业”正式破产，从此退出历史舞台。

【法条链接】

《中华人民共和国企业破产法》（2006 年 8 月 27 日）

第二条　企业法人不能清偿到期债务，并且资产不足以清偿全部债务或者明显缺乏清偿能力的，依照本法规定清理债务。

企业法人有前款规定情形，或者有明显丧失清偿能力可能的，可以依照本法规定进行重整。

第七条　债务人有本法第二条规定的情形，可以向人民法院提出重整、和解或者破产清算申请。

债务人不能清偿到期债务，债权人可以向人民法院提出对债务人进行重整或者破产清算的申请。

企业法人已解散但未清算或者未清算完毕，资产不足以清偿债务的，依法负有清算责任的人应当向人民法院申请破产清算。

第十条　债权人提出破产申请的，人民法院应当自收到申请之日起五日内通知债务人。债务人对申请有异议的，应当自收到人民法院的通知之日起七日内向人民法院提出。人民法院应当自异议期满之日起十日内裁定是否受理。

除前款规定的情形外，人民法院应当自收到破产申请之日起十五日内裁定是否受理。

有特殊情况需要延长前两款规定的裁定受理期限的，经上一级人民法院批准，可以延长十五日。

第一百零七条　人民法院依照本法规定宣告债务人破产的，应当自裁定作出之日起五日内送达债务人和管理人，自裁定作出之日起十日内通知已知债权人，并予以公告。

债务人被宣告破产后，债务人称为破产人，债务人财产称为破产财产，人民法院受理破产申请时对债务人享有的债权称为破产债权。

第一百二十条　破产人无财产可供分配的，管理人应当请求人民法院裁定终结破产程序。

管理人在最后分配完结后，应当及时向人民法院提交破产财产分配报告，并提请人民法院裁定终结破产程序。

人民法院应当自收到管理人终结破产程序的请求之日起十五日内作出是否终结破产程序的裁定。裁定终结的，应当予以公告。

【法官心语】

2019年2月25日，习近平总书记在中央全面依法治国委员会第二次会议上提出“法治是最好的营商环境”的重要论断。招远市人民法院围绕优化法治化营商环境目标要求，抓实四项工作机制，不断推动破产审判取得新成效。

一是深化府院联动。坚持“党委领导、政府支持、法院主导”，积极运用市场化和法治化手段处置“僵尸企业”。与市自然资源和规划局、市市场监督管理局、市行政审批服务局和市财政局等部门联合印发了《关于推进破产企业退出市场工作的实施意见》《企业破产程序中涉不动产登记事项办理的实施意见》《招远市破产案件援助专项资金管理使用办法》等文件，统筹协调解决破产企业处置涉及的民生保障、不动产登记、变更注销、破产费用保障等问题，制定重大、疑难、复杂破产案件处置方案，共同推进地方破产审判工作。

二是设立专用账户。为实现“僵尸企业”有效救治、有序退出，切实解决破产程序启动难问题，与市财政局制定《招远市破产案件援助专项资金管理使用办法》，设立“破产援助专项资金”专用账户，账户经财政部门批准由法院设置、法院管理，用于支付法院受理的无产可破案件中必要的破产费用所发生的支出，专项资金由财政拨款、管理人从所得报酬中自愿按比例交纳的资金、社会机构或者个人自愿捐助、破产案件援助专项资金所生的孳息及其他合法来源资金组成，妥善解决了无产可破企业启动难、管理人报酬无法落实等问题，推动无启动经费的企业破产，保障破产清算工作顺利进行。

三是推进快速审理。为优化司法资源配置，在破产案件中落实繁简分流要求，不断提升破产案件审判质效，对简单破产案件简化破产程序的期限，努力发挥好破产审判在推动经济高质量发展中的作用。对于债权债务关系明确、债务人财产状况清楚的简单破产案件，适用简易程序快速审理，同步破产事项、压缩程序时限、简化流程环节、提升审判质效。同时，降低破产成本，对无财产可供分配的强制清算破产案件，免收案件受理费，并优先适用网络司法拍卖。

四是开通绿色通道。破产案件由于债务金额高、适用法律和政策问题复杂，导致案件审理周期普遍偏长。为此，招远市人民法院注重加强与行政机关的协调配合，合力解决破产程序中存在的体制机制性障碍，畅通破产企业的市场退出通道，与市场监督管理局、市行政审批服务局共同制定了《关于推进破产企业退出市场工作的实施意见》，联手打造登记查询、司法清算、信息公示、注销登记、股权变更等绿色通道，联动加强司法清算力度，扎实推进企业破产和“僵尸企业”快速出清，以更加清朗的市场主体结构助力打造更优营商环境。

承办法官：王祖民

执笔人：周永正 王新鑫

11. 烟台某百货有限公司破产清算案*

——“招商引资+府院联动”助企破茧重生

【基本案情】

2019年1月15日，申请人山东省栖霞市某集团公司以被申请人烟台某百货有限公司经营不善、经营扭转困难、无力偿还各债权人债务、已经严重资不抵债、明显缺乏清偿能力为由，向法院提出破产申请，请求对被申请人依法破产清算。经审查查明，被申请人烟台某百货有限公司成立于2012年2月9日，系自然人投资或控股有限责任公司，注册资本100万元，法定代表人孙某华，股东为孙某华、宫某亮；公司经营范围：批发兼零售预包装食品兼散装食品，乳制品（含婴幼儿配方乳粉）；小包装食盐（有效期以许可证为准）；服装、鞋帽、家纺、皮具、日用百货、家用电器、电子产品、五金、珠宝首饰、玉器、黄金饰品、办公用品、玩具、洗化用品、生鲜鱼肉。另查明，烟台某百货有限公司所在经营地的房屋均系租赁山东省栖霞市某集团公司的房产。烟台某百货有限公司法定代表人孙某华现下落不明，公司早已停产停业，公司财务账目找不到具体管理人员，且公司资产已被法院查封未予处理。法院认为，被申请人烟台某百货有限公司无力偿还多笔到期债务，早已停产停业，无恢复经营可能，明显缺乏清偿能力，符合破产条件。2019年5月20日，法院裁定受理烟台某百货有限公司破产清算一案，指定山东某律师事务所为烟台某百货有限公司破产管理人。后续管理人推进完成债权审查、资产评估等工作，并于2019年10月召开第一次债权人会议，会议提交并确认11笔普通债权，于2020年5月15日宣告破产。后于2021年9月24日通过《烟台某百货有限公司破产分配方案》，目前该案顺利结束破产程序。

---

* 参见山东省栖霞市人民法院（2019）鲁0686破1号民事裁定书。

2021 年 2 月，栖霞市某百货有限公司与某集团公司正式签订租赁协议，接盘原烟台某百货有限公司旧址，盘活闲置数年的商贸城，顺利入驻烟台某百货有限公司原址并开业经营。目前该商场仍正常运营当中，收益良好。

【办理思路】

考虑到该债务人系地区较大型商超企业，不涉及楼盘烂尾，信访隐患较小，仍有继续经营之可能，法院前期有意引导其进入破产重整程序，故前期资产尚未处置，未宣告破产清算。但由于区域经济不景气，流动人口少，消费需求较弱，长时间未招募到意向投资人，故继续推进破产清算程序。为帮助企业顺利清算并盘活有利资源，经由本地政府介入协调，制定出暂停营业、加强管理，在原有建筑设备基础上继续引资招商的经营策略。

1. 政府介入。债务人与属地翠屏街道办事处签订一份合作协议书，涉及进入破产程序是否继续履行、如何履行的问题。经市委决策，决定协助出租人山东省栖霞市某集团公司继续寻找新的投资方（承租人），在原有基础上重新招商开业经营。

2. 停止营业。烟台某百货有限公司自 2015 年 9 月停产至今，时间较长，已无对外业务往来。原有人员迫于生计已另行寻找工作，且公司无正常资金可供营业，为维护设备、减少负债，决定停止烟台某百货有限公司的营业。

3. 加强物资管理。宣告破产后，管理人及时启动资产变现工作。因变现时间较长，考虑到电梯空调设备若长时间无人维护可能导致进一步贬值，为保护破产财产，法院督促管理人制定《烟台某百货有限公司破产财产管理制度》，用改换、添置门锁，定期盘点，增加监控的方式保证物资安全。

4. 重新租赁。债权人会议授权管理人将物资设备同房屋一并对外进行租赁。之后，管理人、所有权人及新的承租方共同就可租赁设备维护保养、租赁费用、其他物资存放及保管问题进行书面约定。同时新的承租方在原有基础上继续设企营业。如此既可以实现破产资产有效保养，也增加了破产财产，各债权人的分配比例及分配金额也有所增加。

【法条链接】

《中华人民共和国企业破产法》（2006 年 8 月 27 日）

第二条　企业法人不能清偿到期债务，并且资产不足以清偿全部债务或者明显缺乏清偿能力的，依照本法规定清理债务。

企业法人有前款规定情形，或者有明显丧失清偿能力可能的，可以按照本法规定进行重整。

第十八条 人民法院受理破产申请后，管理人对破产申请受理前成立而债务人和对方当事人均未履行完毕的合同有权决定解除或者继续履行，并通知对方当事人。管理人自破产申请受理之日起二个月内未通知对方当事人，或自收到对方当事人催告之日起三十日内未答复的，视为解除合同。

管理人决定继续履行合同的，对方当事人应当履行；但是，对方当事人有权要求管理人提供担保。管理人不提供担保的，视为解除合同。

【法官心语】

中共中央、国务院发布的《关于促进民营经济发展壮大的意见》指出，鼓励民营企业盘活存量资产回收资金。坚持精准识别、分类施策，对陷入财务困境但仍具有发展前景和挽救价值的企业，按照市场化、法治化原则，积极适用破产重整、破产和解程序。推动修订《企业破产法》并完善配套制度。优化个体工商户转企业相关政策，降低转换成本。

烟台某百货有限公司于2012年开业后一直经营不善，直至宣告破产，所处黄金地段荒废数年。2021年2月，栖霞市积极实施“走出去、引进来”的招商战略，经过多次考察调停，最终与栖霞市某百货有限公司达成合作意向，在烟台某百货商贸城的基础上打造栖霞市某百货广场。该广场建筑面积达21 000平方米，是栖霞市现有的首个多位一体的多功能百货商场，每年可创造商业税收过百万元，并拉动周边餐饮、娱乐、物流等多个行业的发展，直接增加就业岗位1500多个，为城区人口聚集、城市人气增加都起到有力的推动作用。

以原破产企业的基础再招标引进新投资，是栖霞市司法助企赋能，优化营商环境的成功典范。在无力实现破产重整的困境下，积极推动金融资产重组。司法部门同市委各有关部门一道，群策群力，充分发挥府院联动机制作用，通过政府协调处理社会管理和公共服务，以优化社会资源配置，平衡相关各方利益，维护社会和谐稳定，充分调动社会资源盘活闲置资产，实现市场出清，助力企业破茧重生，有效促进地方经济高质量可持续发展。

承办法官：胡海滨
法官助理：朱　越
执笔人：朱　越

12. 烟台某生物技术公司预重整及重整案*

——发挥预重整优势，高效助企破茧重生

【基本案情】

烟台某生物技术公司成立于2008年，是一家集生物技术研发、生产、销售于一体的高新技术企业，曾先后荣获国家级高新技术企业、中国石油和化工民营企业百强、山东省瞪羚企业等称号，在生物法制造长链二元酸领域，烟台某生物技术公司产能居世界前列。该企业的设立和早期发展过程得到各级领导、中国科学院、有关院校、有关银行、有关投资机构等的支持，在发展初期拥有各种荣誉。然而自2010年5月起，受知识产权纠纷、项目投资金额超过预期等影响，烟台某生物技术公司危机初现端倪。2013年，该企业更是爆发了全面的生产经营危机，公司股权、资产、银行账户被冻结，并且引发了商业银行、融资机构压缩和停止向其提供的信用额度，严重影响了企业生产经营和预期效益的实现。自此，烟台某生物技术公司主营业务全面停滞，被迫转为厂房和生产线设备租赁业务。

上述危机所波及的债权人和机构投资者众多，停产停业至今已十年之久，也曾尝试过各种形式的重组拯救，但未获成功。自2022年9月以来，为优化营商环境，重塑地方优质企业价值，盘活地方市场经济，充分保障债权人及利益相关方的合法利益，在莱阳市各级行政部门的大力支持下，莱阳法院于2022年9月正式决定对烟台某生物技术公司进行预重整。莱阳市人民法院（以下简称莱阳法院）充分发挥“预重整转重整”模式的优势，成功推动烟台某生物技术公司化工先进制造业企业完成破产重整程序，使这家企业在经历十年“生死茫茫”的停产后，终于获得“涅槃重生”的机会。而今，烟台

---

* 参见山东省莱阳市人民法院（2023）鲁0682破1号民事判决书。

某生物技术公司成为莱阳市首例通过“预重整转重整”化解债务危机的成功案例，对烟台市、山东省乃至全国范围的其他企业通过“预重整转重整”模式化解企业破产危机可以提供重要的参考意义。

【办理思路】

预重整作为一种介于庭外重组与庭内重整之间的过渡程序，近年来在破产法领域逐渐受到关注。根据《山东省高级人民法院关于做好预重整工作有关事项的通知》，莱阳法院迅速组建了专业的破产审判团队，梳理办案思路，借鉴外地法院预重整工作经验，并查阅大量案例，反复研判、深入分析，确保预重整必要性和可行性。

为顺利办好该预重整案，莱阳法院创新地采用了三大联动模式：

1. 府院联动，协力护航。莱阳法院与莱阳市人民政府深入对接，建立起有效的联动机制，力求高效快捷、合理合法地发挥政府在破产程序中组织协调、维稳处置、招商引资、政策帮扶等方面的作用。在莱阳市人民政府的重视与配合下，行政机关的组织优势和法院的专业优势得以充分发挥。

2. 通力协作，准确定位。通过跨区选任方式，充分发挥行政部门、专业机构的强强联合优势，秉持开放、包容、吸收的心态，充分借鉴异地办案成功经验。具体而言，行政部门和专业机构在信息共享和情况通报方面建立了紧密的联系，两者之间的信息共享和情况通报有利于清算组快速、准确地识别烟台某生物技术公司的真实资产负债情况，为后续的决策提供依据。法院和专业机构在制定预重整方案及重整计划方面进行了深入协作，关注社会利益和公共利益，同时注重程序的合法性和可行性，在保护各方利益的基础上，制定出更为合理、可行且兼顾政治效果、社会效果、法律效果的预重整方案与重整计划。

3. 专业保障，成功联动。因该案特殊性，莱阳法院决定在全国范围内物色和考察相关机构，将擅长设计交易结构、处理复杂利益格局且有资本市场丰富业务经验的某事务所的优秀团队纳入清算组，同时将本地优秀机构山东省一级破产管理人烟台某清算有限公司纳入，发挥其深厚的本地资源和丰富的经验。高效共赢，共谋合作新征程。鉴于各方配合，烟台某生物技术公司预重整与重整的进程较为顺畅。在莱阳法院的监督和指导下，烟台某清算有限公司与某事务所在本案中完成了一次成功的合作，揭示了本地机构与外地机构联动的巨大潜力。

【法条链接】

《中华人民共和国企业破产法》（2006 年 8 月 27 日）

第七十一条 人民法院经审查认为重整申请符合本法规定的，应当裁定债务人重整，并予以公告。

第七十二条 自人民法院裁定债务人重整之日起至重整程序终止，为重整期间。

第七十九条第一款 债务人或者管理人应当自人民法院裁定债务人重整之日起六个月内，同时向人民法院和债权人会议提交重整计划草案。

第八十条 债务人自行管理财产和营业事务的，由债务人制作重整计划草案。

管理人负责管理财产和营业事务的，由管理人制作重整计划草案。

第八十五条 债务人的出资人代表可以列席讨论重整计划草案的债权人会议。

重整计划草案涉及出资人权益调整事项的，应当设出资人组，对该事项进行表决。

第八十六条 各表决组均通过重整计划草案时，重整计划即为通过。

自重整计划通过之日起十日内，债务人或者管理人应当向人民法院提出批准重整计划的申请。人民法院经审查认为符合本法规定的，应当自收到申请之日起三十日内裁定批准，终止重整程序，并予以公告。

第八十七条第一款 部分表决组未通过重整计划草案的，债务人或者管理人可以同未通过重整计划草案的表决组协商。该表决组可以在协商后再表决一次。双方协商的结果不得损害其他表决组的利益。

【法官心语】

莱阳市预重整转重整第一案既是机遇，也是挑战。在具体的重整方式上，本案进行了大胆的创新。烟台某生物技术公司通过清算式重整与出售式重整的结合，彻底打破了存续式重整的固定模式。通过这种模式，烟台某生物技术公司得以一次性解决所有的债务问题，同时又为投资人提供了购买优质资产的机会。这不仅能够使企业迅速摆脱历史包袱，也能够为企业注入新的活力，以轻装姿态冲刺资本市场。这种创新的重整模式展现了一种全新的解决方案，打破了传统存续式重整的局限性，为企业提供了更多的选择和创新的空间，对于其他处于困境中的企业而言，同样具有重要的借鉴意义。

在案件办理中，莱阳法院精准把控破产重整程序的节奏，突出了轻重缓急的有序性。同时，法院在监督期内持续对管理人和企业给予支持，打破了传统破产重整思维中“重程序、轻执行”以及“一定要在重整阶段解决所有问题”的局限性。在复杂的破产重整案件中，程序节奏的把握往往关乎全局的成败。破产案件审理过程中往往存在诸多紧急事项，莱阳法院破产审判团队充分运用其权威性和专业性，精准识别并高度重视紧急事项，优先处置对重整程序推动至关重要的事项。对于未完成的事项，重整计划创新性地采用期后事项的做法，管理人在监督期继续履职，同时人民法院及政府继续对管理人和企业进行支持。整个重整过程秉持分清轻重缓急的原则，既关注了债权人等利害关系人的权益保障，又注重企业的实际需求和未来发展。

烟台某生物技术公司预重整转重整案的成功，充分体现府院联动机制的优越性，充分发挥预重整作为衔接庭外重组与庭内重整的桥梁作用，是莱阳法院保障民生大局、服务市场化主体、优化营商环境的有益尝试。

今后，莱阳法院将继续致力于提升办理破产案件的能力水平，提升审判质效，切实发挥破产审判在维护民生和推动经济发展方面的积极作用。同时，莱阳法院将继续推进府院良性互动，健全常态化府院联动工作机制，为优化营商环境提供更有力的司法服务保障，为莱阳市的经济社会发展贡献力量，为实现高质量发展目标保驾护航。

承办法官：张生涛
法官助理：毕琳琳
执笔人：张生涛

13. 山东某产业股份有限公司破产清算案*

——创新促成政府平台公司达成庭外重组助企破茧重生

【基本案情】

2021 年 6 月 2 日，烟台市中级人民法院根据海阳市某商业管理有限公司（以下简称 A 公司）的申请，裁定受理山东某产业股份有限公司（以下简称 B 公司）破产清算一案，并指定该案由海阳市人民法院管辖。申请人是 A 公司，债权来源是收购了海阳农商行的债权。经审查，B 公司负债额约为 7.4 亿元，不能清偿到期债务，并明显缺乏清偿能力，初步具备立案条件。该案在海阳市人民法院立案后，海阳市人民法院通知 B 公司及其负责人在收到通知书之日起 15 日内，向法院提交财产状况说明、债务清册、债权清册、有关财务会计报告以及职工工资的支付和社会保险费用的缴纳情况，并向海阳市人民法院或管理人移交财产、印章和账簿、文书等资料。但 B 公司以正在引进国企 C 集团公司参加企业混改，拟进行重整为由拒绝交接，案件一度陷入僵局。

2023 年 3 月 29 日，申请人 A 公司作为债权人称，债务人 B 公司拟引进 C 集团公司参加企业混改，并拿出了重组方案，对债权人、债务人之间的纠纷达成了处理意见，申请撤回对 B 公司进行破产清算的申请。经向 B 公司核实，债务人正与投资人 C 集团公司进行投资洽谈，拟通过自行重组解决企业的困难。

经海阳市人民法院向被申请人 B 公司核实，该公司称，关于和申请人之间的债务纠纷已经达成议项，被申请人正在与投资人 C 进行投资洽谈，想通过预重整或者重整解决企业的困难，不想通过破产清算程序解决。

2023 年 3 月 31 日，因该案申请人与被申请人之间的债务纠纷，经双方协

* 参见山东省烟台市中级人民法院（2021）鲁 06 破（申）13 号民事裁定书；山东省海阳市人民法院（2021）鲁 0687 破 2 号之二民事裁定书。

商，已达成一致的处理意向，故被申请人不属于《企业破产法》第 2 条规定的破产界限，应依法予以驳回。依据《企业破产法》第 12 条第 2 款之规定，裁定驳回 A 公司破产清算的申请，该案得以顺利审结。

【办理思路】

该案自立案以来，遭到被申请人 B 公司的强烈抵触，盲目推进不利于地方稳定，案件一度陷入僵局，由于被申请人对债务的真实性存在异议，又没有经过生效的法律文书确认该笔债权，仅仅通过破产程序很难将案件继续推进下去。考虑到申请人 A 公司属于政府平台公司，该案唯一的解决方式就是必须紧紧依靠政府的力量才能解决眼前的困境。

在 C 集团公司来海阳投资考察期间，海阳市人民法院承办法官多次配合计划投资人梳理案情，积极配合计划投资人 C 集团公司的投资考察，一方面，详细叙述该案的状况和案件节点，从法律角度告知其投资的可行性；另一方面，对计划投资人最担心的债务偿还问题进行解答，并提出了建设性的意见。

得知该情况后，海阳市人民政府高度重视，多次召开府院联动专题工作会议研究该案，并组织金融办、海阳农商行、A 公司等多个单位成立工作专班，积极推进 B 公司庭外重组，加上有实力的国企 C 集团公司计划投资，最终双方就债务偿还问题达成一致意向。

2023 年 3 月 29 日，申请人 A 公司向海阳市人民法院提交了请求撤回对 B 公司的破产清算的申请，称债务人 B 公司对企业重组工作态度积极，并拿出了可行的重组方案，对双方之间的债务纠纷经协商达成了一致处理意见，申请撤回前期提交的对 B 公司进行破产清算的申请。

海阳市人民法院认为，申请人与被申请人破产清算一案，已于 2021 年 6 月 2 日裁定受理，申请人要求撤回申请，于法无据；申请人与被申请人之间的债务纠纷，经双方协商，已达成一致的处理意见，故被申请人不属于《企业破产法》第 2 条规定的破产之情形，遂裁定驳回 A 公司的申请。

【法条链接】

1.《**中华人民共和国企业破产法**》（2006 年 8 月 27 日）

第十二条第二款　人民法院受理破产申请后至破产宣告前，经审查发现债务人不符合本法第二条规定情形的，可以裁定驳回申请。申请人对裁定不服的，可以自裁定送达之日起十日内向上一级人民法院提起上诉。

2.《全国法院民商事审判工作会议纪要》（2019 年 11 月 8 日）

108.【破产申请的不予受理和撤回】人民法院裁定受理破产申请前，提出破产申请的债权人的债权因清偿或者其他原因消灭的，因申请人不再具备申请资格，人民法院应当裁定不予受理。但该裁定不影响其他符合条件的主体再次提出破产申请。破产申请受理后，管理人以上述清偿符合《企业破产法》第 31 条、第 32 条为由请求撤销的，人民法院查实后应当予以支持。

人民法院裁定受理破产申请系对债务人具有破产原因的初步认可，破产申请受理后，申请人请求撤回破产申请的，人民法院不予准许。除非存在《企业破产法》第 12 条第 2 款规定的情形，人民法院不得裁定驳回破产申请。

【法官心语】

本案受理后，B 公司对该笔债权一直不予认可，拖延向人民法院交接账目、公章、资产等，为了企业能不破产，多次向烟台市中级人民法院、烟台市信访局等处写信访信，虚构案件事实，以虚假情况频繁信访，案件推进难度巨大。期间，海阳市人民法院紧紧依托海阳市人民政府的力量，多次向市委、市政府汇报该案进展情况，召开府院联动专项工作会议专题研究部署。

海阳市人民法院在审理该案的过程中，一直秉持着依法依规、不激化矛盾的理念谨慎推进。B 公司提出重整或者重组的要求后，海阳市人民法院多次利用府院联动机制向市委、市政府及上级法院汇报该案的进展情况，在海阳市委、市政府的大力支持和协调下，申请人 A 公司与 B 公司庭外达成了一致意向。

重组作为当事人之间的庭外商业谈判，不是一个严谨的法律概念，有更强的自愿性和灵活性，包括收购兼并、股权转让、资产剥离、资产置换等。本案通过法律框架下的破产清算、破产重整、和解等程序短时间内均无法推进，采用庭外重组的方式处理，股东、债权人之间的协商都是自愿的，大大降低了破产案件的法律成本，有利于实现企业资产的优化配置，增强企业抗风险能力。

但该案的成功化解存在一个法律上的难点，即根据法律规定，人民法院裁定受理破产申请系对债务人具有破产原因的初步认可，破产申请受理后，申请人请求撤回破产申请的，人民法院不予准许。俗话说“开弓没有回头箭”，在司法实践中，申请人是否撤回破产申请也是有限制的。

一是破产申请的撤回时间有限制。必须在人民法院受理破产案件前。具体来说就是在人民法院作出受理破产清算裁定前，才可以向法院请求撤回破产申请。

二是破产申请的撤回许可机制。我国《企业破产法》对破产申请的撤回采取的是许可主义，人民法院对于申请人提出的撤回申请的请求，有权审查其处分权利的正当性，如考虑其撤回行为是否存在恶意的权利滥用，是否有害于其他当事人的合法权益等，并最终决定是否准许撤回。

该案已经审查裁定受理，意味着受理法院经初步审查认为该企业具有破产原因，为防止申请人滥用诉讼权利，一般是不允许撤回的，除非具备《企业破产法》第 12 条第 2 款规定的情形。

该案中，主要债权人只有 A 公司，双方又针对还款方式达成一致意向，不属于《企业破产法》第 2 条规定的破产界限，具备了驳回的条件。海阳市人民法院在裁定书中也在“本院认为”部分对这个情况进行了解释说明，“申请人要求撤回申请，于法无据，海阳市人民法院不予支持。申请人与被申请人之间的债务纠纷，经双方协商，已达成一致的处理意向，故被申请人不属于《中华人民共和国企业破产法》第二条规定的破产界限，应依法予以驳回”。

承办法官：叶春蓬

法官助理：刘品君

执笔人：刘品君

第三章

知识产权审判

1. 某服饰公司诉某文化公司侵害作品信息网络传播权案*

——信息网络传播权中“转载”与“转发”的区分与认定

【基本案情】

某服饰公司系一家潮牌服饰行业内知名的人像商业拍摄服务商，系《爷爷瞬间年轻50岁写真系列4》的摄影作品的著作权人。2015年12月5日，某服饰公司首次在其公众号发表了含有上述摄影作品的文章《给85岁的爷爷拍的一组照片，结果帅爆了全世界!》，文末尾用红色字体载明“转给你身边的每一位朋友，告诉他/她　孝，刻不容缓”。2016年1月21日，某文化公司在其微信公众号“烟台某微”中原文转载了该文章。某服饰公司认为某文化公司未经其许可，私自在经营管理的微信公众号中转载了其摄影作品，侵犯了某服饰公司依法享有的信息网络传播权。

某文化公司辩称，其未单独使用某服饰公司拥有著作权的摄影作品，仅是在2016年1月21日全文转载了某服饰公司于2015年12月5日在公众号发布的所涉文章，该文章中包含了某服饰公司所称的28张照片，某文化公司并未对该篇文章进行任何编辑，也没有对涉该文章的照片进行单独截取和使用，只是作为公益性目的转发。某服饰公司发表涉案作品时，作品末尾注明“转给你身边的每一位朋友，告诉他/她　孝，刻不容缓”来提醒看到该文章的所有人都应该转发该文章，让大家及时对长辈尽孝，这也表示某服饰公司允许所有人都可以转发。该篇短文中主要包含28幅照片及少量的配发文字内容，如不采用某文化公司的转发方式不可能达到某服饰公司在该文章中提到要广泛传播的目的，因为图片是不能通过口头方式传播的，并且某服饰公司的公

---

* 参见山东省烟台市芝罘区人民法院（2021）鲁0602民初10520号民事判决书；山东省烟台市中级人民法院（2022）鲁06民终1795号民事判决书。

众号中的其他文章没有类似的表述，故某文化公司不构成侵权。

【办理思路】

山东省烟台市芝罘区人民法院经审理认为，某服饰公司虽然在文章末尾注明“转给你身边的每一位朋友，告诉他/她 孝，刻不容缓”，但该声明仅为概括性陈述，并没有明确表明涉案摄影作品可以由他人免费随意转载。某文化公司未经某服饰公司授权许可，在其所管理、运营的微信公众号上发布涉案摄影作品，侵犯了某服饰公司对涉案作品享有的信息网络传播权。据此，山东省烟台市芝罘区人民法院判决如下：（1）某文化公司立即停止侵权，删除涉案摄影作品；（2）某文化公司于一审判决生效之日起 10 日内赔偿某服饰公司经济损失及维权费用共计 400 元；（3）驳回某服饰公司的其他诉讼请求。

某文化公司不服一审判决，提起上诉。山东省烟台市中级人民法院经审理认为，在新媒体时代，微信公众号作为一种新技术传播工具，对企业宣传和扩大自身影响力有着重要的作用。企业在微信公众号上发表文章，通常希望能吸引更多的读者，包括吸引一些潜在客户。文章的点击量越高，对企业越有利，这是企业希望追求的效果。某服饰公司在文章末尾载明“转给你身边的每一位朋友”显然就有追求这种效果的意图。某服饰公司之所以愿意许可他人“转”文章，是希望通过他人这种“转”行为，使自己的微信公众号获得更多的流量，从而增加自身潜在的商业利益。虽然某服饰公司在声明中并未明确“转”的具体含义，但众所周知，微信平台的账号类型有两类：普通个人账号和微信公众账号。对于使用普通个人账号的用户而言，这里的“转”，通常指的是“转发”，包括对文章进行点对点转发、点对群转发以及在朋友圈转发等情形，这种转发并不复制和传播信息本身，本质上是对文章链接的分享，不属于侵犯著作权的情形，这种转发吸引和增加的点击量仍属于著作权人，显然是某服饰公司希望的，属于本案某服饰公司允许“转”的情形。对于使用其他微信公众账号的用户来说，这里的“转”，通常只意味着“转载”，这种转载本质上是对作品的一种复制和传播行为，受著作权人的信息网络传播权的控制，应当明确获得著作权人的许可，否则就构成侵权。且从这种转载行为产生的效果看，其与转发产生的效果明显不同，增加的只是转载平台的流量，而非著作权人发表文章所在平台的流量，不符合某服饰公司的期待利益，故在某服饰公司未明确“转”的具体含义情况下，应当认定本案某服饰公司允许“转”的情形不包括微信公众账号的转载行为，某文化公司关于不构成侵权的上诉理由不能成立，二审法院不予支持。

【法条链接】

《中华人民共和国著作权法》（2020 年 11 月 11 日修正）

第十条　著作权包括下列人身权和财产权：

（一）发表权，即决定作品是否公之于众的权利；

（二）署名权，即表明作者身份，在作品上署名的权利；

（三）修改权，即修改或者授权他人修改作品的权利；

（四）保护作品完整权，即保护作品不受歪曲、篡改的权利；

（五）复制权，即以印刷、复印、拓印、录音、录像、翻录、翻拍、数字化等方式将作品制作一份或者多份的权利；

（六）发行权，即以出售或者赠与方式向公众提供作品的原件或者复制件的权利；

（七）出租权，即有偿许可他人临时使用视听作品、计算机软件的原件或者复制件的权利，计算机软件不是出租的主要标的的除外；

（八）展览权，即公开陈列美术作品、摄影作品的原件或者复制件的权利；

（九）表演权，即公开表演作品，以及用各种手段公开播送作品的表演的权利；

（十）放映权，即通过放映机、幻灯机等技术设备公开再现美术、摄影、视听作品等的权利；

（十一）广播权，即以有线或者无线方式公开传播或者转播作品，以及通过扩音器或者其他传送符号、声音、图像的类似工具向公众传播广播的作品的权利，但不包括本款第十二项规定的权利；

（十二）信息网络传播权，即以有线或者无线方式向公众提供，使公众可以在其选定的时间和地点获得作品的权利；

（十三）摄制权，即以摄制视听作品的方法将作品固定在载体上的权利；

（十四）改编权，即改变作品，创作出具有独创性的新作品的权利；

（十五）翻译权，即将作品从一种语言文字转换成另一种语言文字的权利；

（十六）汇编权，即将作品或者作品的片段通过选择或者编排，汇集成新作品的权利；

（十七）应当由著作权人享有的其他权利。

著作权人可以许可他人行使前款第五项至第十七项规定的权利，并依照约定或者本法有关规定获得报酬。

著作权人可以全部或者部分转让本条第一款第五项至第十七项规定的权利，并依照约定或者本法有关规定获得报酬。

第五十四条第一款至第三款 侵犯著作权或者与著作权有关的权利的，侵权人应当按照权利人因此受到的实际损失或者侵权人的违法所得给予赔偿；权利人的实际损失或者侵权人的违法所得难以计算的，可以参照该权利使用费给予赔偿。对故意侵犯著作权或者与著作权有关的权利，情节严重的，可以在按照上述方法确定数额的一倍以上五倍以下给予赔偿。

权利人的实际损失、侵权人的违法所得、权利使用费难以计算的，由人民法院根据侵权行为的情节，判决给予五百元以上五百万元以下的赔偿。

赔偿数额还应当包括权利人为制止侵权行为所支付的合理开支。

【法官心语】

本案涉及对信息网络传播权中“转载”与“转发”行为不同法律属性的分析和定性。

在新媒体时代，微信公众号作为一种新技术传播工具，对企业宣传和扩大自身影响力有着重要的作用，不少企业在微信公众号上发表文章时，愿意授权他人“转”自己公众号上的文章。但由于作品权利人往往在表述上并没有明确“转”究竟是“转发”还是“转载”，因此会让他人在理解上产生一定歧义，甚至因此产生纠纷。

对原文章著作权人而言，作为微信公众号的经营者，在文章中注明“转给你身边的每一位朋友”，虽然未明确“转”的具体含义，但其之所以愿意许可他人“转”文章，是因为转发所吸引和增加的点击量属于其自身，通过他人这种“转”行为，可以使自己的微信公众号获得更多的流量关注，从而扩大其企业的影响力，增加自身潜在的商业利益，这是著作权人允许“转”的初衷，符合其利益期待。因此，应当将此处著作权人允许的“转”理解为“转发”而非“转载”。因为“转载”与“转发”产生的效果不同，“转载”系将他人的文章复制到自己的公众号上，增加的只是转载平台的流量，并非原作品所在平台的流量，不符合作品权利人的利益期待，故在著作权人未明确“转”的具体含义情况下，应当认定著作权人允许“转”的情形不包括微信公众账号的“转载”行为，他人未经许可转载案涉文章就构成对著作权的侵犯。

综上所述，著作权人在微信公众号文章中允许“转”但未明确具体含义的情况下，应当认定其仅允许“转发”行为，而不包括其他微信公众号的“转载”行为。

承办法官：陈　辉

执笔人：陈　辉　韩一菲

2. 某山公司诉某远公司侵害商标权及不正当竞争案*

——具有独特风格的营业形象应当认定为受《反不正当竞争法》保护的“装潢”

【基本案情】

某山公司是一家成立于 2013 年的文娱公司，系第 4585229 × 号、第 4585536 × 号“山嗨某某”文字商标的商标注册人。某山公司以《山海经》为原型，将“怪兽”文化进行创新性融合，在全国率先打造了名为“山嗨某某”的潮玩文化 IP，于 2021 年在青岛地区举先后举办过两次山嗨某某文化 IP 的商业及文旅活动并进行了有关商业宣传。在该活动中，某山公司以“山嗨某某”为主题，装饰装修风格上使用别具一格的蓝紫色作为背景底色，附着多重纯色线条，贯穿整个主题集市，将中国上古神话《山海经》中的神兽白泽具象化，作为吉祥物纳入主题装修中，风格鲜明独特。某山公司认为其举办的上述主题装饰装修风格经过宣传使用，在年轻群体中有较大知名度和影响力。某远公司未经某山公司授权，在活动中使用了某山公司所有的上述商标，并在搭建的活动中抄袭攀附某山公司的装饰装修风格。为此，某山公司将某远公司诉至法院，请求法院判令某远公司停止侵权、赔偿损失。某远公司辩称，其是根据《山海经》的启发而提出“山海某某”的设想，蓝色布局是为了打造和谐氛围，图案是根据《国潮当道！魔都最 in 牛排火锅来啦》中的“牛乐极乐”的图案而完成，某远公司使用的“山海某某”的文字标识同某山公司主张的商标不构成近似，某远公司并不知晓某山公司的企业名称，主观上亦不存在恶意，不构成商标侵权。同时，某远公司在商业推广活动中

---

* 参见山东省烟台市中级人民法院（2022）鲁 06 民初 188 号民事判决书。

使用的装潢虽然与某山公司的装潢在风格上构成近似，但系在不同地域范围内使用，系善意使用，不构成不正当竞争行为。

【办理思路】

法院生效裁判认为，某山公司系第 4585229 × 号、第 4585536 × 号“山嗨某某”文字商标的商标注册人，从某远公司在活动现场搭建的布景看，其在多处显著位置使用了“山海某某”标识，该标识与某山公司享有商标专用权“山嗨某某”文字商标相比，四个字中三个字相同，仅其中的“嗨”字有所不同，二者外观十分近似，容易造成消费者对二者的服务来源产生混淆，侵犯了某山公司的注册商标专用权。

依据《最高人民法院关于适用〈中华人民共和国反不正当竞争法〉若干问题的解释》第 8 条规定，由经营者营业场所的装饰、营业用具的式样、营业人员的服饰等构成的具有独特风格的整体营业形象，人民法院可以认定为反不正当竞争法第六条第一项规定的“装潢”。本案某山公司主张保护的涉案装饰装修系其在开展商业服务活动中精心打造的特有的一种整体营业形象，主要由深蓝色背景、纯白色线条、神兽“白泽”的笔画图案、“山嗨某某”、“我主极乐”、“MONSTER”等要素构成，整体具有较强的显著性，作为企业的服务标识能够为消费者识别，应当认定为《反不正当竞争法》第 6 条第 1 项规定的“装潢”。

关于某远公司在商业活动中使用被诉装饰装修的行为是否构成不正当竞争，需先证明某山公司主张的涉案装潢在被诉侵权行为所在地具有一定影响力，而认定一种商品或服务项目上的装潢是否具有一定影响力，应当从该商品或服务项目的使用时间、使用范围、宣传情况及相关公众对该商品装潢的知晓程度等各种因素进行综合判断。本案从查明的事实看，某山公司仅于 2021 年在青岛地区举办过两次涉案商业服务活动，影响力主要限于青岛地区，虽然双方在组织开展的商业活动中使用的装潢具有一定的近似性，但由于某山公司不能证明其主张的涉案装潢在烟台地区也具有一定的影响力，故难以引起和导致烟台地区的相关公众对二者的服务产生混淆误认，故某山公司关于某远公司构成不正当竞争的主张不能成立。

山东省烟台市中级人民法院于 2022 年 8 月 9 日作出（2022）鲁 06 民初 188 号民事判决：（1）某远公司自本判决生效之日起，立即停止侵犯某山公司注册商标专用权的行为；（2）某远公司在本判决生效之日起 10 日内，赔偿某山公司经济损失及为本案制止侵权支出的合理费用共计 50 000 元；（3）驳回某山公司的其他诉讼请求。某远公司对一审判决结果不服提起上诉，后因未缴纳二审诉讼费用被山东省高级人民法院依法裁定按撤回上诉处理。

【法条链接】

1.**《中华人民共和国反不正当竞争法》**（2019 年 4 月 23 日修正）

第六条 经营者不得实施下列混淆行为，引人误认为是他人商品或者与他人存在特定联系：

（一）擅自使用与他人有一定影响的商品名称、包装、装潢等相同或者近似的标识；

（二）擅自使用他人有一定影响的企业名称（包括简称、字号等）、社会组织名称（包括简称等）、姓名（包括笔名、艺名、译名等）；

（三）擅自使用他人有一定影响的域名主体部分、网站名称、网页等；

（四）其他足以引人误认为是他人商品或者与他人存在特定联系的混淆行为。

2.**《最高人民法院关于适用〈中华人民共和国反不正当竞争法〉若干问题的解释》**（2022 年 3 月 16 日，法释〔2022〕9 号）

第十二条第一款 人民法院认定与反不正当竞争法第六条规定的“有一定影响的”标识相同或者近似，可以参照商标相同或者近似的判断原则和方法。

【法官心语】

本案系一起商标侵权及不正当竞争案件，其中不正当竞争部分涉及的诉讼标的物比较特殊，系企业在商业推广活动中使用的一种整体装修装饰形象，对于这种形象，是否应当受到反不正当竞争法的保护？

根据《反不正当竞争法》第 6 条第 1 项的规定，要认定他人使用装饰装修的行为构成不正当竞争，应当同时满足三个条件：一是权利人主张的装饰装修属于《反不正当竞争法》第 6 条第 1 项保护的“装潢”；二是权利人主张保护的“装潢”具有一定影响力；三是被诉“装潢”与权利人主张保护的“装潢”构成近似，能够引起相关公众混淆误认。本案的核心焦点就在于被诉装饰装修是否属于《反不正当竞争法》第 6 条第 1 项保护的“装潢”。

通常来说，商品的“装潢”是指为识别和美化商品而在商品或者其包装上附加的文字、图案、色彩及其排列组合。但近年来，市场竞争中不断出现擅自模仿他人有独特风格的整体营业形象的不正当竞争行为。虽然构成企业营业形象的营业场所装修装饰与通常意义上的商品“装潢”有所不同，但在功能上同样发挥着识别商品或服务来源的商业标识作用，因此，这种整体营业形象在本质上系“装潢”在服务上使用的一种特殊表现形式，应当受到《反不正当竞争法》的保护。近年来，人民法院在司法实践中受理了大量因模仿他人企业营业形象而引发的不正当竞争纠纷案件，对企业具有独特风格的营业形象通过反不正当竞争法进行保护，已经成为当事人维权和人民法院裁判的一个有效途径。正是在此情况下，2022 年 3 月 20 日，最高人民法院在新修订实施的《关于适用〈中华人民共和国反不正当竞争法〉若干问题的解释》中增加了第 8 条规定：“由经营者营业场所的装饰、营业用具的式样、营业人员的服饰等构成的具有独特风格的整体营业形象，人民法院可以认定为反不正当竞争法第六条第一项规定的‘装潢’。”这是我国首次针对企业营业形象的保护在法律上作出明文规定。就本案而言，某山公司主张保护的涉案装饰装修风格系其在开展商业服务活动中精心打造的特有的一种整体营业形象，整体具有较强的显著性，作为企业的服务标识能够为消费者识别，应当认定为《反不正当竞争法》第 6 条第 1 项规定的“装潢”，属于反不正当竞争法保护的客体。

承办法官：陈 辉

执笔人：陈 辉 韩一菲

3. 某饮料公司诉某销售中心等侵害商标权及不正当竞争案*

——对他人商品装潢的模仿要呈现出具有区别来源的显著差异

【基本案情】

某饮料公司是一家集产品研发、生产、销售和品牌发展为一体的大型饮料企业。某饮料公司于2014年6月6日创作完成了名称为“某某酒标”的美术作品，于2014年6月6日首次发表，并于2015年6月14日获准注册第1447021×号“动力某某”商标，核定商标使用商品第33类，目前处于注册有效期内。自2014年起，某饮料公司在生产、销售的“动力某某”苏打酒上使用了上述自行创作的美术作品做商品装潢，并通过多种途径对其生产的“动力某某”苏打酒商品在全国范围内进行了大量的广告宣传，具有一定的影响力。经调查，某饮料公司发现某销售中心等三家公司生产、销售了与某饮料公司“动力某某”苏打酒产品包装、装潢近似的“魅力某某”苏打酒产品，认为某销售中心等公司的生产和销售行为极易使相关公众误认为被控侵权商品系某饮料公司生产或与某饮料公司具有特定关系，严重扰乱了正常的市场竞争秩序。某饮料公司认为，上述三家公司擅自使用与其包装、装潢近似标识的行为构成不正当竞争，故诉至法院要求三被告立即停止不正当竞争行为并赔偿相应的损失。三被告辩称其生产、销售的被诉商品的外包装和装潢设计与原告不相同亦不相似，二者名字不同，且某销售中心等公司生产的被诉侵权产品上有自己的商标，某饮料公司曾对某销售中心等公司的商标提起无效宣告而被国家知识产权局依法驳回，某销售中心等公司的商标合法有效，不存在仿冒及侵权问题，且某销售中心等对被诉装潢享有著作权和外观

* 参见山东省烟台市中级人民法院（2022）鲁06民初139号民事判决书；山东省高级人民法院（2022）鲁民终1969号民事判决书。

设计专利，不构成不正当竞争。

【办理思路】

法院生效裁判认为，判断商品的包装、装潢是否构成混淆性近似，应当以相关公众的一般注意力为标准，在比对对象隔离的状态下，既要对构成商品包装、装潢标识的各要素及组合后的整体结构和风格进行比对，也要对商品包装、装潢的主要构成要素进行比对，同时还要考虑请求保护商品包装、装潢的显著性和知名度。按照上述方法比对可以看出，被控侵权商品和某饮料公司生产销售的“动力某某”苏打酒系相同商品。经对比，二者装潢中的大部分构成要素具体内容虽然有所不同，但各构成要素的排列位置、构图方式、表现形式及整体风格呈现高度近似。尤其是被控侵权商品在正面酒标显著位置标注了的企业名称字样，由于该企业名称中的“魅力某某”在此前相关法院的生效民事判决已经被认定与某饮料公司“动力某某”商标构成混淆性近似，且某销售中心等公司申请注册的含有“魅力某某”的一系列商标已经被国家知识产权局以与某饮料公司的“动力某某”系列商标构成近似为由不予受理、驳回或宣告无效。因此，在二者商品整体装潢风格近似的情况下，某销售中心等公司在被控侵权商品的装潢上继续使用含“魅力某某”字样企业字号的行为，客观上仍然容易引起相关公众对二者生产、销售的商品产生混淆或误认为被控侵权商品的经营者与某饮料公司仍然存在某种特定联系，从而构成不正当竞争，应当承担停止侵权、赔偿损失等民事责任。

山东省烟台市中级人民法院于 2022 年 4 月 8 日作出（2022）鲁 06 民初 139 号民事判决：（1）被告某销售中心等公司自本判决生效之日起，立即停止生产、销售包装上使用与原告某饮料公司商品装潢近似标识的商品的不正当竞争行为；（2）被告某销售中心等公司在本判决生效之日起 10 日内，共同赔偿原告某饮料公司经济损失及为本案制止侵权支出的合理费用共计 180 000 元；（3）驳回原告某饮料公司的其他诉讼请求。判决后，被告某销售中心等公司对一审判决结果不服提起上诉，山东省高级人民法院于 2023 年 4 月 28 日作出（2022）鲁民终 1969 号民事判决：驳回上诉，维持原判。

【法条链接】

1. **《中华人民共和国反不正当竞争法》**（2019 年 4 月 23 日修正）

第六条　经营者不得实施下列混淆行为，引人误认为是他人商品或者与他人存在特定联系：

（一）擅自使用与他人有一定影响的商品名称、包装、装潢等相同或者近似的标识；

（二）擅自使用他人有一定影响的企业名称（包括简称、字号等）、社会组织名称（包括简称等）、姓名（包括笔名、艺名、译名等）；

（三）擅自使用他人有一定影响的域名主体部分、网站名称、网页等；

（四）其他足以引人误认为是他人商品或者与他人存在特定联系的混淆行为。

2. **《最高人民法院关于适用〈中华人民共和国反不正当竞争法〉若干问题的解释》**（2022年3月16日，法释〔2022〕9号）

第十二条第一款 人民法院认定与反不正当竞争法第六条规定的“有一定影响的”标识相同或者近似，可以参照商标相同或者近似的判断原则和方法。

【法官心语】

商品的包装、装潢要受到反不正当竞争法的保护，应当同时具备以下两个要件：一是商品的包装、装潢要具备能够区别商品来源的显著性特征；二是商品的包装、装潢在权利人主张保护的地域要具有一定影响力。本案从某饮料公司的主张看，其请求保护的苏打酒使用的包装、装潢系由一系列要素构成，既包括包装涉案商品的瓶体，亦包括瓶体上的三处酒标。经审查，某饮料公司主张的涉案商品的瓶体和背面酒标为酒类商品的通用样式，缺乏区别其他商品来源的显著性特征，不属于受反不正当竞争法保护的对象。而其主张的瓶颈和瓶身正面的两处酒标，其构成元素不属于与商品功能性有关的通用元素，系某饮料公司商品自身特有，其排列组合具有较大的自由设计空间，能够起到区别商品来源的作用，该两部分的酒标装潢满足反不正当竞争法对商品装潢显著性特征的要求，与某饮料公司建立了稳定的指向性联系，且该装潢近年来亦多次获得有关司法机关和行政机关的确认和保护。综上考虑，应当认定某饮料公司主张的瓶身颈部和正面的两处酒标装潢具有区别商品来源的显著性特征且具有一定影响力，属于受反不正当竞争法保护的商品装潢。

对他人的商品装潢进行适度借鉴和模仿，是市场经济自由竞争环境允许的，并不违法，但前提是模仿后的装潢要呈现与被模仿者之间足够的差异，能够形成自己具有区别来源的显著性特征，否则仍有可能构成不正当竞争。

本案三被告在共同生产、销售的苏打酒上模仿了原告的商品装潢，对原告装潢的具体构成要素在内容上作出了一定的差异化修改，但从修改后的整体风格和核心构成元素上看，与原告的装潢之间并未形成足够差异，并未能完全形成自己具有区别来源的显著性特征，与原告的商品装潢仍然构成一定的混淆性近似，故仍然构成不正当竞争。

承办法官：陈　辉

执笔人：陈　辉　韩一菲

4. 深圳某文化传播有限公司诉解某某侵害商标权纠纷案*

——准确把握商标侵权判断标准，全面维护市场主体合法权益

【基本案情】

深圳某文化传播有限公司自2009年8月成立后，主要经营餐饮管理、台湾乌龙茶及茶饮品推广活动的策划、管理和乌龙茶配制的开发、茶饮品制售等。2015年1月1日，系列商标的注册人小林以独占许可的方式授权深圳某文化传播有限公司使用该注册商标，经过该公司多年的经营，品牌已具有较高的知名度，蕴含较大的品牌价值和商业利益。

后经深圳某文化传播有限公司调查发现，解某某经营的烟台经济技术开发区某水吧（经营范围为现场制售饮品、糕点）未经其许可，在其店招及销售的产品包装上均印有与上述注册商标近似的标识，侵害了该公司就涉案商标享有的独占许可使用权，给其造成较大经济损失。同时解某某的上述行为使得消费者误认为被告经营的店铺与原告有关联，混淆了市场，谋取了不正当利益。为维护公司的合法权益，深圳某文化传播有限公司向烟台市芝罘区人民法院（以下简称芝罘法院）提起诉讼，要求解某某停止侵权并赔偿损失。

但解某某则主张，在其店招及销售的产品包装上使用的“晋朝黑龙茶”标识是得到案外人北京某企业管理有限公司的合法授权，在国家知识产权局商标局可以查询到的注册商标，自己并不知道该标识存在侵犯深圳某文化传播有限公司注册商标专用权的情形，侵权责任应由北京某企业管理有限公司

* 参见山东省烟台市芝罘区人民法院（2020）鲁0602民初8593号民事判决书。

承担。同时解某某认为“晋朝黑龙茶”标识与深圳某文化传播有限公司的注册商标有明显区别，不存在相同、相近或相混淆的情形，自己的经营行为没有给该公司造成任何损失，请求法院依法驳回深圳某文化传播有限公司的诉讼请求。

【办理思路】

芝罘法院承办法官在仔细审理案件时发现，解某某经营的店铺对外销售的奶茶属于混合饮品，成分中包含茶与果汁，故与深圳某文化传播有限公司被授权使用的注册商标核定使用范围中的果汁、冰茶构成类似商品。同时，店铺在对外经营中使用的店招、室内柜台及销售的产品包装上使用“ ”标识的行为，属于商标法规定的起到识别商品来源的行为。该标识由“黑龍茶”“OOLONGTEA”及加圈的“晋朝”组成，其中显著部分系“黑龍茶”部分。

而对比深圳某文化传播有限公司被授权使用的注册商标“ ”，该商标由“黑龍茶”“人脸”“OOLONGTEA”及加圈的“广”组成，其显著部分亦是“黑龍茶”部分。因此，承办法官认为“ ”标识的显著部分与原告注册商标的显著部分无论是文字还是读音均相同，两者在整体上构成近似。

“解某某有权使用的是‘晋朝黑龍茶’的商标，但其在实际经营过程中并未按照商标法的规定，准确、完整地使用该商标。”庭审中，承办法官通过精准研判和仔细对比，认为解某某在店招、柜台及销售的饮料杯体上突出放大了“黑龍茶”部分，却将“晋朝”二字大幅缩小并移至右下方，因而认为此未规范使用其获授权商标的行为本身就存在过错，容易造成相关公众将解某某使用的标识与深圳某文化传播有限公司的涉案注册商标产生误认，由此对商品来源产生混淆，“该行为应认定为未经许可在类似商品上使用与深圳某文化传播有限公司注册商标近似标识的行为，依法应该承担相应的侵权责任”。

侵权责任已认定清楚，那赔偿标准又该如何划定呢？庭审中，承办法官根据解某某向法院提供的与案外人北京某企业管理有限公司于 2017 年 10 月 1 日签订的授权书、合作协议书、附属协议合同等证据可以证明其在店招及销售的产品包装上使用“晋朝黑龙茶”标识系得到合法授权。

“考虑到解某某的使用行为来源于案外人的许可，虽然未能尽到合理的注意义务，但主观恶意不大。”承办法官结合深圳某文化传播有限公司注册商标的知名度、解某某经营店铺的规模及深圳某文化传播有限公司为制止侵权所支付费用的合理性和必要性等因素，最终判定解某某立即停止在店铺门头、店内装潢及饮品包装等处使用侵害深圳某文化传播有限公司注册商标专用权的标识；限解某某自判决生效之日起10日内赔偿原告深圳某文化传播有限公司经济损失及维权合理费用共计6000元，驳回深圳某文化传播有限公司其他诉讼请求。

【法条链接】

1.**《中华人民共和国民法典》**（2020年5月28日）

第一百七十九条 承担民事责任的方式主要有：

（一）停止侵害；

（二）排除妨碍；

（三）消除危险；

（四）返还财产；

（五）恢复原状；

（六）修理、重作、更换；

（七）继续履行；

（八）赔偿损失；

（九）支付违约金；

（十）消除影响、恢复名誉；

（十一）赔礼道歉。

法律规定惩罚性赔偿的，依照其规定。

本条规定的承担民事责任的方式，可以单独适用，也可以合并适用。

2.**《中华人民共和国商标法》**（2019年4月23日修正）

第五十七条 有下列行为之一的，均属侵犯注册商标专用权：

（一）未经商标注册人的许可，在同一种商品上使用与其注册商标相同的商标的；

（二）未经商标注册人的许可，在同一种商品上使用与其注册商标近似的商标，或者在类似商品上使用与其注册商标相同或者近似的商标，容易导致混淆的；

（三）销售侵犯注册商标专用权的商品的；

（四）伪造、擅自制造他人注册商标标识或者销售伪造、擅自制造的注册商标标识的；

（五）未经商标注册人同意，更换其注册商标并将该更换商标的商品又投入市场的；

（六）故意为侵犯他人商标专用权行为提供便利条件，帮助他人实施侵犯商标专用权行为的；

（七）给他人的注册商标专用权造成其他损害的。

第六十条第一款　有本法第五十七条所列侵犯注册商标专用权行为之一，引起纠纷的，由当事人协商解决；不愿协商或者协商不成的，商标注册人或者利害关系人可以向人民法院起诉，也可以请求工商行政管理部门处理。

第六十三条第一款　侵犯商标专用权的赔偿数额，按照权利人因被侵权所受到的实际损失确定；实际损失难以确定的，可以按照侵权人因侵权所获得的利益确定；权利人的损失或者侵权人获得的利益难以确定的，参照该商标许可使用费的倍数合理确定。对恶意侵犯商标专用权，情节严重的，可以在按照上述方法确定数额的一倍以上五倍以下确定赔偿数额。赔偿数额应当包括权利人为制止侵权行为所支付的合理开支。

3. **《最高人民法院关于审理商标民事纠纷案件适用法律若干问题的解释》**（2020 年 12 月 29 日修正）

第三条　商标法第四十三条规定的商标使用许可包括以下三类：

（一）独占使用许可，是指商标注册人在约定的期间、地域和以约定的方式，将该注册商标仅许可一个被许可人使用，商标注册人依约定不得使用该注册商标；

（二）排他使用许可，是指商标注册人在约定的期间、地域和以约定的方式，将该注册商标仅许可一个被许可人使用，商标注册人依约定可以使用该注册商标但不得另行许可他人使用该注册商标；

（三）普通使用许可，是指商标注册人在约定的期间、地域和以约定的方式，许可他人使用其注册商标，并可自行使用该注册商标和许可他人使用其注册商标。

第四条　商标法第六十条第一款规定的利害关系人，包括注册商标使用许可合同的被许可人、注册商标财产权利的合法继承人等。

在发生注册商标专用权被侵害时，独占使用许可合同的被许可人可以向人民法院提起诉讼；排他使用许可合同的被许可人可以和商标注册人共同起诉，也可以在商标注册人不起诉的情况下，自行提起诉讼；普通使用许可合同的被许可人经商标注册人明确授权，可以提起诉讼。

第十六条　权利人因被侵权所受到的实际损失、侵权人因侵权所获得的利益、注册商标使用许可费均难以确定的，人民法院可以根据当事人的请求或者依职权适用商标法第六十三条第三款的规定确定赔偿数额。

人民法院在适用商标法第六十三条第三款规定确定赔偿数额时，应当考虑侵权行为的性质、期间、后果，侵权人的主观过错程度，商标的声誉及制止侵权行为的合理开支等因素综合确定。

当事人按照本条第一款的规定就赔偿数额达成协议的，应当准许。

【法官心语】

伴随我国经济的迅猛发展，知识产权领域的纠纷层出不穷，如“清扬”与“清场”、“云南白药”与“云南中药”等商标纠纷日益增多，商标承载着一项产品的市场声誉，代表着商标品牌的价值，对企业形象至关重要。

注册商标应当在核准的商品类别上进行规范使用。商标权利人擅自改变注册商标的使用形式，随意拆分商标、不规范使用注册商标的行为，不应视为是对已授权的注册商标的使用，如果该使用行为导致相关公众产生了混淆、误认，损害了他人享有的注册商标专用权，则构成商标侵权行为。本案中，解某某有权使用的商标应是“晋朝黑龍茶”，但解某某在实际经营过程中在店招、柜台及销售的饮料杯体上突出放大“黑龍茶”部分，却将“晋朝”二字大幅缩小并移至右下方，该不规范使用商标的行为容易造成相关公众将解某某使用的标识与深圳某文化传播有限公司的涉案注册商标产生误认，故法院最终认定解某某的行为构成对深圳某文化传播有限公司注册商标的侵权。

依据《商标法》第 57 条第 1 项、第 2 项的规定，认定商标相同或近似按照以下原则进行：（1）以相关公众的一般注意力为标准；（2）既要对商标的整体进行比对，又要对商标主要部分进行比对，比对应当在比对对象隔离的状态下分别进行；（3）判断商标是否近似，应当考虑请求保护注册商标的显著性和知名度。经营者如果想要在某类商品、服务上使用商标，已经被他人在相同或类似商品、服务上取得注册商标专用权，经营者可以通过商标注册人授权许可方式取得商标使用许可，或通过受让方式取得注册商标权。同时，经营者在经营活动中向消费者提供有关商品、服务来源的信息应当真实、全面，不做虚假或引人误解的宣传，诚信经营。消费者在消费时，亦要注意甄别商品、服务来源，不轻信商家口头承诺和宣传，积极维护自己的合法权益。

商标是公司或企业的重要财产，是具有经济价值、区别于其他商品的重要标志，也是消费者辨认的重要方式之一。商标权利人依法就商标享有的专有权利属于知识产权，依法受法律保护。市场主体在经营过程中，一方面应尽到审核义务，禁用未获授权的他人商标；另一方面应提高商标品牌意识，正确、规范使用已获授权的注册商标，在提高自身商标影响力的同时，不能损害他人合法的注册商标专用权，共同营造良好的市场环境。

承办法官：王　琳
法官助理：王姜伟
执笔人：樊　依

5. 某客车股份有限公司诉四家公司侵害商标权纠纷案*

——“云上”跨省多案联调，助力 5 家企业低成本解决纠纷

【基本案情】

申请人某客车股份有限公司是一家集客车产品研发、制造与销售为一体的大型上市企业，该企业公司名称的简称亦作为申请人企业名称简称长期广泛使用，且该简称于 2005 年被认定为驰名商标，于 2014 年被国家工商总局认定为驰名商标，已经具有极高的市场知名度，为相关公众所知悉，具有较高的影响力，属于《反不正当竞争法》中规定的知名商品。

据悉，1997 年，某客车股份有限公司注册了公司简称的文字商标，并先后两次被认定为全国驰名商标，是某客车商品与服务的主要标识。2020 年，该注册商标品牌价值达到了 526.36 亿元，名列 2020 年中国 500 强最具价值品牌榜。因此某客车股份有限公司是该商标的合法拥有者。

2023 年 5 月 22 日，某客车股份有限公司通过某企业查找网站发现烟台某船舶技术服务有限公司、烟台某海事咨询有限公司、烟台市某物业管理有限公司和烟台某建筑劳务有限公司 4 家企业均在注册企业名称时，将原告最显著、具有识别意义的公司简称文字作为企业名称中的字号使用，认为四家企业明显具有攀附意图，客观上易使相关公众产生混淆或误认，引人误认为是申请人商品或与申请人存在特定联系，造成市场混乱，侵害了申请人的合法权益，构成了不正当竞争。为了维护自身合法权益，某客车股份有限公司陆

* 参见山东省烟台市芝罘区人民法院（2023）鲁 0602 诉前调 9651 号调解协议书；山东省烟台市芝罘区人民法院（2023）鲁 0602 诉前调 9652 号调解协议书；山东省烟台市芝罘区人民法院（2023）鲁 0602 诉前调 9393 号调解协议书；山东省烟台市芝罘区人民法院（2023）鲁 0602 诉前调 9396 号调解协议书。

续将烟台四家企业起诉至烟台市芝罘区人民法院（以下简称芝罘法院），请求法院依法判令四家企业停止不正当竞争、恶意侵权行为，并赔偿经济损失共计 4 万元。

然而四家被告企业对于某客车股份有限公司的指控表示“很冤枉”，他们认为自家企业的名称中包含的简称字样含义与某客车股份有限公司的品牌定义并不相同，不存在主观意义上的攀附意图，更不涉及侵权行为，请求法院依法驳回某客车股份有限公司的诉讼请求。

【办理思路】

芝罘法院在受理该四起涉企知识产权纠纷后，考虑到原告均为同一主体，且案由都为商标权侵权，为妥善解决本案纠纷，尽最大限度维护双方企业权益，芝罘法院立案庭第一时间将四起案件分流至法院诉讼服务中心知识产权纠纷调解室。

调解员在致电四家被告企业和法官了解案情后得知，烟台某船舶技术服务有限公司和烟台某海事咨询有限公司实际经营者为同一人。“这些企业负责人在得知自己侵权后的第一反应都是‘很冤枉’。”为此，调解员耐心地将原告方整理的证据告知被告企业，在一条条的证据面前，四家企业负责人最终都表示希望能通过调解的方式解决纠纷。

有了前期的铺垫，调解员很快和原告取得联系，原告表示只要被告企业能在 1 年内将企业名称进行更名，便可以放弃赔偿要求。考虑到原告代理人远在郑州，被告企业负责人也分散在各地出差，调解员当即决定采用“线上”视频调解的方式解决纠纷。

在调解过程中，调解员对原被告双方进行耐心细致地释法明理，并向被告企业出示了某客车股份有限公司在和其他相类似侵权行为的公司“打官司”时的案例。在一个个鲜活的案例面前，被告企业最终意识到了自己的侵权行为，但还是强调，原告提出的上万元的赔偿数额太大，无法接受。

察觉到屏幕前的被告企业态度出现缓和，调解员也急忙示意原告方代理人表明态度，各退一步。经过调解员耐心细致地劝说，双方当事人最终达成一致调解协议：烟台某船舶技术有限公司与烟台某海事咨询有限公司象征性地分期赔偿原告损失。烟台某物业公司和烟台某劳务派遣公司两被告则表示能及时停止侵权行为，免除了经济赔偿。同时，为了保证司法确认的调解协议具有可执行性，调解员还查询了相关案例和报道，并与市场监督局进行沟通，确认了如被告未履行协议，可通过市场监督局强制更改企业名称，换做以公示统一信用代码的方式进行变更，确保了调解协议的合法性和可执行性。

这次在芝罘法院的批量结案是法官处理的所有维权案件里最痛快的一次，线上视频调解也让我们基本零成本地解决了纠纷。事后，某客车股份有限公司代理人对法院知识产权纠纷调解员高效快捷低成本的调解工作表示了由衷的感谢。

【法条链接】

1. **《中华人民共和国商标法》**（2019 年 4 月 23 日修正）

第十三条 为相关公众所熟知的商标，持有人认为其权利受到侵害时，可以依照本法规定请求驰名商标保护。

就相同或者类似商品申请注册的商标是复制、摹仿或者翻译他人未在中国注册的驰名商标，容易导致混淆的，不予注册并禁止使用。

就不相同或者不相类似商品申请注册的商标是复制、摹仿或者翻译他人已经在中国注册的驰名商标，误导公众，致使该驰名商标注册人的利益可能受到损害的，不予注册并禁止使用。

2. **《中华人民共和国反不正当竞争法》**（2019 年 4 月 23 日修正）

第六条 经营者不得实施下列混淆行为，引人误认为是他人商品或者与他人存在特定联系：

（一）擅自使用与他人有一定影响的商品名称、包装、装潢等相同或者近似的标识；

（二）擅自使用他人有一定影响的企业名称（包括简称、字号等）、社会组织名称（包括简称等）、姓名（包括笔名、艺名、译名等）；

（三）擅自使用他人有一定影响的域名主体部分、网站名称、网页等；

（四）其他足以引人误认为是他人商品或者与他人存在特定联系的混淆行为。

【法官心语】

目前，在调解过程中发现，知识产权类案件中，部分权利人维权的主要目的已经不是保护自身合法权益，而是通过赔偿款获得经济收益。在案件中表现出来就是案件诉求的赔偿额虚高，和解的赔偿金额要价过高等特点。而被维权人由于法律意识淡薄，没有知识产权保护的概念。大多又都是非主观故意侵权，接到被起诉的消息第一反应都是觉得很冤，不认可侵权事实，更别说赔偿的问题。

本案件在调解过程中，遇到的最大困难就是被告对侵权事实不认可、不理解，甚至想拒绝调解要求开庭抗辩。被告的想法完全可以理解，并非主观故意侵权，但就该案案情而言开庭抗辩对于双方都是最坏的解决纠纷方式。所以承办法官查询了一些原告的判决发给被告，并搭配适用的法律条文进行分析，从法律法规和市场运行规律等角度向被告讲解知识产权和商标保护的道理和重要性，让被告认可了侵权事实。同时也站在被告的立场，帮他分析处理这个案件的最优方法，最终原被告双方同意调解。

在与某客车股份有限公司（原告）的沟通中了解到两个信息：第一，权利人的维权行为完全是为了整肃市场，不以赔偿盈利为目的。第二，原告在芝罘法院立了四件同类型案件。这样确定的调解策略就是整合四个案件一起调解，批量调解可以同时降低原被告双方的结案成本。最终调解方案如下：烟台某船舶技术有限公司与烟台某海事咨询有限公司象征性地分期赔偿原告损失。烟台某物业公司和烟台某劳务派遣公司两被告，能及时停止侵权行为的甚至可以免除经济赔偿。所有调解协议均经过司法确认，保证了协议的可执行性。最终调解的结果各方均非常满意，对我们调解工作在这次纠纷处理中起到的作用表示认可。

在调解工作中，法院一直秉承着在保护权利人合法权益的同时，尽可能降低被告和解成本的原则。该案在查询类似裁判案例时发现，最终判决赔偿原告损失 3 ~5 万元的“比比皆是”，甚至还有很多被告不服，上诉后仍然维持原判。诉讼周期过长，原告的维权成本和被告的抗辩成本过高，原被告在这期间都深受其苦，没有一方是最终受益的。烟台某船舶有限公司代理人在结案后也曾说过，经过这次案件也了解到自身企业在知识产权保护方面的不足，后期在企业发展中既要规避侵权风险，又要提高自身的知识产权保护意识。

结案不是调解唯一的目标，向企业普法增强知识产权保护意识也是我们工作重要一环，希望知识产权纠纷越来越少，所有企业都有创新精神，都有知识产权保护意识，让我国的营商环境越来越好。

承办法官：宋晓华

执笔人：樊　依　宋晓伟

6. TCL 公司与某商场侵害商标权纠纷案*

——未经许可销售侵害商标权产品的"搭便车"行为认定

【基本案情】

TCL 科技集团股份有限公司（以下简称 TCL 集团）是全球化的智能产品制造及互联网应用服务企业集团。集团现有 8 万多名员工，23 个研发机构，21 个制造基地，在 80 多个国家和地区设有销售机构，业务遍及全球 160 多个国家和地区，产品包括电话、电视、手机、冰箱、洗衣机、空调、小家电、液晶面板等。《财富》杂志于北京时间 2016 年 7 月 13 日发布的中国 500 强排行榜上，TCL 集团在 2016 年中国 500 强排行榜中排名第 56 位。

原告 TCL 公司创立于 2018 年，公司经营范围为股权投资、企业管理咨询、商务信息咨询等，原告 TCL 公司为 TCL 集团的关联公司，现 TCL 集团授权原告使用"TCL""TCL 王牌""王"等系列商标并进行维权事务。TCL 公司是第 1792882 × × 号"王"、第 41909 × × 号"TCL王牌"、第 12550 × × 号"TCL"商标的商标权人，核定使用范围为第 9 类。1999 年，"TCL"商标被国家商标局认定为驰名商标，具有很高的知名度，受到法律保护。

TCL 公司于 2022 年发现被告某商场存在销售被控侵权产品的行为，具体表现为被告某商场销售海尔电器产品时，在消费者"以旧换新"的活动中从消费者手中获得被控侵权产品，其后又将该被控侵权产品出售。TCL 公司认为被告某商场在未经其许可的情况下，销售与 TCL 公司商标近似标识的易引起消费者混淆的电视机行为，侵害了 TCL 公司享有的注册商标专用权，要求被告立即停止销售侵害原告第 17928 × × 号"王"、第 41909 × × 号"TCL王牌"、第 12550 × × 号"TCL"注册商标专有权商品的行为，销毁库存的侵权商品，

* 参见山东省烟台经济技术开发区人民法院（2023）鲁 0691 民初 278 号民事判决书。

并要求被告赔偿原告经济损失 6 万元。双方就有关损失赔偿问题进行协商，最终因协调不成诉至烟台经济技术开发区人民法院（以下简称开发区法院）。

【办理思路】

开发区法院受理此案后，秉着“握手烟和”“以和为贵”的理念，在对案件进行审理之后，通过庭上调解的方式促进了双方达成和解并当场给付。

2023 年 2 月，法院正式受理此案后，办案法官在审理中发现，该案案情简单，被告确实构成侵害商标权行为并对原告经营造成一定影响，但造成的经济损失具体数额不好认定，双方对此各执己见。被控侵权电视机虽然是被告在“以旧换新”活动中所取得，可能在销售过程中并无侵权故意，但其将收回的旧电视再行出售，出售商品的被控标识与 TCL 公司的所诉商标构成近似，极易使消费者产生混淆和误解，使消费者不易与真正的“TCL”产品相区别，被控侵权产品不正当地利用了原告涉案商标的商誉，并获得不正当利益，其行为已经构成侵权，该案事实认定清楚，法律关系明确。虽经查被告确无其他类似或相同产品出售，但在被告的上述行为已构成侵权的基础之上，原告在诉请中要求被告停止侵权行为主张成立并要求被告承担本案的保全费、交通费、律师费等请求应予支持，其具体金额应根据实际情况加以确认。

在考虑案件事实清楚，原被告双方均有意和解的基础之上，承办法官与书记员当庭对原被告展开调解工作，原被告双方对于金额认定存在较大异议。办案团队遵循“循循善诱”“逐个击破”的调解方式，在原被告之间就具体损失赔偿金额进行反复沟通，并就坚持诉讼会产生的不利后果对原被告进行释明，告知原被告由此引发的法律纠纷也会对双方经营产生负面影响，通过诉讼途径解决纠纷周期长，耗费人力物力，很可能得不偿失。结合原告受到的损失和被告因此获利的金额，法官主张被告给付原告 5000 元，用以赔偿原告的商誉损失，并希望原被告双方能够将心比心，互相理解，进一步使原被告双方在均能接受的金额范围内达成和解。

最终在办案法官团队的努力下，原被告双方达成一致，被告同意赔偿原告 5000 元并当庭履行，经法官释明相关法律规定，并考虑具体侵权情形后，原被告双方同意达成和解，被告当庭支付原告 5000 元，此案案结事了。

【法条链接】

《中华人民共和国商标法》（2019 年 4 月 23 日修正）

第五十七条 有下列行为之一的，均属侵犯注册商标专用权：

（一）未经商标注册人的许可，在同一种商品上使用与其注册商标相同的商标的；

（二）未经商标注册人的许可，在同一种商品上使用与其注册商标近似的商标，或者在类似商品上使用与其注册商标相同或者近似的商标，容易导致混淆的；

（三）销售侵犯注册商标专用权的商品的；

（四）伪造、擅自制造他人注册商标标识或者销售伪造、擅自制造的注册商标标识的；

（五）未经商标注册人同意，更换其注册商标并将该更换商标的商品又投入市场的；

（六）故意为侵犯他人商标专用权行为提供便利条件，帮助他人实施侵犯商标专用权行为的；

（七）给他人的注册商标专用权造成其他损害的。

第六十四条第二款 销售不知道是侵犯注册商标专用权的商品，能证明该商品是自己合法取得并说明提供者的，不承担赔偿责任。

【法官心语】

知识产权为智力成果完成人提供了法律保障，调动了人们从事科学技术研究和文学艺术作品创作的积极性和参与性，理应受到保护。同时知识产权法律制度是现代民商法重要组成部分，对司法融入社会治理、保护良好营商环境具有重要作用，在国人知识产权意识觉醒的今天，加强知识产权专业化审判是对人民法院提出的更高要求。开发区法院始终坚持以法治化营商环境建设为重点，持续深化打造“司法助企 · 法护创新”的知识产权保护品牌，加大对自贸区企业知识产权的保障力度，对于侵害知识产权的行为及时打击，并通过释法明理的方式提高涉案企业的知识产权保护意识，有利于形成全社会守法、懂法、用法的良好氛围，促进法治化营商环境的改善。

本案为商标权保护的典型案例，在现实生活中未经许可销售侵害商标权产品的侵权行为广泛存在，被告人虽然可能没有主观侵权故意，但却切实对被侵权方造成了困扰和经济损失。本案的审理有利于警示销售者在购买、销售产品过程中应当注意进货渠道和购买正品，以防侵害他人的知识产权，不应抱有“傍名牌”“搭便车”的主观心态，攀附知名商品的知名度谋取不正当利益，更不能知假卖假，否则应当承担相应侵权责任。另外，法律规定了免赔情形，销售者不知道所进货物为假货，侵犯了他人商标权，其应当提供自己合法取得该商品的证明，如支付了合理对价和提供购货发票等证据，同时应当说明商品提供者。法律规定销售者在提供了上述证明后，可免除其赔偿责任，但仍应承担停止侵权的责任。

同时，积极促进案件的调解，可以从根本上解决当事人的矛盾，提高司法效率。本案中案涉金额虽小，但纠纷解决不易，虽然法律有明确规定，但双方当事人争执不下，不肯让步。本案涉案具体赔偿标准较难认定，办案法官采用循循善诱、阐明后果的调解思路对被告方进行释法明理，对原告方提出赔偿的金额在考虑实际情况下组织双方进行协商，最终达成一致。不仅提高了沟通效率，还降低了双方企业诉讼的时间成本和资金成本，使双方能够更快更好地达成所愿，最大限度地降低后续纷争再起的概率。

承办法官：张　强
法官助理：刘晓凤
执笔人：张　强

7. 刘某某诉某餐饮店侵犯商标权纠纷案*

——转让取得店铺所用商标的侵权认定

【基本案情】

2019 年 2 月 28 日刘某某注册商标灿然一番屋，核定使用国际分类第 35 类、第 43 类：餐馆；餐厅；住所代理（旅馆、供膳寄宿处）；茶馆；流动饮食供应；活动房屋出租；养老院；日间托儿所（看孩子）；动物寄养；烹饪设备出租。截止有效期为 2029 年 2 月 27 日。2021 年 12 月 28 日刘某某注册了商标：，核定使用国际分类第 35 类；第 43 类（同上），有效期至 2031 年 12 月 27 日。

2019 年 4 月 12 日刘某某的妻弟矫某注册了某烧肉店，店铺经营过程中使用门牌灿然一番屋及标识。后期李某以其与矫某、刘某某共同经营该店铺，矫某及刘某某退出为由，将该店铺份额的 50% 转让给了若某，双方签订转让协议。若某依约于 2019 年 10 月 23 日支付定金 10 000 元，并于 2019 年 10 月 28 日支付转让款 235 000 元，若某继续经营该店铺。后某烧肉店注销，若某于 2020 年 4 月 29 日注册成立某餐饮店，继续使用上述门牌和标识。2022 年 1 月 18 日，刘某某对店铺使用招牌和标识进行公证，公证内容：门头房招牌，门中张贴的“未戴口罩谢绝入内，请主动出示健康码，接受体温检测”标语，标语遮挡下方贴有图样。其后，刘某某向法院提起诉讼，请求判令某餐饮店行为侵犯商标权；某餐饮店向刘某某支付经济损失 60 000 元，维权合理开支 10 000 元。刘某某提供与他人之前的授权协议，证明加盟费 80 000元，支出律师费 10 000 元、公证费 4040 元。刘某某对店铺的转让未提

---

* 参见山东省烟台经济技术开发区人民法院（2023）鲁 0691 民初 474 号民事判决书。

异议，在本案中称该店铺与其无关，未经允许该店铺使用上述两个商标，属于侵害商标权的行为，向法院提起诉讼。在刘某某起诉后，某餐饮店将门牌变更为 ，撕去了张贴的 标识。

【办理思路】

烟台经济技术开发区人民法院（以下简称开发区法院）受理此案后，办案法官团队迅速对案件事实进行了审查。经了解，本案中被告从案外人处转让到店铺，案外人在经营期间已经使用了案涉商标及商铺铺号，案外人经营期间是否合法取得了该商标使用权并无相关证据予以证明，而被告与案外人转让过程中也并没有对上述情况进行特别约定。案涉商标名气并不大，原告店铺在龙口市，而被告店铺在烟台开发区，承办人首先怀疑的是案外人（前经营者）是如何取得了案涉商标？其次，被告在店铺转让过程中是否取得了上述商标使用权？最后，被告是否应当停止使用涉案商标并进行赔偿，以及店铺名称与商标相近似是否应当适用《反不正当竞争法》的相关规定进行审理。

基于以上考虑，承办人在审理过程中对人物关系进行梳理、对侵权事实进行查明。原告与案外人前经营者合伙人之一具有亲属关系，其默许其免费使用了上述商标和店铺名称。然而在转让时，案外人与被告合同中并未就店铺名称及商标的使用进行约定，仅约定了店铺转让，被告无权继续使用原有商标。因此，该案首先判定被告属于未经许可使用了原告注册商标的情形，同时被告店铺名称使用了原告注册商标，应按照《反不正当竞争法》的相关情况处理。在对案件事实查明的前提下，法官本着“和为贵”的办案思路，组织原被告双方进行调解，释明法律规定，梳理案件经过，并就造成的经济损失赔偿进行协商。经法官团队的不懈努力和多次协商，当事人双方自愿达成协议，至此，本案案结事了。协议内容如下：

1. 某餐饮店自 2023 年 8 月 28 日起停止使用“ ”及“ ”商标。

2. 某餐饮店于 2023 年 9 月 28 日前停止使用现店面招牌“燦然”，自 2023 年 8 月 28 日起不得使用“燦然一番屋”“灿然一番屋”“灿然”字样的店面招牌。

3. 某餐饮店自 2023 年 9 月 28 日之后在美团平台，2024 年 1 月 1 日之后在大众点评、抖音、微信视频号等平台不得以“燦然一番屋”“灿然一番屋”“灿然”“燦然”招牌进行宣传或销售。

4. 某餐饮店于2023年9月15日前支付原告经济损失及合理维权费用共计20 000元。

【法条链接】

《中华人民共和国商标法》（2019年4月23日修正）

第五十七条 有下列行为之一的，均属侵犯注册商标专用权：

（一）未经商标注册人的许可，在同一种商品上使用与其注册商标相同的商标的；

（二）未经商标注册人的许可，在同一种商品上使用与其注册商标近似的商标，或者在类似商品上使用与其注册商标相同或者近似的商标，容易导致混淆的；

（三）销售侵犯注册商标专用权的商品的；

（四）伪造、擅自制造他人注册商标标识或者销售伪造、擅自制造的注册商标标识的；

（五）未经商标注册人同意，更换其注册商标并将该更换商标的商品又投入市场的；

（六）故意为侵犯他人商标专用权行为提供便利条件，帮助他人实施侵犯商标专用权行为的；

（七）给他人的注册商标专用权造成其他损害的。

第五十八条 将他人注册商标、未注册的驰名商标作为企业名称中的字号使用，误导公众，构成不正当竞争行为的，依照《中华人民共和国反不正当竞争法》处理。

【法官心语】

知识产权时代，知识产权问题在世界贸易中的地位进一步凸显，商标权是知识产权的重要部分，维护商标权有利于树立企业的品牌形象，提升企业核心竞争力，有利于企业开拓和占领市场，维护和树立良好的品牌形象。在市场经营中，经营者在经营过程中应当具有商标意识，包括维护自有商标权利及是否侵犯了他人商标权，侵犯商标权的行为应承担对应的法律责任。

本案中，原告允许其亲属免费使用注册商标，但并未签订书面许可合同，相关权利义务并不明确，这是引起争议的原因之一；被告从案外人处转让店铺时，双方又未就商标和店铺名称的使用进行约定，此是引起争议的原因之二；被告受让店铺后继续使用原商标与店铺，又未取得商标权人许可，此是引起争议的原因之三。在此情况下，虽然原告具有一定过错，但主要责任在被告，被告应当承担停止侵权的民事责任。在判定赔偿数额时，可以适当考虑原告的过错，减轻被告赔偿数额。同时，被告不但直接使用了原告的商标，而且将注册商标作为了店铺名称，属于不正当竞争行为，同样应当承担相应责任，在判决时应分别论述，一并裁判。

知识产权是激励创新的重要保障，更是优化营商环境的关键抓手，本案的圆满解决，是开发区法院坚持“司法助企 · 法护创新”品牌的生动实践。下一步，开发区法院将着力构建有利于知识产权案件纠纷及时有效解决的裁判机制，进一步提升知识产权司法保护水平，坚持“司法主导、严格保护、分类施策、比例协调”的司法政策，深入普法实践，充分运用审判职能服务创新驱动发展，提高辖区企业商标权保护意识，探索知识产权纠纷解决新路径，以更实举措维护市场公平竞争秩序，为打造市场化、法治化、国际化营商环境，提供优质高效的司法服务和保障而努力，持续擦亮新区优化营商环境“金字招牌”。

同时，法院坚持将调解作为处理普通知识产权案件的最优解，在尊重当事人意愿的基础上，先调后判、调判结合，开展矛盾纠纷实质性化解工作，大大提高了司法效能，降低了自贸区企业的诉讼成本，为自贸区企业的发展营造高效良好的法治营商环境。

承办法官：张　强
法官助理：刘晓凤
执笔人：张　强

8. 生产销售假冒“登海”商标玉米种纠纷案*

——“调解+速裁”双管齐下化纠纷，为企解忧护创新

【基本案情】

1997年8月28日，莱州市农业科学院在国家工商行政管理局商标局注册了第10907××号“登海”文字商标，核定使用商品第31类：植物种籽，植物种，谷物（种子）。2002年5月31日，该商标经国家工商行政管理总局核准转让给原告山东某种业公司。后经续展，该商标有效期至2027年8月27日。2006年，国家工商行政管理总局商标局认定原告使用在商标注册用商品和服务国际分类第31类植物种子商品上的“登海”注册商标为驰名商标。2014年，山东省工商行政管理局认定该商标为山东省著名商标。2019年10月17日，山东省莱州市人民法院作出（2019）鲁0683刑初508号刑事判决书，以被告杨某某犯假冒注册商标罪，判处有期徒刑一年三个月，缓刑二年，并处罚金6000元。该判决书已生效并对以下事实予以认定：2017年5、6月，莱州市的曲某某找被告杨某某订购“登海605”玉米种2500袋（袋装4200粒），双方约定每袋价格25.5元人民币，总价款63 750元，曲某某通过转账方式支付被告杨某某定金9300元人民币。后被告杨某某从唐某某处购买散装玉米种，并支付给唐某某定金8000元人民币。被告杨某某从邵某某处购进标有“登海”注册商标标识的玉米种包装袋2500个及其他包装袋125个，并与唐某某使用该包装袋一起分装玉米种。被告杨某某同唐某某将2500袋假冒“登海”注册商标标识包装的玉米种通过奔腾物流运输至莱州市时被莱州市农业局查扣，案发后被告杨某某交纳违法所得7.5万元。

---

* 参见山东省烟台高新技术产业开发区人民法院（2023）鲁0692民初79号民事判决书。

2023 年 2 月，原告山东某种业公司因被告杨某某、唐某某、邵某某生产销售假冒其注册商标玉米种的行为，起诉到烟台高新技术产业开发区人民法院（以下简称高新区法院），请求判令：（1）被告杨某某、唐某某、邵某某赔偿原告各项经济损失 300 000 元；（2）赔偿原告为制止侵权支付的费用 8000 元（包括律师费 7000 元、交通费 500 元、住宿费 500 元等各项费用）；（3）本案的诉讼费用由被告承担。

【办理思路】

案件诉至高新区法院后，调解员第一时间联系原告与三被告，希望能够通过调解解决该案，但是三被告均以各种理由拒不配合调解。由于调解不成，该案转至赵莹淞速裁团队，调解助理姜晶接手案件后，通过与调解员对接，掌握案件存在的矛盾焦点，从法律层面向被告释法说理，告知被告侵权可能面临的法律后果，经过电话沟通、视频调解，最终原告与被告唐某某在诉前达成和解。

本案于 2023 年 2 月 2 日立案后，经过邮寄送达开庭传票，定于 2 月 10 日开庭，庭审当天被告邵某某到庭参加诉讼，法官赵莹淞梳理双方提交的证据及案件涉及的法律规定，总结双方争议焦点，采用“背对背式调解”，向被告邵某某释法说理，对比诉讼面临的法律后果和调解的结果，同时向原告解释诉讼带来的司法成本，最终在法官耐心的劝解下，原告与被告邵某某达成和解并出具调解书。

庭审当天，被告杨某某经法院合法传唤未到庭参加诉讼，于是对被告杨某某依法缺席审理，原告系涉案注册商标专用权人，其商标专用权应受法律保护。本案中，被告未经原告许可，使用标有“登海”注册商标标识的玉米种包装袋分装玉米种，与原告涉案商标构成相同、相似，被告的行为有攀附涉案商标、借助原告公司商誉进行销售的故意，侵犯了原告注册商标专用权，应当承担赔偿损失的法律责任。关于赔偿经济损失及合理费用的数额，鉴于原告不能证明其因侵权受损或被告因侵权获利的数额，法院综合考虑原告商标知名度，被告侵权行为的性质、主观过错等因素，酌定被告赔偿原告经济损失及合理费用共计 14 000 元。庭审结束后，法官助理立即草拟文书，法官审阅校对后，于开庭后的 3 日内向被告杨某某送达本案判决书。

【法条链接】

《中华人民共和国商标法》（2019 年 4 月 23 日修正）

第五十七条 有下列行为之一的，均属侵犯注册商标专用权：

（一）未经商标注册人的许可，在同一种商品上使用与其注册商标相同的商标的；

（二）未经商标注册人的许可，在同一种商品上使用与其注册商标近似的商标，或者在类似商品上使用与其注册商标相同或者近似的商标，容易导致混淆的；

（三）销售侵犯注册商标专用权的商品的；

（四）伪造、擅自制造他人注册商标标识或者销售伪造、擅自制造的注册商标标识的；

（五）未经商标注册人同意，更换其注册商标并将该更换商标的商品又投入市场的；

（六）故意为侵犯他人商标专用权行为提供便利条件，帮助他人实施侵犯商标专用权行为的；

（七）给他人的注册商标专用权造成其他损害的。

第六十三条 侵犯商标专用权的赔偿数额，按照权利人因被侵权所受到的实际损失确定；实际损失难以确定的，可以按照侵权人因侵权所获得的利益确定；权利人的损失或者侵权人获得的利益难以确定的，参照该商标许可使用费的倍数合理确定。对恶意侵犯商标专用权，情节严重的，可以在按照上述方法确定数额的一倍以上五倍以下确定赔偿数额。赔偿数额应当包括权利人为制止侵权行为所支付的合理开支。

人民法院为确定赔偿数额，在权利人已经尽力举证，而与侵权行为相关的账簿、资料主要由侵权人掌握的情况下，可以责令侵权人提供与侵权行为相关的账簿、资料；侵权人不提供或者提供虚假的账簿、资料的，人民法院可以参考权利人的主张和提供的证据判定赔偿数额。

权利人因被侵权所受到的实际损失、侵权人因侵权所获得的利益、注册商标许可使用费难以确定的，由人民法院根据侵权行为的情节判决给予五百万元以下的赔偿。

人民法院审理商标纠纷案件，应权利人请求，对属于假冒注册商标的商品，除特殊情况外，责令销毁；对主要用于制造假冒注册商标的商品的材料、工具，责令销毁，且不予补偿；或者在特殊情况下，责令禁止前述材料、工具进入商业渠道，且不予补偿。

假冒注册商标的商品不得在仅去除假冒注册商标后进入商业渠道。

【法官心语】

对于一个企业来说，专利、商标属于核心资产，对于确定企业的领先地位、保证品牌的商业价值具有举足轻重的作用。接到该案件后，承办法官一直在思考如何以更合适的方式来解决这个纠纷。保护知识产权案件的难点往往在于对法律要件的精准把握以及各方利益的合理平衡，考量法官的法律思维能力和把控全局的能力。在团队认真落实院内“快慢分道”“繁简分流”的工作架构下，综合电子送达、音视频调解、互联网庭审等多种手段，切实解决知识产权案件维权难、耗时长的问题。最终，该案从立案到结案仅用时11天，对三名被告采用不同的处理方式，秉承诉前能调尽调，调不成则判的原则，充分发挥团队的办案优势，缩短办案时长，让当事人在最短的时间内走完司法程序。综观本案，一方面，企业的知识产权得到保护，创新积极性得以延续；另一方面，社会公众对于知识产权保护意识的淡薄同样值得我们深思。在国家不断完善知识产权制度、结合多方力量构造多元协同保护知识产权工作机制的同时，也应通过庭审旁听、送法入企等多种形式，向社会公众普及有关知识产权保护的相关知识，营造良好的保护知识产权的氛围。

我们要做起而行之的行动者，让一切创新成果受到尊重，让知识产权司法保护成为推动科技强国建设和高质量发展的坚实力量，让全社会听到知识产权保护创新的声音，这是我们的责任。

承办法官：赵莹凇
法官助理：姜　晶
执笔人：姜　晶

9. 原告某公司与被告王某、陈某某商标权纠纷案*

——立足调解加强商标权司法保护

【基本案情】

原告某公司是全球最具影响力的皮包、鞋类及配饰等产品公司之一，拥有“MICHAELKORS”等世界知名品牌。原告所属品牌秉承一贯的创新精神，以其精良的选材、极端讲究的制作和不断创新的品位而闻名于世。2013 年 3 月 28 日，原告向中华人民共和国国家商标局申请核准在第 18 类商品上取得“MICHAELKORS”注册商标（注册号为第 360××83 号），核定使用范围：手提包；钱包；皮夹；行李箱；旅行箱；背包；手提箱；伞。2013 年 6 月 7 日，原告向中华人民共和国国家商标局申请核准在第 18 类商品上取得“MK-MICHAELKORS”注册商标（注册号为第 360××87 号），核定使用范围：行李箱；旅行箱；背包；手提箱；伞；手提包；钱包；皮夹。2012 年 2 月 28 日，原告向中华人民共和国国家商标局申请核准在第 18 类商品上取得“MICHAELMICHAELKORS”注册商标（注册号为第 409××00 号），核定使用范围：包；行李箱；旅行箱；手提箱；伞；手提包；钱包；皮夹。上述商标均依法在中华人民共和国享有注册商标专用权，且在有效期内，受我国法律保护。原告为扩大其商标的知名度进行了大量的持续性宣传，举办和赞助各类大型活动等。原告上述商标在全世界范围内（包括中国）广泛使用，原告某公司已在香港特别行政区、北京、上海、广州、杭州、厦门、昆明、成都等中国的 30 多个城市开设了 80 多家专卖店，在全世界范围内（包括中国）享有极高的知名度和声誉。2023 年，原告发现由王某注册开设的淘宝网店未

---

* 参见山东省烟台高新技术产业开发区人民法院（2023）鲁 0692 民初 80 号民事调解书。

经授权，大量展示、销售标记原告上述商标的多款皮包商品。2019 年 5 月 9 日，原告从该网店购得标记上述商标的手提包一个（该产品价格：800 元，最近 30 天交易成功 359 次，累计评论 387 次），鉴定后发现为假冒原告注册商标的商品。另外，王某向法院提供了一份《转让合同》显示其曾在 2018 年 7 月 21 日将该淘宝网店“芊芊公主海外直邮”转给被告陈某某使用（转让价款为 18 900 元），故根据《商标法》第 57 条的相关规定，被告大量存储、销售假冒原告注册商标之商品的行为已构成侵权。

原告起诉到烟台高新区人民法院（以下简称高新区法院），请求判令：（1）被告立即停止销售或展示任何带有与原告第 360××83 号、第 360××87 号及第 409××00 号商标相同或近似标识的商品；（2）被告赔偿原告经济损失人民币 120 000 元，其中已包括原告因追究被告侵权责任而须支付的律师费、证据保全公证费、翻译费、原告购买被告假冒其商标之商品的价款、本案立案和开庭差旅费等费用；（3）被告在《文汇报》刊登道歉声明，以消除因其侵权给原告造成的不良影响；（4）判令被告负担本案全部诉讼费用。

【办理思路】

案件诉至高新区法院后，由调解助理向被告王某发出诉讼相关文书，但因王某已不在其户籍地居住，未能送达成功。调解不成，鉴于该案侵权事实较为明确，该案件转入速裁团队，法官助理通过政府公开电话联系到王某户籍地的网格员才与王某取得联系。王某自称其早已经将淘宝店铺转卖给他人，并提供了《转让合同》一份。法官助理将情况汇报给法官，法官赵莹淞从全局的角度考虑该案件存在的矛盾焦点，从法律层面向被告王某释法说理，告知被告侵权可能面临的法律后果，引导其积极、理性地参与诉讼，通过释明让其了解调解结案在降低声誉损失、减少后续诉讼程序引发诉讼成本等方面具有的优势；又与原告某公司沟通，为了更好地了解案情、查清事实，法官决定追加淘宝店铺购买者陈某某为本案被告。

通过向被告陈某某邮寄案件相关材料，陈某某多次致电法院，称因其户籍地在外省且身体条件不允许，申请互联网开庭，并称其家庭情况困难，无力承担高额的赔偿。考虑到双方当事人的实际情况，法官多次电话沟通原被告，明确当事人的争议焦点，抓住纠纷症结，对双方进行调解引导，将本案的利害关系向被告陈某某说明，最终原告与被告陈某某在互联网开庭时达成了和解，被告陈某某赔偿原告经济损失共计 32 000 元。自 2023 年 4 月 20 日至 2024 年 3 月 20 日，每个月的 20 日前向原告支付 2700 元，共 11 个月，共计 29 700 元；剩余 2300 元于 2024 年 3 月 20 日前向原告付清。

【法条链接】

《中华人民共和国商标法》（2019 年 4 月 23 日修正）

第五十七条 有下列行为之一的，均属侵犯注册商标专用权：

（一）未经商标注册人的许可，在同一种商品上使用与其注册商标相同的商标的；

（二）未经商标注册人的许可，在同一种商品上使用与其注册商标近似的商标，或者在类似商品上使用与其注册商标相同或者近似的商标，容易导致混淆的；

（三）销售侵犯注册商标专用权的商品的；

（四）伪造、擅自制造他人注册商标标识或者销售伪造、擅自制造的注册商标标识的；

（五）未经商标注册人同意，更换其注册商标并将该更换商标的商品又投入市场的；

（六）故意为侵犯他人商标专用权行为提供便利条件，帮助他人实施侵犯商标专用权行为的；

（七）给他人的注册商标专用权造成其他损害的。

第六十三条 侵犯商标专用权的赔偿数额，按照权利人因被侵权所受到的实际损失确定；实际损失难以确定的，可以按照侵权人因侵权所获得的利益确定；权利人的损失或者侵权人获得的利益难以确定的，参照该商标许可使用费的倍数合理确定。对恶意侵犯商标专用权，情节严重的，可以在按照上述方法确定数额的一倍以上五倍以下确定赔偿数额。赔偿数额应当包括权利人为制止侵权行为所支付的合理开支。

人民法院为确定赔偿数额，在权利人已经尽力举证，而与侵权行为相关的账簿、资料主要由侵权人掌握的情况下，可以责令侵权人提供与侵权行为相关的账簿、资料；侵权人不提供或者提供虚假的账簿、资料的，人民法院可以参考权利人的主张和提供的证据判定赔偿数额。

权利人因被侵权所受到的实际损失、侵权人因侵权所获得的利益、注册商标许可使用费难以确定的，由人民法院根据侵权行为的情节判决给予五百万元以下的赔偿。

人民法院审理商标纠纷案件，应权利人请求，对属于假冒注册商标的商品，除特殊情况外，责令销毁；对主要用于制造假冒注册商标的商品的材料、工具，责令销毁，且不予补偿；或者在特殊情况下，责令禁止前述材料、工具进入商业渠道，且不予补偿。

假冒注册商标的商品不得在仅去除假冒注册商标后进入商业渠道。

【法官心语】

随着我国知识产权法律法规体系逐步健全，知识产权拥有量快速增长，市场主体运用知识产权的能力逐步提高。与此同时，也产生了大量知识产权纠纷诉讼。知识产权纠纷具有当事人利益多元、诉求多样、市场影响大等特点，这使调解不仅在纠纷化解方面表现出独特的优势，在保护知识产权、促进技术创新方面也发挥着重要作用。

调解工作对于知识产权审判具有重要意义。一方面，由于知识产权的客体是无形财产，知识产权纠纷专业性更强、新问题更多，在部分案件中当事人对裁判结果很难形成预判，因此当事人对调解解决纠纷有一定需求；另一方面，在知识产权侵权纠纷中，由于当事人难以举证证明权利人因侵权行为所受到的损失或者侵权人因侵权行为所获得的利益，往往需要适用知识产权法上特有的法定赔偿制度来确定损害赔偿数额，这为调解工作提供了一定的空间。

为了更好地做好知识产权案件调解工作，我们要注重审判的每一个环节，从庭前会议抓起，在庭前会议时就尽量明确双方当事人的争议焦点，适时安排释明工作，引导双方当事人对案件结果形成合理预期，平衡利益差距。在庭审中，法官要全面分析各方当事人的实质诉求，找准调解工作的切入点，引导当事人逐步缩小差距。另外，根据知识产权审判专业性强的特点，我们需要充分借助专业人士力量和其他社会力量，专业人士的意见往往对当事人更有说服力。

知识产权案件调解的价值不仅在于案结事了，其更重要的意义是可以让知识产权得到更及时、准确的尊重和保护。保护知识产权就是保护创新，做好知识产权纠纷案件的调解工作，是提升知识产权保护水平和提高社会治理能力的重要途径。

承办法官：赵莹淞
法官助理：姜　晶
执笔人：姜　晶

10. 某知名国际品牌诉莱州某工艺品厂商标权纠纷案*

——知产法官庭前调解妥善化解国际品牌与“小作坊”的侵权纠纷

【基本案情】

某知名国际品牌1913年创建于意大利米兰，在卢森堡注册成立，为奢侈品品牌商标的注册人，使用范围为钱包、行李箱、公文包、运动手提包、旅行袋等。在国内外具有较高知名度，被列入国家重点商标保护名录，全国工商总局及北京、上海、广州等地工商部门均颁发禁售文件通告保护相关品牌。

2022年，某知名国际品牌发现韩某经营的莱州某工艺品厂在某网站自有网店销售绣有与其品牌相近字母的镂空草编包、休闲女包，价格远远低于正品市场价格（原告真品名称为“酒椰纤维托特包”，在中国区销售价格是16 400元，被告涉案商品单价是40元），销售数量7500余件，且被告在商品详情页、产品介绍等均使用了与其品牌相近的字样。经公证部门保全证据后，某知名国际品牌向招远市人民法院提起商标侵权民事诉讼，要求莱州某工艺品厂停止销售侵犯原告注册商标专用权商品的行为、拆除所有带有品牌相近标识、招牌、海报、广告牌等产品和产品外包装，并赔偿原告经济损失10万元，在纸媒书面声明消除侵权行为造成的影响。

莱州某工艺品厂在诉讼中辩称，原告公司的商品并不包含草制工艺品。被告是作坊式的个体工商户，经营者身份是农民，组织一些老年妇女从事价格较低的草制工艺品的制作并在网上销售，制作者和销售者均不知道刺绣字母与品牌相近的具体含义，仅是按照购买者张某的要求在产品上刺绣了该字母，没有侵害原告商标的主观意思。即使原告的商标权有被侵害的结果，其

---

* 参见山东省招远市人民法院（2023）鲁0685民初1832号民事调解书。

责任也在于购买者通过主观恶意钓鱼式诉讼，以达到获取不当利益的目的，况且该刺绣内容与商标大相径庭，起不到对一般消费者混淆的作用，请求驳回原告诉讼请求。

【办理思路】

《商标法》第57条第3项明确规定，销售侵犯注册商标专用权的商品是侵犯注册商标专用权行为。本案中，涉案品牌近似国际知名商标。被告作为经营多年的个体工商户，对这一点应当明知，但为了获得利润，仍然铤而走险，其出售的假冒商品构成了商标意义上的使用，并且通过公证部门取证，证据链条完整，被告侵害了原告的注册商标专用权。

本案的法律逻辑明确，但突出的特点在于，一方为国际知名品牌，在产品影响力、实际损失等方面不容易衡量；另一方为农村“小作坊”，实际获利以及赔偿能力十分有限，并且双方在知识产权方面的认知具有相当大的差异。为了达到既保护原告合法权益，又不至于给被告带来毁灭性打击的目的，办案法官坚持调解优先的办案思路，在送达、庭前会议等环节向被告普及商标权知识的同时组织双方进行调解。

再者，对于赔偿金额的认定一直是困扰知识产权案件办理的重大因素，此案中只能查明涉案商品单价为40元，并未查明实际销量，也无法判定实际损失，且法律规定范围相对宽泛，双方对于赔偿金额的认定争执不下，法官在主持调解时综合考虑了原告的取证成本、实际损失以及被告的实际得利等多种因素，最终在庭前调解环节促使双方达成了调解协议：（1）被告莱州某工艺品厂、韩某立即停止侵害原告某知名国际品牌涉案注册商标专用权的行为；（2）被告韩某、莱州某工艺品厂一次性赔偿原告某知名国际品牌经济损失及合理开支共计3万元；（3）本纠纷系一次性解决完毕，其余双方均不再追究。

在司法实践中，此类情况多发，法官希望通过对个案的审理达到教育一片的目的，让生产经营者加强知识产权保护的意识，当前，随着商标保护意识和打击力度的逐步增强，商家一定要合法经营，品牌商品一定要从正规授权厂家进货，切不可贪图便宜，违反法律规定，最终落得违法又赔偿的下场。

【法条链接】

《中华人民共和国商标法》（2019 年 4 月 23 日修正）

第三条第一款 经商标局核准注册的商标为注册商标，包括商品商标、服务商标和集体商标、证明商标；商标注册人享有商标专用权，受法律保护。

第六十三条第一款至第三款 侵犯商标专用权的赔偿数额，按照权利人因被侵权所受到的实际损失确定；实际损失难以确定的，可以按照侵权人因侵权所获得的利益确定；权利人的损失或者侵权人获得的利益难以确定的，参照该商标许可使用费的倍数合理确定。对恶意侵犯商标专用权，情节严重的，可以在按照上述方法确定数额的一倍以上五倍以下确定赔偿数额。赔偿数额应当包括权利人为制止侵权行为所支付的合理开支。

人民法院为确定赔偿数额，在权利人已经尽力举证，而与侵权行为相关的账簿、资料主要由侵权人掌握的情况下，可以责令侵权人提供与侵权行为相关的账簿、资料；侵权人不提供或者提供虚假的账簿、资料的，人民法院可以参考权利人的主张和提供的证据判定赔偿数额。

权利人因被侵权所受到的实际损失、侵权人因侵权所获得的利益、注册商标许可使用费难以确定的，由人民法院根据侵权行为的情节判决给予五百万元以下的赔偿。

【法官心语】

未经商标注册人的许可，在同一种或者类似的商品或服务上使用与注册商标相同或近似的商标，构成侵害商标权。此类行为主要发生在商品生产领域，亦即制假行为，行为人为商品的制造商或服务项目的提供者。此种侵权行为直接侵犯了商标权人的禁止权，是一种典型的侵权行为，也是后面各个环节侵权行为的源头。侵权性使用和注册商标所有人对商标的使用方式和范围一致，包括将商标直接用于商品或服务项目上，以及在各种商业环境中使用商标。凡是对商标权人来说构成商标使用的方式，都可构成侵权性使用。此种侵权行为一般分为四种情形：（1）在同一种商品上使用相同商标；（2）在同一种商品上使用近似商标；（3）在类似商品上使用相同商标；（4）在类似商品上使用近似商标。在第（1）种情形中，被指控的商标与商标权人主张的注册商标相同，商品亦相同，已构成假冒注册商标行为，是一种严重的商标侵权行为。其余几种情形属于商标或商品之间有相似性，容易造成消费者混淆，因而构成侵犯商标权的行为。

需要注意的是，侵权行为的构成并不以生产者、销售者在主观上是否存在“明知”的过错为前提，即使是出于本案被告所主张的侵害商标权系“过失”，实质上是行为人对受害人应负的注意义务的违反，这种“不注意”的心理状态，在商标侵权行为中，一般以侵权人是否应当注意并且能够注意却未注意作为根据。凡是商标注册均须公告，除该商标权人以外的任何人均应当知道并且能够知道，因而承担注意掌握注册商标的公告并注意保护该注册商标专用权的义务。商标权人以外的任何人均应当知道并且能够知道，而侵权人却不知道，这本身就是疏于注意的义务，是一种过失。就如同本案被告，已经在网上有自己经营的店铺，在宣传、运作过程中“应当注意”是一种义务，因此，一般只要行为人实际上生产、销售了侵犯注册商标专用权的商品，即构成对商标权的侵害，应当停止侵害。

承办法官：毕　琳

执笔人：毕　琳　邢其栎

11. 厦门爱某锐光学有限公司与栖霞市桃村某眼镜店商标侵权纠纷案*

——侵权人主观没有侵权故意不影响认定商标侵权

【基本案情】

厦门某光学有限公司是“BOLON”“暴龙”注册商标专用权人，该商标核定使用类别为第9类商品。BOLON眼镜先后两次被认定为驰名商标。厦门爱某锐光学有限公司经厦门某光学有限公司授权，有权使用“BOLON”“暴龙”商标，并有权以自己的名义进行维权。厦门爱某锐光学有限公司发现被告栖霞市桃村某眼镜店销售的涉案产品使用了与原告相同的商标，厦门爱某锐光学有限公司主张，被告销售的产品的镜片、镜腿上的“BOLON”的标识与所其持商标相同，但该产品并非原告公司生产，也未经授权；从产品质量上来看，做工粗糙，质量低劣，镜腿上的印刷字体模糊，镜腿后方的腿套松动易脱落；而原告公司产品做工精致，镜腿做工均匀，镜片清晰。原告公司产品在右侧镜腿上均应有防伪贴纸标签标牌，在上下菱形框内有可变大小的反光英文字“A”，横线处有不变的“ARTGRI”。打开该防伪标牌，在镜腿上均印有12位的镭射防伪码，随机12个阿拉伯数字，每4个数字后均空一格，产品上均是镭射防伪码粘贴上对应的防伪贴纸，标签牌用以遮住镭射码。涉案产品没有镭射码，防伪标贴是假冒，必须同时具有镭射防伪码和贴纸标牌，否则为假冒商品。而被告销售产品并无防伪贴纸标签标牌，也无镭射防伪码。但被告栖霞市桃村某眼镜店认为其通过正当途径从济南某公司进货，并且存有进货单据、付款凭证，被告对涉案眼镜构成侵权并不知情，主观上没有侵权故意，不构成侵权。最终，法院依法判决：（1）被告栖霞市桃村某眼镜店

* 参见山东省招远市人民法院（2022）鲁0685民初3947号民事判决书。

立即停止侵犯原告厦门爱某锐光学有限公司涉案注册商标专用权的行为；（2）被告栖霞市桃村某眼镜店于判决生效之日起10日内赔偿原告厦门爱某锐光学有限公司经济损失及合理支出8000元；（3）驳回原告厦门爱某锐光学有限公司的其他诉讼请求。

【办理思路】

《商标法》第57条第3项明确规定，销售侵犯注册商标专用权的商品是侵犯注册商标专用权行为。本案中，“BOLON”“暴龙”商标为驰名商标。被告作为一个专业从事眼镜销售的主体，应知道原告产品的知名度，在其店铺采用真假混卖的方式销售涉案产品，构成了商标意义上的使用，并且原告与公证部门共同取证，证据链条完整，足以认定被告侵害了原告的注册商标专用权。

厦门某光学有限公司享有第318××67号、第1068××90号注册商标专用权，注册商标均在保护期限内，依法应受法律保护。原告经厦门某光学有限公司授权，有权以自己的名义诉讼维权并获得赔偿款。《商标法》第57条规定，销售侵犯注册商标专用权商品的，是侵犯注册商标专用权的行为。本案中，被告销售的被诉侵权产品上使用的“BOLON”“暴龙”与原告享有商标专用权的第318××67号、第1068××90号注册商标相同，足以使普通消费者对商品来源产生混淆与误认，故被诉侵权商品侵犯了原告的注册商标专用权。被告于2015年就开始从事眼镜行业，应对行业内知名品牌具有一定的认知，尤其是使用在“太阳镜”上的“BOLON”商标是驰名商标，但被告未尽到审慎注意义务，销售了侵权商品，应当承担停止侵权、赔偿损失的民事责任。

关于赔偿数额问题。由于原告并未举证证明其因被告的侵权行为所受到的损失数额或被告因侵权行为获得的利润数额，根据《商标法》第63条的规定，承办法官综合考虑涉诉商标的知名度、侵权行为的性质、行为人的过错程度、被告经营规模、被诉侵权产品的销售价格、原告的合理费用支出等因素，酌定被告赔偿数额为8000元。

【法条链接】

1.**《中华人民共和国商标法》**（2019年4月23日修正）

第五十七条　有下列行为之一的，均属侵犯注册商标专用权：

（一）未经商标注册人的许可，在同一种商品上使用与其注册商标相同的商标的；

（二）未经商标注册人的许可，在同一种商品上使用与其注册商标近似的商标，或者在类似商品上使用与其注册商标相同或者近似的商标，容易导致混淆的；

（三）销售侵犯注册商标专用权的商品的；

（四）伪造、擅自制造他人注册商标标识或者销售伪造、擅自制造的注册商标标识的；

（五）未经商标注册人同意，更换其注册商标并将该更换商标的商品又投入市场的；

（六）故意为侵犯他人商标专用权行为提供便利条件，帮助他人实施侵犯商标专用权行为的；

（七）给他人的注册商标专用权造成其他损害的。

2.《最高人民法院关于审理商标民事纠纷案件适用法律若干问题的解释》（2020 年 12 月 29 日修正）

第十六条 权利人因被侵权所受到的实际损失、侵权人因侵权所获得的利益、注册商标使用许可费均难以确定的，人民法院可以根据当事人的请求或者依职权适用商标法第六十三条第三款的规定确定赔偿数额。

人民法院在适用商标法第六十三条第三款规定确定赔偿数额时，应当考虑侵权行为的性质、期间、后果，侵权人的主观过错程度，商标的声誉及制止侵权行为的合理开支等因素综合确定。

当事人按照本条第一款的规定就赔偿数额达成协议的，应当准许。

【法官心语】

从我国《商标法》规定来看，商标侵权行为的构成通常包括以下要件：一是造成损害后果或即将发生损害后果，即侵权行为给商标权人已经造成损害或者即将造成损害，可表现为产品销量下降、利益的减少或者商标信誉降低。二是行为违法性，即行为人未经许可，也没有其他法律依据而客观上行使商标权人依法所享有的利益。三是损害后果与违法行为有因果关系，即损害后果是违法行为直接造成的。四是主观上的状态，包括过错和无过错两种。

本案中，被告称主观上没有侵权故意，不构成侵权，法院不能予以支持，主要是因为商标侵权不以生产者、销售者在主观上是否存在“明知”的过错为前提，一般以侵权人是否应当注意并且能够注意却未注意作为根据。提交的销售清单、收款收据为什么显示客户名称为蓬莱某眼镜，在生产经营中，时常发生无意间侵犯商标权的情况，只要能够证明通过正规经营渠道即可，一般情况下，有发票、进货单等证明即可证明尽到合理注意义务。本案中，虽然被告也提交了销售清单、收款收据，只是因为账户名称显示蓬莱某眼镜，无法证明与被告关系。这也提醒广大生产经营者，留取单据时尽量严谨规范。

商标侵权案件多发，商家要合法经营，一定要从正规授权厂家进货，切不可贪图便宜，本案中被告栖霞市桃村某眼镜店从济南某有限公司（太阳镜一部）进货，只是贪图便宜，并未考虑该公司有无正规授权，最终造成赔偿后果。对于被侵权人而言，一旦发现自己经营的商标被侵权，要及时固定证据，邀请公证处对证据公正，对实际损失的相关资料进行收集，依法维护自身合法权益。

承办法官：毕　琳

执笔人：毕　琳　邢其栎

第四章

环境资源审判

1. 某绿色生态文化服务中心诉烟台某铜业公司环境污染公益诉讼案*

——依法运用“绿色条款”助力企业生产与生态环境修复共进

【基本案情】

烟台某铜业公司（以下简称铜业公司）主要从事硫酸、硫酸铜、电解铜、有色金属产品的生产及相关金属的批发零售等业务。在生产经营过程中，铜业公司产生并排放含二氧化硫的烟气及中和渣、冶炼渣等固体废物。

铜业公司获准的二氧化硫日均排放浓度限值为300mg/m^3，2017年2月2日至3日，铜业公司因设备故障引起二氧化硫日均排放浓度超标，分别为1694mg/m^3、2886mg/m^3，超过《山东省区域性大气污染物综合排放标准》规定排放标准的4.65倍和8.62倍。2017年7月7日，烟台市环境保护局就铜业公司上述二氧化硫日均排放浓度超标的违法事实作出《行政处罚决定书》，给予铜业公司罚款10万元的行政处罚。2021年8月31日，相关机构作出《生态环境损害赔偿专家评估意见书》，确认2017年2月2日至3日，铜业公司分别超标排放二氧化硫2.36吨、4.13吨，所造成的环境受损及修复损失共计10.5万余元。

2019年1月7日，烟台市生态环境局对铜业公司进行现场检查时发现，铜业公司南厂区西侧、北侧及料仓院内露天堆放了大量中和渣及冶炼渣等固体废物，未达“三防”要求。2019年1月10日，烟台市生态环境局向铜业公司下达《整改通知书》，要求铜业公司“立即停止露天堆放物料及固体废物行为，采取有效‘三防’措施，防止造成扬散、流失、渗漏或者造成其他环境污染”。2019年3月20日，烟台市生态环境局现场复查时发现，该公司精炼

* 参见山东省烟台市中级人民法院（2020）鲁06民初432号民事判决书。

炉南侧中和渣堆放场地仍未采取有效“三防”措施，有流失现象。2019 年 7 月 8 日，烟台市生态环境局就铜业公司上述违法事实作出《行政处罚决定书》，给予该公司罚款 7 万元的行政处罚。

某绿色生态文化服务中心作为专门从事环境保护公益活动的社会组织，向烟台市中级人民法院（以下简称烟台中院）提起公益诉讼，请求判令：（1）铜业公司对其损害环境公益的行为在全国主流媒体向社会公众赔礼道歉；（2）铜业公司消除危险，即采取有效环保措施消除废气、固废等有害物对环境公益的危害风险；（3）铜业公司赔偿损失，即赔偿环境受到的损失及环境受损至恢复原状期间服务功能的损失等。

【办理思路】

烟台中院经审理认为，2017 年 2 月 2 日至 3 日铜业公司因设备故障引起所排放的烟气中二氧化硫含量超标，致使生态环境受到污染、社会公共利益遭受损害，由此造成的包括生态环境修复期间服务功能丧失在内的损失共计 10.5 万余元；2019 年 1 月 7 日及 3 月 20 日，铜业公司均被发现未达防扬散、防流失、防渗漏的“三防”要求，在厂区内露天堆放大量固体废物，且有流失现象。因此，某绿色生态文化服务中心主张该公司实施了污染生态环境、损害社会公共利益的侵权行为，证据确实、充分，法院依法予以认定。

铜业公司在上述污染环境行为发生后积极采取环境保护措施，自 2017 年 2 月 4 日起所排放的烟气中再未发生二氧化硫含量超标情形，露天堆放的固体废物业已清理完毕并采取相应措施处置在生产过程中产生的固体废物。因此，铜业公司所实施的污染生态环境、损害社会公共利益的侵权行为已停止，法院依法予以认定。

某绿色生态文化服务中心具备提起环境污染民事公益诉讼的主体资格，在本案中请求铜业公司就所实施的污染环境侵权行为在全国主流媒体向社会公众赔礼道歉、赔偿因超标排放二氧化硫污染生态环境所造成的经济损失，均符合法律规定，且铜业公司亦表示同意依法承担赔礼道歉及赔偿损失的民事责任，并同意承担某绿色生态文化服务中心主张的相关费用。因此，对某绿色生态文化服务中心的上述诉讼请求，法院依法予以支持。

同时，考虑到铜业公司正面临异地搬迁新建，现有厂区拆除后按国家要求做好厂区场地环境风险评估及土壤修复工作，已被行政主管部门作为新建项目通过竣工环境保护验收的条件并列为项目建设和运行管理中的重点工作，因此，对铜业公司堆放固体废物污染生态环境所产生的损害赔偿问题，法院依法不予并案审理。

烟台中院遂判决：铜业公司于判决生效之日起 30 日内就其污染生态环境、损害社会公共利益的行为在国家级媒体向社会公众刊登赔礼道歉声明，并支付生态环境损害赔偿金 10.5 万余元。该判决现已生效。

【法条链接】

1.《**中华人民共和国民法典**》(2020 年 5 月 28 日)

第一千二百二十九条　因污染环境、破坏生态造成他人损害的，侵权人应当承担侵权责任。

2.《**中华人民共和国环境保护法**》(2014 年 4 月 24 日修订)

第五十八条　对污染环境、破坏生态，损害社会公共利益的行为，符合下列条件的社会组织可以向人民法院提起诉讼：

(一) 依法在设区的市级以上人民政府民政部门登记；

(二) 专门从事环境保护公益活动连续五年以上且无违法记录。

符合前款规定的社会组织向人民法院提起诉讼，人民法院应当依法受理。

提起诉讼的社会组织不得通过诉讼牟取经济利益。

【法官心语】

党的十八大以来，以习近平同志为核心的党中央把生态文明建设摆在全局工作的突出位置，作出一系列重大决策部署，把生态文明建设纳入“五位一体”总体布局，我国的生态环境保护发生历史性、转折性、全局性变化。企业是社会经济发展的推动力，也是生态环境保护的重要参与者。企业生产经营过程中如果只追求经济利益，而忽视了生态环境保护，将会导致环境恶化，最终会对经济和社会造成严重的负面影响。本案中，铜业公司主要从事硫酸、硫酸铜、电解铜、有色金属产品的生产及相关金属的批发零售等业务。在生产经营过程中会产生并排放含二氧化硫的烟气及中和渣、冶炼渣等固体废物。因此，该公司在生产经营过程中更应当注意履行生态环境保护义务。其因设备故障引起二氧化硫含量排放超标的行为，虽已经过相关行政主管部门处理，但因上述行为亦致使生态环境受到污染、社会公共利益遭受损害，故依法应当承担相应民事责任。

同时，生态环境修复是生态环境司法治理的核心内容之一，是实现人与自然和谐共生、实现经济社会可持续发展的重要保障，也是我国《民法典》

“绿色条款”的重要组成部分。《民法典》第1234条规定：“违反国家规定造成生态环境损害，生态环境能够修复的，国家规定的机关或者法律规定的组织有权请求侵权人在合理期限内承担修复责任。侵权人在期限内未修复的，国家规定的机关或者法律规定的组织可以自行或者委托他人进行修复，所需费用由侵权人负担。”本案中，通过判决铜业公司支付生态环境损害赔偿金，有助于及时对受损生态环境进行修复，以实现人与自然和谐共生及经济社会可持续发展。同时，生态环境保护具有公共利益，根据《民法典》第1234条规定，环境公益侵权的请求权主体为“国家规定的机关”和“法律规定的组织”两大类型，本案系法定民间组织提起的环境公益诉讼，规范法定民间组织的环境公益诉讼行为，有助于共同构建生态环境司法治理新格局。

承办法官：王守远
法官助理：谭海慧
执笔人：宋　鹏

2. 牟某诉中铁二十局集团某公司生态破坏责任纠纷案*

——灵活采取查解封保全措施，监督企业承担环保社会责任

【基本案情】

2011 年 1 月 13 日，某居委会与被告中铁二十局集团某公司下设的项目部签订了《临时用地协议》，约定：因修建城际铁路需要，该项目部临时租用居委会土地；租用时间暂定两年，协议签订之日起开始计算租期；该项目部临时租用土地约 39 亩，各项补偿费用共计 1 807 829 元；该项目部因为施工需要对用地范围内地貌、植被可能造成的损坏不承担任何责任和费用；该弃渣场使用完毕后将场地平整，不进行复垦，交还居委会原种植户使用；协议亦约定了其他权利义务。该协议尾部落款处的经办人为本案原告牟某。

2011 年 5 月 25 日，被告下设的项目部与居委会另针对某铁路左侧面积共计 16.515 亩的土地达成协议，补偿各项费用共计 85 万元。

2012 年 12 月 30 日，原告牟某与某居委会签订了《土地承包合同》，约定：居委会原窑厂东，因修建高速，取土修路过程中破坏了原地貌，造成大面积土地被毁，为了改善生态环境，土地资源可持续利用，依据土地复垦相关法律规定，原告于 2003 年投入大量资金从外拉土、雇用机械设备进行了大规模修整复垦种植，并达到了复垦还耕的标准；现根据复垦的相关条例规定及《土地管理法》《农村土地承包法》的有关规定，原告通过复垦方式取得居委会的承包经营权，经双方共同商定，达成如下协议，特立此合同；居委会将辖区内的 76 亩地承包给原告，承包期为 2013 年 1 月 1 日至 2028 年 12 月 31 日；原告承包后应积极治理，在复垦土地上植树、养殖或搞多种经营；经

* 参见山东省烟台市芝罘区人民法院（2021）鲁 0602 民初 6523 号民事裁定书。

有关部门批准可以从事非农业生产，利用承包范围内的林木、粘土、沙石等矿产资源或建造固定设施；合同亦约定了其他权利义务。

后被告施工了城际铁路工程，并将施工过程中产生的渣石堆放在了承包合同中所涉的土地上，且堆放至今。原告认为被告租用原告承包的土地堆放渣石，破坏了生态环境，且未支付相应费用，故请求被告赔偿破坏生态环境损失费用20万元，并支付占用土地费用300万元。被告则抗辩涉案渣石应归被告所有，原告对涉案土地是否享有承包经营权不能明确，故请求驳回原告的诉讼请求。

另外，法院依据原告的申请查封了堆放在涉案土地上的渣石一宗，查封期限为1年。

【办理思路】

烟台市芝罘区人民法院（以下简称芝罘法院）在受理上述案件后注意到，原告提起本案诉讼的请求之一包括被告赔偿破坏生态环境的损失20万元，且可能存在土地生态环境被破坏的情况。另外，原告在诉前向法院申请查封了涉案土地上堆放的渣石，法院亦实际采取了查封措施。考虑到所涉渣石可能存在的破坏生态等情况，承办法官主动依职权对原告的保全申请进行了复查，并组织各方当事人进行调查。在庭审调查中，承办法官细致查明了所涉渣石的产生和堆放过程、双方当事人的争议焦点等内容。根据庭审查明的内容，所涉渣石在被告施工后至原告提起本案诉讼时，已在该土地上堆放近十年时间。涉案土地紧邻已投入使用的某公路一侧，渣石堆放超高，且部分渣石未采取防护措施，存在安全隐患及危害环境因素。另外，因涉案土地项下的渣石堆放多年，且相关防护措施不到位等问题，环保部门多次下达了整改通知。

承办法官审查后认为，财产保全的目的在于防止当事人在法院作出裁决前处分争议标的物、逃避债务，保障生效文书得以执行。本案中，原告请求被告赔偿破坏生态环境损失20万元及占用土地费用300万元；而被告作为国有企业，其具备履行裁判文书确定的金钱给付义务的能力，原被告在本案中的诉讼争议标的物亦并非查封的渣石。另外，渣石堆放超高且紧邻道路一侧，部分渣石未采取防护措施，存在安全隐患及危害环境因素，继续查封不利于安全防控及环保措施的实施，故裁定解除了对涉案渣石的查封。同时，承办法官向双方当事人释明，因考虑到安全及环保问题，双方当事人均应当采取有效措施保障涉案渣石安全，避免发生相关安全事故；如原告要求保全被告的其他财产，可向法院提出申请。上述裁定书作出后，双方当事人均未提出异议，法院亦及时采取了解封措施。

【法条链接】

1.《**中华人民共和国民法典**》（2020 年 5 月 28 日）

第九条 民事主体从事民事活动，应当有利于节约资源、保护生态环境。

2.《**最高人民法院关于适用〈中华人民共和国民事诉讼法〉的解释**》（2022 年 4 月 1 日修正）

第一百六十六条 裁定采取保全措施后，有下列情形之一的，人民法院应当作出解除保全裁定：

（一）保全错误的；

（二）申请人撤回保全申请的；

（三）申请人的起诉或者诉讼请求被生效裁判驳回的；

（四）人民法院认为应当解除保全的其他情形。

解除以登记方式实施的保全措施的，应当向登记机关发出协助执行通知书。

【法官心语】

长期以来，世界各国普遍将污染防治和生态保护视为公法的内容，但随着环境污染和生态破坏日益加重，在习近平生态文明思想引领下，“环境就是民生”“绿水青山就是金山银山”的绿色发展理念成为时代的主流。为了实现人与自然的和谐共生，私法作为私人主体间权利义务关系的调整手段必须作出针对性的回应。针对这种情况，为了更好地保护环境，我国在《民法典》中确立了环境保护原则，增加了有关生态环境保护的“绿色条款”，形成了以习近平生态文明思想为指导的“绿色条款”体系，极大地激发了私法在生态环境治理中的作用。

《民法典》第 9 条明确规定，民事主体从事民事活动，应当有利于节约资源、保护生态环境。这一条款确立了民事活动必须遵循的“绿色原则”，该原则的内涵包括资源的有效利用和环境与生态的保护。本案中，原告在诉前向芝罘法院申请查封了涉案土地项下堆放的渣石一宗，但所涉渣石并非原被告诉争标的物，且被告作为国有企业，亦具备履行裁判文书确定的金钱给付义务的能力。在案件审理过程中，被告并未对原告查封该宗渣石提出异议，但承办法官在案件调查中注意到渣石可能存在的安全和环保风险后，细致审查了案件相关事实。同时，承办法官向双方当事人充分释明了相关风险，如果双方均放任所涉渣石长期堆放，且均拒绝采取有效防护措施，则本案所涉的纠纷可能演变为重大安全事故；无论所涉渣石如何处置，双方当事人应以环境保护和保障安全为前提，自觉承担社会责任。双方当事人在考虑到相关风险后，也都认可法院处理本案的审判理念和思路，在法院出具解封裁定后，均没有提出异议。

环境资源审判工作作为生态文明建设的重要法治保障，是司法机关的法定职责和重要历史使命。法律保障了企业或个人在从事民事活动时的自主权和私权，但民事主体的行为应以“节约资源、保护生态环境”为界限，同时适应时代发展的新理念和新要求，逐步实现经济社会发展与社会生态文明进程的互相统一。

承办法官：成小飞

执笔人：樊　依　成小飞

3. 某电镀厂负责人王某环境污染案*

——“刑事速裁+警示教育”推动企业发展进入“绿色跑道”

【基本案情】

被告人王某，曾用名王某甲，现住所地为山东省烟台市。2020年6月19日，因涉嫌犯污染环境罪，被烟台市公安局福山分局取保候审，2021年4月25日，经山东省烟台市福山区人民检察院决定被取保候审。

山东省烟台市福山区人民检察院以烟福检一部刑诉〔2021〕Z121号起诉书指控被告人王某犯污染环境罪，于2021年9月2日向烟台市福山区人民法院（以下简称福山法院）提起公诉。福山法院依法适用速裁程序，实行独任审判，公开开庭审理了本案。山东省烟台市福山区人民检察院指派检察员崔洪岩、吴慧敏出庭支持公诉。被告人王某到庭参加诉讼。现已审理终结。

山东省烟台市福山区人民检察院指控：2020年5月16日至18日，被告人王某在其经营的烟台市福山区某电镀厂内，安排员工姜某（另案处理）锯断污水排放管，将1.02吨的工业废水未经任何处理排放至电镀车间北侧的土坑内，土坑未做任何防渗措施。经检测，该土坑送检样品总镍检测结果为1570mg/L（《电镀污染物排放标准》为0.5mg/L），超标3139倍；总铜检测结果为6.75mg/L（《电镀污染物排放标准》为0.5mg/L），超标12.5倍。到案后，被告人王某自愿如实供述自己的罪行。其在检察机关已经签署了认罪认罚具结书，且当庭表示对公诉机关指控的罪名、犯罪事实均无异议，认罪认罚是其真实意思表示。且被告人王某在本案宣判前已经足额缴纳了罚金人民币8000元。

---

* 参见山东省烟台市福山区人民法院（2021）鲁0611刑初147号刑事判决书。

【办理思路】

公诉机关就指控的犯罪事实提供了相应的证据予以证实。公诉机关认为，被告人王某违反国家规定，排放污染物，严重污染环境，其行为触犯了《刑法》第338条[①]之规定，犯罪事实清楚，证据确实、充分，应当以污染环境罪追究其刑事责任。其自愿认罪认罚，具有《刑事诉讼法》第15条规定之情形，可依法从宽处理。建议判处六个月以上二年六个月以下有期徒刑，并处罚金。

承办法官在审理时认为，被告人王某违反国家规定，排放污染物，严重污染环境，其行为已构成污染环境罪。公诉机关指控的罪名成立，量刑建议适当，应予采纳。被告人王某如实供述自己的罪行，且自愿认罪认罚，应依法对其从轻处罚。考虑到被告人王某系烟台市福山区某电镀厂的负责人，该企业系小微企业，其负责人的刑罚关乎企业是否能够生存，也关系到企业员工的生计。因此，该案的审理应该坚持“治罪治理并重”的原则，在保护生态环境、惩治违法犯罪的同时，对被告人王某进行生态警示教育，给其一个改过自新的机会，努力实现“办理一个案件，整改一个企业，规范一个行业”的良好效果。

在本案被告人王某对指控的事实、罪名及量刑建议没有异议，并签字具结，在开庭审理过程亦无异议，且判决前足额缴纳罚金的情况下，承办法官依法作出刑事判决，以污染环境罪对王某判处有期徒刑八个月，缓刑一年，并处罚金人民币8000元。宣判后，就宣判内容进行判后答疑，并根据被告人犯罪事实、危害后果进行法庭教育，以案释法，促使其认罪服判，认清危害，预防再犯。

虽然该案对被告人王某判处了缓刑，但通过判后警示教育，被告人深刻认识到非法排污行为的危害性，不仅不利于企业的持续发展，更对生态环境造成严重损害，并承诺以后会将生态环保理念贯穿企业生产经营全过程，切实肩负起绿色发展的社会责任、企业责任。通过适用刑事速裁程序，实现该案的快审快结，提高审判效率，同时强化了刑事审判教育、预防效果，在依法严惩环境犯罪、推进绿水青山生态建设，与助推企业绿色发展之间，找到精准的司法平衡点，快速推动企业发展进入“绿色跑道”。

---

① 该条款系引用2011年5月1日起施行的《刑法修正案（八）》修改的第338条的规定，现该条款已被2021年3月1日施行的《刑法修正案（十一）》修改。

【法条链接】

1.《中华人民共和国刑法》(2023 年 12 月 29 日修正)

第六十七条　犯罪以后自动投案，如实供述自己的罪行的，是自首。对于自首的犯罪分子，可以从轻或者减轻处罚。其中，犯罪较轻的，可以免除处罚。

被采取强制措施的犯罪嫌疑人、被告人和正在服刑的罪犯，如实供述司法机关还未掌握的本人其他罪行的，以自首论。

犯罪嫌疑人虽不具有前两款规定的自首情节，但是如实供述自己罪行的，可以从轻处罚；因其如实供述自己罪行，避免特别严重后果发生的，可以减轻处罚。

第七十二条　对于被判处拘役、三年以下有期徒刑的犯罪分子，同时符合下列条件的，可以宣告缓刑，对其中不满十八周岁的人、怀孕的妇女和已满七十五周岁的人，应当宣告缓刑：

(一) 犯罪情节较轻；

(二) 有悔罪表现；

(三) 没有再犯罪的危险；

(四) 宣告缓刑对所居住社区没有重大不良影响。

宣告缓刑，可以根据犯罪情况，同时禁止犯罪分子在缓刑考验期限内从事特定活动，进入特定区域、场所，接触特定的人。

被宣告缓刑的犯罪分子，如果被判处附加刑，附加刑仍须执行。

第七十三条　拘役的缓刑考验期限为原判刑期以上一年以下，但是不能少于二个月。

有期徒刑的缓刑考验期限为原判刑期以上五年以下，但是不能少于一年。

缓刑考验期限，从判决确定之日起计算。

第三百三十八条　违反国家规定，排放、倾倒或者处置有放射性的废物、含传染病病原体的废物、有毒物质或者其他有害物质，严重污染环境的，处三年以下有期徒刑或者拘役，并处或者单处罚金；情节严重的，处三年以上七年以下有期徒刑，并处罚金；有下列情形之一的，处七年以上有期徒刑，并处罚金：

(一) 在饮用水水源保护区、自然保护地核心保护区等依法确定的重点保护区域排放、倾倒、处置有放射性的废物、含传染病病原体的废物、有毒物质，情节特别严重的；

（二）向国家确定的重要江河、湖泊水域排放、倾倒、处置有放射性的废物、含传染病病原体的废物、有毒物质，情节特别严重的；

（三）致使大量永久基本农田基本功能丧失或者遭受永久性破坏的；

（四）致使多人重伤、严重疾病，或者致人严重残疾、死亡的。

有前款行为，同时构成其他犯罪的，依照处罚较重的规定定罪处罚。

2. **《中华人民共和国刑事诉讼法》**（2018 年 10 月 26 日修正）

第十五条 犯罪嫌疑人、被告人自愿如实供述自己的罪行，承认指控的犯罪事实，愿意接受处罚的，可以依法从宽处理。

【法官心语】

为深入贯彻习近平生态文明思想，践行“绿水青山就是金山银山”的理念，法院应立足审判职能，贯彻落实上级法院关于全面加强生态环境保护，坚决打好污染防治攻坚战要求，全面加强环境资源审判工作，不断提升环境资源审判队伍司法能力和水平，以优质司法服务助力生态屏障建设，助推绿色发展。环境资源的司法保护是一个新课题、新事物，需要社会各界的共同参与和努力。人民法院应加强与环境资源保护行政执法部门、公安机关、检察机关等部门之间的联系，构建各职能部门信息共享平台，实现环境司法与行政执法的无缝衔接。通过严厉打击环境资源违法犯罪，增强人民群众的环保意识和法治理念，努力做推动生态文明建设的引领者、推动者和实践者。

近年来，环境污染问题伴随着经济的发展日益凸显，一些企业或者个人为了利益不择手段，严重污染环境，损害公共利益。人民法院在环境资源案件审理过程中，应坚持完整、准确、全面贯彻新发展理念和“两山”理念，准确把握发展经济与保护环境之间互为基础、互为目标、互相协调的关系，努力找准统筹生态环境、保护经济社会发展和保障民生的平衡点。在刑事审判中，既要高度重视公司企业等实施环境资源犯罪的严重社会危害性，充分考虑公司企业履行赔偿义务与修复责任的资金、技术、人力优势，依法用足罚金刑，严惩公司企业犯罪；又要大力营造安民利企的法治化营商环境，合理认定公司企业犯罪造成的公司财产损失，准确认定公益诉讼中的必要合理费用，依法用好罚金刑，尽量不影响公司企业的正常合法生产经营活动。

“生态环境事关民生福祉，绿水青山离不开司法护航。”福山法院坚持加强环境资源司法保护，为提升生态文明治理能力、构建生态文明治理体系、建设美丽福山提供有力的司法保障。在办理企业污染环境案件时，既要注重惩治犯罪，又要酌定从宽处理，让企业回归社会，通过司法助力辖区加快形成节约资源和保护环境的产业结构和生产方式，以高质量司法服务保障经济社会高质量发展。

承办法官：胡晓宁
法官助理：王艺涵
执笔人：王艺涵

4. 郝某行诉烟台某牧业有限公司环境污染侵权纠纷案*

——环境污染侵权纠纷中原告应承担举证责任

【基本案情】

2017 年，烟台某牧业有限公司在村民郝某行所在村庄租地建鸡棚养殖肉食鸡。该鸡棚与郝某行租赁的土地在同一座山上，且在高处，郝某行的土地位于地势较低处，土地旁边有一面积大约 0.8 亩的水库。2021 年 6 月，该牧业有限公司在其所租赁的地势较高的土地上晾晒鸡粪，时逢大雨，鸡粪被雨水冲刷，顺着排水沟流至低洼处，流到水库中。事情发生后，郝某行向有关部门反映，同时向环保部门举报，要求处理该牧业有限公司污染土地的行为，并要求被告赔偿其损失。环保部门对该牧业有限公司违法晾晒鸡粪对土地造成污染的行为进行了处罚。郝某行要求该牧业有限公司负责人赔偿其经济损失 50 000 元。该牧业有限公司称，在郝某行提出赔偿时，其主张到现场查看情况：如果鸡粪水流到郝某行果园造成果树死亡，其愿意按照一棵 500 元的标准赔偿；如果造成水库的鱼死亡也会进行赔偿。但是，郝某行拒绝该牧业有限公司负责人及政府工作人员到现场查看，双方也未达成赔偿协议。2022 年 11 月，郝某行向烟台市牟平区人民法院（以下简称牟平法院）提起诉讼，要求烟台某牧业有限公司赔偿因鸡粪污染导致死亡的 16 棵苹果树、200 余条鱼以及污染导致水库无法继续养殖的损失合计 74 200 元。

2023 年 3 月 23 日，牟平法院组织原被告双方查看案涉现场。原告郝某行的案涉果园所在的山上是一片梯田，原告的果园处于最低洼的地方，果园旁有一处水库。水库边缘连接着从山上高处下来的排水沟。当时果树尚未发芽，

---

* 参见山东省烟台市牟平区人民法院（2023）鲁 0612 民初 314 号民事判决书。

看不出树木死亡情况。原告用工具扒开果树盘，泥土下确实有比较厚的鸡粪。顺着排水沟往上走，走到最高处的平地，即被告烟台某牧业有限公司晒鸡粪的土地。被告承认在晒鸡粪时因天降大雨，将鸡粪冲到下面土地及水库的事实。但是不认可水库里有鱼死亡，也不认可有 16 颗果树被烧死的事实。

【办理思路】

本案争议焦点：原告提交的证据能否证明其因被告的污染环境行为遭受损失及损失范围，原告是否完成其应当承担的举证责任。

牟平法院经审理认为，从该牧业有限公司的成立时间、经营范围及被处罚的相关情况看，原告郝某行起诉该牧业有限公司具有事实和法律依据。本案是环境污染侵权责任纠纷。《民法典》第 1229 条规定："因污染环境、破坏生态造成他人损害的，侵权人应当承担侵权责任。"环境侵权责任构成要件有三：一是存在侵权行为；二是产生损害后果；三是侵权行为与损害后果之间存在因果关系。因为环境污染侵权是一种特殊的侵权行为，采取的是部分举证责任倒置的规则。根据《民法典》第 1230 条"因污染环境、破坏生态发生纠纷，行为人应当就法律规定的不承担责任或者减轻责任的情形及其行为和损害之间不存在因果关系承担举证责任"的规定，被告承担行为与损害之间存在因果关系的举证责任，而原告需要对被告实施了污染环境的行为、原告受到了损失的事实进行举证，且原告的举证责任是诉讼继续进行的前提。如原告不能完成举证责任，则被告无须对因果关系进行举证。本案中，能够确认被告的鸡粪对原告果园具有影响的事实，原告主张被告的行为造成水库中的鱼、果树死亡，应当提交水库中养鱼、雨水鸡粪进入水库造成鱼死亡；雨水随鸡粪进入果园、造成果树死亡或者烧伤等证据。双方发生纠纷后，原告只是口头表示果树受损，并没有与被告到现场查看，也没有采取其他方式固定现场情况，只是在诉讼中提交了果树照片、死鱼照片及两名证人作为证据，但该照片无法确定系原告涉案果园及果树的照片，照片和证人也均无法证明损失的具体数额。考虑到诉讼成本，原告不申请对损失及范围、被告行为与损失之间具有关联性进行司法鉴定。因原告未完成初步举证责任，被告则无须为其污染行为与原告损害后果之间不存在因果关系进行举证。原告的诉讼请求因证据不足，法院不予支持。

综上所述，原告所诉无事实和法律依据，牟平法院不予支持。依照《民事诉讼法》第 67 条的规定，判决如下：驳回原告郝某行的诉讼请求。

因庭审期间多次对原告作出释明，原告接受了判决结果，未提起上诉。

【法条链接】

《中华人民共和国民法典》（2020 年 5 月 28 日）

第一千二百二十九条 因污染环境、破坏生态造成他人损害的，侵权人应当承担侵权责任。

第一千二百三十条 因污染环境、破坏生态发生纠纷，行为人应当就法律规定的不承担责任或者减轻责任的情形及其行为与损害之间不存在因果关系承担举证责任。

【法官心语】

环境污染侵权是一种特殊类型的侵权行为，采用无过错归责原则，即在举证责任分配上，侵权人应当就其行为和损害之间不存在因果关系承担举证责任，侵权人承担比一般侵权行为更多的举证责任。但是，此种因果关系并不意味着被侵权人无须承担任何证明责任。在 2021 年《最高人民法院关于审理环境侵权责任纠纷案件适用法律若干问题的解释》第 6 条明确了原告证明责任范围，《民法典》施行后继续沿用了该规定，具体是：（1）侵权人排放了污染物或者破坏了生态；（2）被侵权人的损害；（3）侵权人排放的污染物或者其次生污染物、破坏生态行为与损害之间具有关联性。这表明环境侵权责任中的举证责任倒置并未完全排除被侵权人对因果关系的举证责任，被侵权人仍需就环境侵权行为与损害后果之间的因果关系承担初步的举证责任。若作为原告的侵权人完成了初步证明责任，因果关系的证明责任就转移至侵权人一方。

一般来说，如果侵权人不能举证证明排污行为与损害结果不存在因果关系，则只要受侵害人能够证明侵权人排放了污染物、给被侵权人造成了损失以及排放与损失之间存在关联性，侵权人就应当对被侵权人的损失承担责任。但在实践中，即使看起来如此简单的举证，很多被侵权人也难以完成。从审判数据看，85% 的环境污染民事侵权案件发生在农村，被侵权人基本是从事农业生产或者养殖的农民。由于环境诉讼证据的科技性和易灭性，固定证据意识不强，固定证据方式不对等原因，被侵权人往往难以提供为法庭所认可的证据。如农民受到污水、粉尘等污染，农民拍些照片作为证据，但无法证明照片中的树木庄稼是自己果园和田地中的。再如污染物进入环境中，由于空气、土壤、水等有一定的自洁能力，或者污染物与其他物质发生化学反应或者分解反应，污染因子会不断衰减，如不及时固定保存样品，待诉讼时就很难提供反映环境污染客观状态的证据，进而占据有利地位。本案郝某行在损失发生时应第一时间与被告或者政府工作人员到现场确认受损事实，将损害可能性固定为损害现实性，如对方不认可损害事实，则应当通过保存土壤或者水质样本、鱼塘养殖情况视频资料等方式固定证据，为寻求司法保护做好证据准备。

承办法官：沙　燕

执笔人：沙　燕

5. 崔某某与烟台机场公司噪声污染纠纷案*

——环境污染因果关系和赔偿标准的认定

【基本案情】

原告崔某某系烟台经济技术开发区潮水镇崔家村村民。2004 年 3 月 1 日，原告与崔家村村委会签订土地承包合同书，约定原告承包崔家村村委会 2. 81 亩土地，该块土地位于烟台蓬莱国际机场西南方向约 300 米处。原告承包上述土地（实测面积 2666. 68 平方米）后在该块土地上建设办公房 67. 14 平方米、仓库 18. 7 平方米、禽舍及棚 2019. 16 平方米用于养殖肉食鸡，2013 年原告共计养殖肉食鸡 5 批，每批次养殖约 25 000 只鸡。自 2014 年 9 月起，山东航空股份有限公司承担了烟台蓬莱国际机场试飞工作，其中实地试飞工作至 2014 年 11 月 27 日完成。在机场进行试飞过程中及正式运行后，包括原告在内的机场周边四户畜禽养殖户持续向原蓬莱市潮水镇人民政府及原蓬莱市潮水畜牧兽医工作站等单位反映因机场噪声污染造成养殖场出现畜禽死亡、流产、减产等问题，造成巨大经济损失，以上单位相关工作人员到上述养殖场查看，发现上述养殖场均出现畜禽死亡、流产、蛋鸡减产等现象并进行了拍照取证。2015 年 6 月 15 日至 16 日，受原蓬莱市潮水镇人民政府委托，青岛市华测检测技术有限公司对机场周边三处位置（分别为崔家村、后大雪养殖场、葛家庄三处监测点）的飞机噪声进行了检测并出具检测报告，结果为崔家村检测点为 71. 6 分贝（dB），后大雪养殖场为 58. 9 分贝（dB），葛家庄检测点为 72. 5 分贝（dB）。《农业行业标准》关于畜禽环境质量标准“4. 2 舍区生态环境质量表 2”中列明雏禽噪声标准为 60 分贝（dB），成禽噪声标准为

* 参见山东省烟台经济技术开发区人民法院（2021）鲁 0691 民初 2972 号民事判决书。

80 分贝（dB）。因养殖场存在噪声污染导致损失，原告自 2014 年 11 月起不再进行肉食鸡养殖，2018 年 7 月，原告开办的养殖场被政府拆迁。

由此，原告崔某某向烟台经济技术开发区人民法院（以下简称开发区法院）提出诉讼请求，请求判令被告烟台机场公司赔偿因噪声污染给原告崔某某造成的经济损失 916 652 元。开发区法院受理此案后，经过法官审理，最终支持原告主张，结合实际情况判决被告于判决生效后 10 日内赔偿原告崔某某经济损失 291 475. 20 元。

【办理思路】

法官受理此案后，经过审查，明确此案焦点有五：（1）本案原告起诉是否属于人民法院受理民事诉讼的范围；（2）被告是否为本案适格主体；（3）原告方所主张损失与被告方噪声污染有无因果关系；（4）原告方所主张损失应否认定、如何认定；（5）原告方提起本案诉讼是否已过诉讼时效。

针对焦点一，根据《侵权责任法》第 2 条①“侵害民事权益，应当依照本法承担侵权责任”及第 65 条②“因污染环境造成损害的，污染者应当承担侵权责任”的规定，本案原告以被告噪声污染导致其财产权益受损要求被告承担侵权责任，依法属于人民法院受理民事诉讼的范围。

针对焦点二，被告机场公司经营航空运输业，系民用机场管理机构，为烟台蓬莱国际机场提供保障服务并收取费用，被告是本案适格的主体。

针对焦点三，由于环境侵权行为的影响具有累积性、滞后性，致害途径复杂多样的特点，因此我国涉污染环境案件采用举证责任倒置的办法，由污染者证明不存在因果关系。《侵权责任法》第 66 条③规定：“因污染环境发生纠纷，污染者应当就法律规定的不承担责任或减轻责任的情形及其行为与损害之间不存在因果关系承担举证责任。”本案中被告未能举证证明其存在诸如被侵权人过错、受害人故意、不可抗力等不承担责任或减轻责任的情形及其行为与损害之间不存在因果关系，加之经测量涉案噪声鉴定检测值已高于相关国家强制标准中雏禽噪声标准，应当认定被告噪声污染行为与原告损害后果存在因果关系。

针对焦点四，原告方因噪声导致所养肉鸡大量死亡而停止经营养鸡场，损害确实存在，只是数额难以准确确定，考虑到涉案噪声鉴定检测值并未超

① 该法已失效，现对应《民法典》第 1164 条。
② 该法已失效，现对应《民法典》第 1229 条。
③ 该法已失效，现对应《民法典》第 1230 条。

过成禽噪声标准及检测时间仅 2 天，且综合原告养鸡场停止经营后其场地可以经营其他项目或出租他人使用等因素，原告方的经营损失应当以评估价值的 40% 为宜。

针对焦点五，原告自涉案损害发生后至提起本案诉讼前一直通过潮水镇人民政府与被告协商解决赔偿事宜，且涉案噪声污染是持续发生的，因此，原告提起本案民事诉讼未过诉讼时效。

【法条链接】

1. **《中华人民共和国民法典》**（2020 年 5 月 28 日）

第一千二百三十五条 违反国家规定造成生态环境损害的，国家规定的机关或者法律规定的组织有权请求侵权人赔偿下列损失和费用：

（一）生态环境受到损害至修复完成期间服务功能丧失导致的损失；

（二）生态环境功能永久性损害造成的损失；

（三）生态环境损害调查、鉴定评估等费用；

（四）清除污染、修复生态环境费用；

（五）防止损害的发生和扩大支出的合理费用。

2. **《民用机场管理条例》**（2019 年 3 月 2 日修订）

第六十一条第一款 民用机场所在地有关地方人民政府制定民用机场周边地区的土地利用总体规划和城乡规划，应当充分考虑民用航空器噪声对民用机场周边地区的影响，符合国家有关环境质量标准。

【法官心语】

在绿色发展的今天，“绿水青山就是金山银山”的理念早已深入人心，但在经济利益的驱动下，无视生态环境的案件时有发生。本案中严重的噪声污染不单单使被告饲养的畜禽死亡、减产，也给当地生态环境造成了恶劣的影响，给附近居民生活造成了困扰。

生态环境是最普惠的民生福祉，绿水青山离不开司法护航。在实践中，环境资源类案件当事人往往不知何处伸张、如何举证，使得维权变得困难，一些案件往往由于超过诉讼时效而不了了之，当事人的权益得不到有效维护，也不利于及时发现违法违规行为，不利于及时采取有效措施来保护生态环境。随着我国经济建设的快速发展和城镇化水平的提高，新的污染类型层出不穷，这对污染防治工作也提出了新的挑战。

对于此类案件，要提升审判能力和水平。首先，要确定污染类型。不仅常见的废水排放、农田变质等“看得见”的环境恶化属于污染，一些“看不见”的环境破坏，如光污染、噪声污染也都属于环境污染的范围，其造成的破坏往往存在“广泛、持久”的特点，由于这类污染的防治具有可逆性，及时发现及时改进可以挽回的损失是非常可观的。其次，要明确机构责任。环境污染不仅仅受到有关行政机关的行政处罚，一旦造成了法律权益的侵害，就属于人民法院的管辖范围，当事人可根据所造成的损失通过法律途径主张权利，以减少自己所造成的损失。再次，法院在审理过程中要注意因果关系的认定，环境资源案件存在举证难、因果关系论证难的特点，因此举证责任倒置，由污染者就不存在因果关系进行举证，可及时通过委托专业鉴定机构进行鉴定并出具报告，参考相关案例来进行认定，提高司法的主动性。最后，法院应定期向辖区企业和民众进行环境保护普法宣传，提高民众环境保护法律意识。

本案的圆满解决，是开发区法院坚持“司法助企·绿色亮剑”品牌的生动实践。开发区法院将着力构建有利于环境资源案件纠纷及时有效解决的裁判机制，为打造“绿水青山”的营商环境提供优质高效的司法服务和保障，持续擦亮新区优化营商环境“金字招牌”。

承办法官：孟广新
法官助理：刘婷婷
执笔人：鞠宇昕

6. 蓬莱市某建筑用灰岩矿诉张某采矿权纠纷案*

——以适时启动鉴定程序，合理认定实际损失切实保护矿产资源

【基本案情】

2012年7月30日，原告蓬莱市某建筑用灰岩矿作为甲方、被告张某作为乙方签订《蓬莱市某石灰石矿山采场运营承包合同》，约定“乙方全权承包甲方石灰石矿山的采场运营，包括矿山的开采、装运、销售。甲方为乙方无偿提供废石场一处。承包期限五年，从2012年8月16日至2017年8月15日止，每年协商定价一次……甲方责任，负责办理好矿山开采的一切手续，负责办理矿山周围的一切关系，协助乙方处理正常生产范围内的地方关系、工农关系……”2015年7月20日原告向烟台市蓬莱区人民法院（以下简称蓬莱法院）起诉，要求确认原被告签订的涉案承包合同为无效合同，并要求被告将所承包的矿山返还原告。同年9月2日，蓬莱法院对该案作出民事判决，确认原被告签订的涉案承包合同为无效合同，原告返还被告承包金，被告返还原告涉案的灰岩矿山并退出经营。张某对判决不服，提起上诉。2015年12月15日，烟台市中级人民法院作出民事判决：驳回上诉，维持原判。现原告起诉要求被告支付矿石折价补偿款301.39万元。

原被告争议的焦点在于被告经营矿山期间的开采量及扣除成本后采出矿石的价值。原告主张被告自2012年8月开始实际开采至2015年3月，合同被法院确认无效后，双方在2015年年底办理了矿山交接手续。诉讼过程中，因被告未提供其经营涉案矿山期间的账目，原告申请对被告开采经营期间（2012年8月16日至2015年8月2日）蓬莱市某建筑用灰岩矿的灰岩矿石采

---

* 参见山东省烟台市蓬莱区人民法院（2020）鲁0684民初3949号民事判决书；山东省烟台市中级人民法院（2022）鲁06民终1824号民事判决书。

出价值进行评估。法院委托山东某矿产资源评估有限公司进行了评估。法院认为，按照鉴定机构的鉴定意见，采出矿石的市场价扣除成本后除包含矿石本身价值外还包含收益，且采出矿石除人工、机械等成本外还有资本、管理投入，原告要求全部返还显失公平，不符合法律规定。另外，原被告签订涉案合同因违反法律强制性规定被确认无效，原告存在主要过错，应在过错范围内承担相应的法律后果。综合考虑上述因素，酌定被告向原告返还矿石折价款 115.9 万元。

【办理思路】

针对本案争议焦点即被告经营矿山期间的开采量及扣除成本后的采出矿石价值，因被告未提供其经营涉案矿山期间的账目，原告申请对被告开采经营期间矿石采出价值进行评估。被告不同意进行鉴定。蓬莱法院认为，首先经法院多次释明，被告无法提交其经营涉案矿山期间的账目资料，为查明被告经营期间矿山采出价值，原告申请鉴定并无不当，被告反对鉴定无法律依据。被告对鉴定意见不认可，对于被告提出的异议，山东某矿产资源评估有限公司作出回复。其次，评估报告依据的材料为蓬莱市国土资源局备案资料，采用的鉴定方式亦具体明确，因涉案矿区现状与争议发生时发生了较大改变，被告要求鉴定公司通过具体测量等技术手段进行鉴定不具备客观条件，对于被告提出的异议，评估公司已作出答复，该答复无不当之处。对于鉴定机构据以作出鉴定意见的图纸，被告提出会咨询专家并出具意见，但至法庭辩论终结前，被告未提交其所称的专家意见，故应承担相应的不利后果。

对被告实际开采期间的认定。关于被告实际开始开采时间的问题，原告要求自合同签订当月开始计算开采量，但被告接手矿山后为实施开采，组织人力、机械进行边坡角处理、覆土剥采等工作均需要工期，按照鉴定机构确定的计算方式计算被告承包矿山期间的矿石损失不够客观，根据本案实际及施工常理，蓬莱法院酌情对被告实际开采期间适当调减 3 个月。关于被告实际开采经营至何时的问题，原告主张被告自合同签订后一直经营开采至 2015 年 8 月 2 日，被告不认可。关于开采期间的陈述，被告在原审一审中称“我方对灰岩矿开采从 2012 年 8 月份持续到 2015 年 3、4 月份，之后停止开采的原因是原告违约干涉导致无法正常经营”“被告在经营涉案灰岩矿期间即 2012 年 8 月至 2015 年 3、4 月没有账，不能提交”。重审诉讼中又变更陈述为“2014 年 10 月 26 日被迫撤离”。对于被告作出的不同陈述，根据《最高人民法院关于民事诉讼证据的若干规定》第 3 条规定：“在诉讼过程中，一方当事人陈述的于己不利的事实，或者对于己不利的事实明确表示承认的，另一方当事人无需举证证明。”被告在诉讼过程中陈述经营开采期间为 2012 年 8 月至 2015 年 3、4 月，该期间内原告无须举证，蓬莱法院予以认定。因采矿许可证有效期至 2015 年 3 月 7 日，蓬莱市国土资源局某分局及蓬莱市某镇人民政府均证明 2015 年 3 月 7 日后涉案矿山未开采，故对于被告经营开采期间至 2015 年 3 月 7 日的事实，蓬莱法院予以认定。

【法条链接】

1.**《中华人民共和国矿产资源法》**（2009 年 8 月 27 日修正）

第六条 除按下列规定可以转让外，探矿权、采矿权不得转让：

（一）探矿权人有权在划定的勘查作业区内进行规定的勘查作业，有权优先取得勘查作业区内矿产资源的采矿权。探矿权人在完成规定的最低勘查投入后，经依法批准，可以将探矿权转让他人。

（二）已取得采矿权的矿山企业，因企业合并、分立，与他人合资、合作经营，或者因企业资产出售以及有其他变更企业资产产权的情形而需要变更采矿权主体的，经依法批准可以将采矿权转让他人采矿。

前款规定的具体办法和实施步骤由国务院规定。

禁止将探矿权、采矿权倒卖牟利。

2.**《最高人民法院关于民事诉讼证据的若干规定》**（2019 年 12 月 25 日修正）

第三条第一款 在诉讼过程中，一方当事人陈述的于己不利的事实，或者对于己不利的事实明确表示承认的，另一方当事人无需举证证明。

【法官心语】

矿产资源是国民经济发展的物质基础，同时也是环境要素的一部分，保护矿产资源对保护国有资源、实现生态文明具有重要意义。在审理采矿权纠纷时，法官以深入贯彻落实习近平生态文明思想为宗旨，灵活分配举证责任，合理认定实际损失，一方面防止国有资源流失，守护绿水青山的生态环境；另一方面充分发挥审判职能作用，以高质量司法依法维护企业合法权益。

被告经营期间的矿石开采量及扣除成本后的采出矿石价值是本案的关键问题。根据“谁主张，谁举证”的诉讼原则，原告应对其损失进行举证。但本案中被告经营期间的矿石开采量及扣除成本后的采出矿石价值的相关证据由被告掌握，被告作为举证优势方在蓬莱法院多次释明后仍未提交账目资料。为查明被告经营期间矿山采出价值，原告申请鉴定，被告不同意进行鉴定，认为原告将矿山承包给被告应承担全部过错责任，原告不能因合同无效取得超过合同有效情况下的利益。如因此导致原告举证不能而驳回原告诉讼请求，无疑加重了原告的举证责任。为查明事实，法院依原告申请适时启动了鉴定程序。鉴定公司具备相应资格，对涉案矿石价值作出的评估结论依据充分，程序合法，且经庭审质证亦不具有不能作为证据使用的其他情形，故对该评估结论予以采纳并根据实际情况及该评估结论确定的计算方法适当扣减张某承包涉案矿山后进行开采前期工作期间的矿石开采量及相应矿石价值，理据充分。

张某与蓬莱市某建筑用灰岩矿就涉案矿山签订的承包合同已被生效民事判决确认无效，张某基于该合同取得的收益依法应予返还，不能返还或没有必要返还的应对某建筑用灰岩矿进行折价补偿。合同无效后，当事人为此所受损失应根据双方过错程度承担相应责任。原告与被告签订的合同名为石灰石矿山采场经营承包合同，实际上是采矿权的转让合同，违反了法律规定，导致合同无效，原被告对合同的无效均有责任。蓬莱法院综合考量进行矿山开采的收益及资本、管理投入等因素，按双方当事人对造成合同无效后果的过错程度，合理认定实际损失。

本案是一起依法审理企业涉资源保护的典型案件，一方面法院通过适时启动鉴定程序，依法维护了企业的合法权益，防止国有资源流失；另一方面该案也给涉案企业敲响了警钟，违法签订合同导致合同无效，企业自身亦应对合同无效造成的损失承担相应责任。依法合规经营企业，才能走得更稳、更远。

承办法官：李素云

执笔人：李素云　马溶霞

7. 龙口市某果蔬种植专业合作社诉某砖厂环境污染责任案*

——利用证据规则合理分配举证责任

【基本案情】

原告龙口市某果蔬种植专业合作社以其法定代表人邹某刚的名义于2018年7月1日开始承包龙口市某村的土地，并以原告的名义在该承包地内种植蔬菜，2019年4月，原告在涉案土地上种植紫甘蓝。被告某砖厂的经营以煤灰为原料，位于原告种植地的东南方向附近，原告称砖厂距离其紫甘蓝种植地西边最远的地方约300米，北边最远的地方不到300米。原告陈述其2019年4月初种植涉案紫甘蓝，紫甘蓝系先育苗，后从大棚内移栽在地内，5月中旬及6月收割，6月20日左右收割完毕，但其种植的紫甘蓝被被告某砖厂产生的煤灰所污染，收购方拒收，双方协商未果，原告诉至法院要求被告赔偿其损失。

另外，原告称其种植前就知道煤灰对紫甘蓝有影响，为防止煤灰对涉案紫甘蓝产生影响，曾与被告协商，且双方的纠纷由案外人进行过调解，但最终未达成一致意见。

针对涉案紫甘蓝污染系由被告经营的砖厂造成及损失情况，原告提交了被告生产时的现场视频、照片及相关证人证言等，并主张其遭受的损失为209 000元（9500斤/亩×0.275元/斤×80亩=209 000元）。被告不认可其生产经营活动与紫甘蓝的污染后果具有因果关系，亦不认可原告针对损失的计算方式，称原告的紫甘蓝种植地内满地是草，亩产量应按照4000斤计算，对此原告陈述地里有草是因为已经过收购季节，应该是6月初开始陆续收割，

---

* 参见山东省龙口市人民法院（2020）鲁0681民初5575号民事判决书；山东省烟台市中级人民法院（2021）鲁06民终7650号民事判决书。

因为天太热紫甘蓝就会腐烂。

审理中，原告申请对受污染的紫甘蓝亩产量及2019年5月龙口市当地紫甘蓝的收购价进行评估鉴定，经鉴定机构鉴定后出具鉴定意见为遭受污染的紫甘蓝亩产量为7000～12000斤/亩；2019年5月龙口市当地的紫甘蓝收购价格在价格评估基准日期的货币金额为人民币500～600元/吨。

【办理思路】

《侵权责任法》第66条[①]规定："因环境污染发生纠纷，污染者应当就法律规定的不承担责任或者减轻责任的情形及其行为与损害之间不存在因果关系承担举证责任。"2015年《最高人民法院关于审理环境侵权责任纠纷案件适用法律若干问题的解释》第1条第1款[②]规定："因污染环境造成损害，不论污染者有无过错，污染者应当承担侵权责任……"根据以上规定，原告应当就受损害的事实与大小进行举证，被告应当就法律规定的不承担责任或减轻责任情形及行为与损害之间不存在因果关系承担举证责任。根据原告的相关证据，被告经营的砖厂位于原告的承包地附近，且其经营的砖厂没有办理相关营业执照，亦未经过环保部门验收。另根据现场视频所示，被告在用铲车装煤灰时，煤灰随风飘散，考虑煤灰具有附着特性，煤灰附着在紫甘蓝上对其能够造成一定的损害。原被告均知晓被告生产时的煤灰能够对涉案紫甘蓝造成影响，且原告已就该情况与被告沟通，但被告并没有采取有效措施减少、防止煤灰飘散以避免对原告的紫甘蓝造成损害，被告应承担相应的责任。

关于涉案紫甘蓝的亩产量及单价的问题，法院认为，结合原被告的陈述及鉴定报告意见书，考虑原告种植涉案紫甘蓝的生长状况和生长时间及后期疏于管理的情形，亩产量法院酌定按每亩4000公斤计算为宜。关于紫甘蓝单价问题，结合鉴定意见和原被告的陈述，原告主张按每公斤0.55元计算，法院予以照准。

被告作为经营者，对其生产过程中产生的灰尘负有采取必要措施、防止对环境造成污染和危害的义务，其理应在生产煤灰砖时采取防范措施防止灰尘飘散，却并未积极采取相应的防护措施，对损害后果的发生具有过错，应承担一定的责任。另外，原告明知被告生产煤灰砖能够对其种植的紫甘蓝产生损害，在未采取足够防范措施的情况下仍然进行种植，且其在发现涉案紫

---

① 该法已失效，现对应《民法典》第1230条。

② 该司法解释已失效，现对应《最高人民法院关于审理生态环境侵权责任纠纷案件适用法律若干问题的解释》第4条第1款。

甘蓝受损后并没有积极采取合理、适当的措施防止损失扩大，而是放弃了管理和收割，对于损害后果的发生具有过错，亦应承担相应的责任。

综上，根据公平原则，结合本案证据和双方的过错程度、原告未收割紫甘蓝面积、生长情况、市场价格等因素，并参考鉴定意见，法院酌定由被告赔偿原告经济损失 30 000 元为宜。

二审法院同意一审法院裁判意见。

【法条链接】

1. **《中华人民共和国民法典》**（2020 年 5 月 28 日）

第一千二百三十条 因污染环境、破坏生态发生纠纷，行为人应当就法律规定的不承担责任或者减轻责任的情形及其行为与损害之间不存在因果关系承担举证责任。

2. **《最高人民法院关于审理生态环境侵权责任纠纷案件适用法律若干问题的解释》**（2023 年 8 月 14 日，法释〔2023〕5 号）

第四条第一款 污染环境、破坏生态造成他人损害，行为人不论有无过错，都应当承担侵权责任。

【法官心语】

本案中，法院经审理认为，一方面，被告某砖厂在未采取相应防护措施的情况下，将生产过程中产生的煤灰向外排放，煤灰附着在周边原告种植的紫甘蓝上，造成了一定的污染，影响了涉案紫甘蓝的收购，被告作为经营者，对其生产过程中产生的灰尘负有采取必要措施、防止对环境造成污染和危害的义务，其理应在生产煤灰砖时采取防范措施防止灰尘飘散，却并未积极采取相应的防护措施，对损害后果的发生具有过错，应承担相应的责任。另一方面，原告在明知煤灰砖能够对其种植的紫甘蓝产生损害的情况下，仍在未采取足够防范措施的情况下进行种植，且其在发现涉案紫甘蓝受损后并没有积极采取合理、适当的措施防止损失扩大，而是放弃了管理和收割，对于损害后果的发生具有过错，亦应承担一定的责任。

关于原告的损失，根据鉴定报告意见书，考虑原告种植涉案紫甘蓝的生长状况和生长时间及后期疏于管理的情形，亩产量法院酌定按每亩 4000 公斤计算为宜。关于紫甘蓝单价问题，结合鉴定意见和原被告的陈述，原告主张按每公斤 0.55 元计算，法院予以照准。根据公平原则，结合本案的实际情况法院酌定由被告赔偿原告经济损失 30 000 元为宜。

由于经济的快速发展带来资源消耗大、环境污染较为严重、生态系统恶化等影响，已经严重影响我国生态环境安全和经济社会可持续发展。为此，《民法典》对环境侵权责任使用无过错责任原则，即不论污染环境、破坏生态行为主观上有无过错，都应对其污染、破坏造成的损害承担侵权责任。

依法审理环境污染责任纠纷案件，是深化生态环境污染治理的重要内容，通过本案的审理，可以警示教育社会公众及相关从业人员依法依规从事生产经营活动，自觉承担起保护生态环境的社会责任，避免因片面追求经济利益忽视环境保护，对环境保护造成不利后果的行为。

承办法官：王维宽
法官助理：刁敏圆
执笔人：王维宽

8. 被告人王某某等污染环境案*

——打击污染水源犯罪，保障企业正常生产经营

【基本案情】

莱州市人民检察院以莱检未检刑诉〔2016〕71 号起诉书指控被告人王某某、马某某犯污染环境罪，于 2016 年 3 月 25 日向莱州市人民法院提起公诉。该院审查后于当日立案，依法组成合议庭，公开开庭进行了审理。莱州市人民检察院指派代理检察员李文红出庭支持公诉，被告人王某某、马某某及其辩护人江某到庭参加诉讼。现已审理终结。莱州市人民检察院指控，2014 年 2 月至 4 月，被告人王某某、马某某在明知从事盐酸清洗长石颗粒项目违法、会对环境造成污染的情况下，仍在莱州市柞村镇某村沙场院内北侧车间从事盐酸清洗长石颗粒项目。其中被告人王某某提供场地、人员和部分资金，被告人马某某出资建反应池、传授技术、提供设备、购进原料、出售成品。在作业过程中产生 60 吨左右的废酸液，经莱州市环境监测站检测，该废酸液 PH 值小于 2，属危险废物。被告人王某某、马某某将该废酸液储存于北墙外夹道内废弃沉淀池中，废酸液渗漏造成甲石材厂地下水受到污染。后被告人王某某又于 2014 年 4 月 26 日趁下雨将沉淀池内的废酸液排放至墙外某村的排水沟中，流入村北的河流，造成某村附近地下水严重污染，无法正常饮用。之后，被告人王某某又将酸洗长石颗粒后的 20 余吨废盐酸填埋在反应池内。被告人王某某系电话传唤归案，被告人马某某于 2015 年 10 月 29 日在家中被抓获。针对上述指控的事实，公诉机关向法庭提供了相关证据予以证实。公诉机关认为，被告人王某某、马某某违反国家规定，排放、处置危险废物，严重污染环境，其行为触犯了《刑法》第 338 条之规定，应当以污染环境罪

* 参见山东省莱州市人民法院（2017）鲁 0683 刑初 63 号刑事判决书。

追究其刑事责任。提请法院依法惩处。被告人王某某认罪并对起诉书指控的犯罪事实无辩解，被告人马某某认罪并对起诉书指控的犯罪事实无辩解。

【办理思路】

被告人无辩解，其辩护人对公诉机关指控被告人马某某犯污染环境罪的事实及罪名没有异议，但认为具有如下从轻情节：（1）该被告人的主观恶性小。其从事酸洗长石颗粒业务主观上是为了生产经营，无恶意污染环境的故意，不知晓该行为对环境污染的程度。（2）被告人从事酸洗长石行为的时间不长，造成的环境污染后果有限。（3）涉案场地系被告人王某某所有，被告人马某某仅是参与经营，应认定为从犯。综合分析相关案情，即被告人王某某、马某某在明知从事盐酸清洗长石颗粒项目违法、会对环境造成污染的情况下，仍在莱州市柞村镇某村被告人王某某原经营的石材厂院内北侧车间修建反应池，从事盐酸清洗长石颗粒项目。其中被告人王某某提供场地、人员和部分资金等，被告人马某某出资、指导生产、提供设备、购进原料（长石颗粒 100 余吨、盐酸 30 余吨）、出售成品并获利 1 万余元。2014 年 4 月，二被告人将酸洗长石颗粒后产生 60 余吨的废酸液存放于沉淀池内，后渗漏造成甲石材厂地下水受到污染。2014 年 4 月 26 日，趁下雨期间，被告人王某某安排将沉淀池内的废酸液排放至该村排水沟中，流入村北的河流，造成附近地下水严重污染，无法正常饮用。案发后，经莱州市环境监测站检测，该沉淀池内残余废酸液 PH 值小于 2，属危险废物；被告人王某某又将酸洗长石颗粒产生的 20 余吨废盐酸在反应池内就地填埋。经山东省环境保护科学研究设计院鉴定：（1）本案废水池内残留废水属于强酸性废水，应归类于 HW34 类危险废物；（2）渗漏废水对废水池周边土壤和地下水、对河流内水体、对流经该村排水沟周边土壤和地下水造成污染；（3）该危险废物亦属于有毒物质；（4）对本案量化评估的环境损害如下：为酸洗池内受污染沙土的应急处置费用 5.6 万元，生态环境损害费用为偷排水洗废水造成的生态损害修复费用 72 万元，合计为 77.6 万元。合议庭认为，被告人王某某、马某某违反国家规定，排放和处置有毒物质，严重污染环境，其行为侵犯了国家防治环境污染的管理制度，构成污染环境罪。

【法条链接】

《中华人民共和国刑法》（2023 年 12 月 29 日修正）

第六十七条　犯罪以后自动投案，如实供述自己的罪行的，是自首。对于自首的犯罪分子，可以从轻或者减轻处罚。其中，犯罪较轻的，可以免除处罚。

被采取强制措施的犯罪嫌疑人、被告人和正在服刑的罪犯，如实供述司法机关还未掌握的本人其他罪行的，以自首论。

犯罪嫌疑人虽不具有前两款规定的自首情节，但是如实供述自己罪行的，可以从轻处罚；因其如实供述自己罪行，避免特别严重后果发生的，可以减轻处罚。

第三百三十八条　违反国家规定，排放、倾倒或者处置有放射性的废物、含传染病病原体的废物、有毒物质或者其他有害物质，严重污染环境的，处三年以下有期徒刑或者拘役，并处或者单处罚金；情节严重的，处三年以上七年以下有期徒刑，并处罚金；有下列情形之一的，处七年以上有期徒刑，并处罚金：

（一）在饮用水水源保护区、自然保护地核心保护区等依法确定的重点保护区域排放、倾倒、处置有放射性的废物、含传染病病原体的废物、有毒物质，情节特别严重的；

（二）向国家确定的重要江河、湖泊水域排放、倾倒、处置有放射性的废物、含传染病病原体的废物、有毒物质，情节特别严重的；

（三）致使大量永久基本农田基本功能丧失或者遭受永久性破坏的；

（四）致使多人重伤、严重疾病，或者致人严重残疾、死亡的。

有前款行为，同时构成其他犯罪的，依照处罚较重的规定定罪处罚。

【法官心语】

企业的生产经营，离不开水资源。本案是一起被告人违规操作，致使某企业水资源被污染的案件。该案能够成功办结并且取得良好的效果，与证人的作用密不可分，环境污染犯罪侵犯的是公众的权益，证人作证的积极性较高，证人证言很好地还原了案件事实。

被告人王某某、马某某违反国家规定，排放和处置有毒物质，严重污染环境，其行为侵犯了国家防治环境污染的管理制度，构成污染环境罪。公诉机关指控二被告人污染环境的事实及罪名成立。本案中，被告人王某某于案发后经公安机关传唤能够在规定的时间内到指定地点主动归案，并如实供述基本犯罪事实，系自首，可予以从轻处罚；另外能积极采取措施，弥补本案污染环境对当地居民生活产生的影响，取得谅解，亦可予以从轻处罚。被告人马某某归案后能如实供述基本犯罪事实，积极上缴违法所得，可酌情予以从轻处罚；但因从事污染环境行为被行政处罚后仍另行从事该行为，酌情予以从重处罚，故辩护人关于其主观恶性较小的意见，不应采纳。此外，二被告人从事污染环境行为的时间相对较短，亦可酌情予以从轻处罚。在处理环境污染案件时，要着重考虑以下几个方面的因素：（1）保护生态环境：必须要把保护生态环境放在首位，通过法律手段来维护生态环境的平衡和稳定。（2）维护公共利益：环境污染案件往往涉及公共利益的维护，在审理案件的过程中，要注重维护社会公共利益。（3）平衡各方利益：在审理环境污染案件时，要充分考虑各方利益，寻求最佳平衡点，以达到公正、公平的结果。（4）推动可持续发展：必须要把推动可持续发展作为目标，通过法律手段来促进经济、社会和环境的协调发展。

在环境污染案件的审理过程中，要增强宣传环保意识和提高公众的法律意识。为了增强公众对环保问题的理解和认识，案件审理过程中，积极邀请环保专家、学者和相关机构共同参与，提供专业的意见和建议。同时，要借助媒体力量，通过公开审判宣传环保案例，提高公众对环保法律的理解和认识。还要积极拓展环保法律服务，为公众提供更加全面和专业的法律支持。应与当地的环保组织、社区和其他机构合作，共同开展环保法律宣传和咨询服务，帮助公众了解环保法律和自身的权利义务。同时，积极探索建立环保公益诉讼制度，为受到环境污染侵害的公众提供法律援助和司法保障。

承办法官：王金明

执笔人：刘　源

9. 烟台市某再生资源有限公司污染环境案*

——首次由人民检察院作为执行赔偿主体

【基本案情】

被告人王某栋系烟台市某再生资源有限公司（具有处理一般工业固废的资质，以下简称某公司）法人代表，被告人王某敏系王某栋的父亲（负责代表某公司对外联系业务）。2019 年 6 月 17 日，被告人王某敏代表某公司与 A 公司签订一般工业固废处理协议，协议约定 A 公司将生产过程中产生的一般工业固废硅藻土滤渣交由某公司水泥窑协同处理，再生利用。2019 年 6 月至 7 月 9 日，被告人王某敏、王某栋将从 A 公司拉出的硅藻土滤渣通过被告人邢某军联系被告人杨某波寻找倾倒地点后先后多次直接拉到招远市进行倾倒。被告人邢某军在多家配货网站发布配货信息，找大货车司机将硅藻土滤渣从 A 公司拉到招远市，由被告人杨某波负责指挥倾倒至招远市界河流域张星镇小疃段、金岭镇原疃村南沟共 9 车 300 余吨。上述倾倒地点内倾倒的硅藻土滤渣均未按照规定向任何监管部门申报，也未采取任何环保“三防”（防扬散、防流失、防渗漏）措施。经烟台市生态环境局招远分局确定倾倒的固体废物应当认定为有毒物质，倾倒的地点符合渗坑的特征和条件，应当认定为渗坑。招远市人民检察院指控被告人王某敏、王某栋、邢某军、杨某波犯污染环境罪，请求依法判令四被告人王某敏、王某栋、邢某军、杨某波在合理的期限内将其污染的土壤、地下水进行修复，并连带承担生态环境损害恢复已发生的应急管控费用和各类技术服务费用共计人民币 115.77 万元。土壤、地下水生态环境损害恢复费用、效果评估费用、现场固废处置费用共计人民

---

* 参见山东省招远市人民法院（2020）鲁 0685 刑初 100 号刑事附带民事判决书。

币 460.465 万元。

【办理思路】

被告人王某敏、王某栋、邢某军、杨某波在未取得任何环保资质的情况下，违反国家规定，非法倾倒一般固体废物，严重污染环境，其行为构成污染环境罪，公诉机关指控的罪名成立。四被告人及其辩护人辩解，四被告人非法倾倒的是一般固体废物，符合事实和相关法律规定。被告人王某敏、王某栋在故意犯罪中起组织、策划作用，被告人邢某军积极参与犯罪，均系本案的主犯，但被告人王某栋在共同犯罪中所起的作用较被告人王某敏小，可比照被告人王某敏从轻处罚；被告人邢某军在共同犯罪中所起作用较被告人王某栋小，可比照被告人王某栋从轻处罚。被告人邢某军在共同犯罪中起次要、辅助作用，系本案的从犯，依法应从轻处罚；被告人杨某波曾因故意犯罪被判处有期徒刑以上刑罚，刑罚执行完毕后 5 年内再犯应当判处有期徒刑以上刑罚，系累犯，依法应从重处罚。被告人杨某波揭发他人犯罪行为，经查证属实，系有立功表现，依法可从轻处罚。被告人邢某军、杨某波作案后主动投案，并如实供述其犯罪事实，系自首，依法均可从轻处罚；四被告人归案后均如实供述其犯罪事实，依法均可从宽处罚。经过对场地状况进行调查、分析、研究后，确定四被告人在上述地点非法倾倒废弃物对土壤和地下水造成严重污染，损害了社会公共利益，亦应依法承担相应的民事侵权责任，附带民事公益诉讼起诉人的诉讼请求，应予支持。

招远市人民法院依法判决：（1）被告人王某敏犯污染环境罪，判处有期徒刑二年九个月，并处罚金人民币 5 万元。（2）被告人王某栋犯污染环境罪，判处有期徒刑二年六个月，并处罚金人民币 4 万元。（3）被告人邢某军犯污染环境罪，判处有期徒刑二年三个月，并处罚金人民币 3 万元。（4）被告人杨某波犯污染环境罪，判处有期徒刑二年，并处罚金人民币 2 万元。（5）被告人王某敏、王某栋、邢某军、杨某波于判决生效后 30 日内赔偿附带民事公益诉讼起诉人招远市人民检察院经济损失人民币 576.235 万元，由附带民事公益诉讼起诉人山东省招远市人民检察院分别支付招远市张星镇小疃村、招远市金岭镇原疃村地下水、土壤生态环境损害恢复总费用人民币 460.465 万元，应急管控费用 115.77 万元。

【法条链接】

1.**《最高人民法院关于审理环境民事公益诉讼案件适用法律若干问题的解释》**（2020 年 12 月 29 日修正）

第十八条 对污染环境、破坏生态，已经损害社会公共利益或者具有损害社会公共利益重大风险的行为，原告可以请求被告承担停止侵害、排除妨碍、消除危险、修复生态环境、赔偿损失、赔礼道歉等民事责任。

2.**《最高人民法院、最高人民检察院关于检察公益诉讼案件适用法律若干问题的解释》**（2020 年 12 月 29 日修正）

第二十条 人民检察院对破坏生态环境和资源保护，食品药品安全领域侵害众多消费者合法权益，侵害英雄烈士等的姓名、肖像、名誉、荣誉等损害社会公共利益的犯罪行为提起刑事公诉时，可以向人民法院一并提起附带民事公益诉讼，由人民法院同一审判组织审理。

人民检察院提起的刑事附带民事公益诉讼案件由审理刑事案件的人民法院管辖。

【法官心语】

《刑法》第 338 条规定："违反国家规定，排放、倾倒或者处置有放射性的废物、含传染病病原体的废物、有毒物质或者其他有害物质，严重污染环境的，处三年以下有期徒刑或者拘役，并处或者单处罚金；情节严重的，处三年以上七年以下有期徒刑，并处罚金；有下列情形之一的，处七年以上有期徒刑，并处罚金：（一）在饮用水水源保护区、自然保护地核心保护区等依法确定的重点保护区域排放、倾倒、处置有放射性的废物、含传染病病原体的废物、有毒物质，情节特别严重的；（二）向国家确定的重要江河、湖泊水域排放、倾倒、处置有放射性的废物、含传染病病原体的废物、有毒物质，情节特别严重的；（三）致使大量永久基本农田基本功能丧失或者遭受永久性破坏的；（四）致使多人重伤、严重疾病，或者致人严重残疾、死亡的。有前款行为，同时构成其他犯罪的，依照处罚较重的规定定罪处罚。"

招远市人民法院判处被告人刑罚、罚金的同时，判决被告人赔偿公益诉讼人山东省招远市人民检察院经济损失，由公益诉讼人山东省招远市人民检察院分别支付受污染的几个自然村地下水、土壤生态环境损害恢复费用和应急管控费用。《民事诉讼法》第 58 条第 2 款规定："人民检察院在履行职责中发现破坏生态环境和资源保护、食品药品安全领域侵害众多消费者合法权益等损害社会公共利益的行为，在没有前款规定的机关和组织或者前款规定的机关和组织不提起诉讼的情况下，可以向人民法院提起诉讼……”该款规定为检察机关提起刑事附带民事公益诉讼、保护生态环境提供了法律制度保障。但公益诉讼损失赔偿的执行人是法院、检察机关、乡镇政府还是环保部门，法律没有明确规定。招远市人民法院直接将检察机关确定为执行主体，判决损失由被告人赔偿检察机关，再由检察机关支付给受害主体，保证了民事赔偿部分有明确的执行人，为后续赔偿打下了坚实基础。

承办法官：杨蕴健

执笔人：邢其栎

10. 某环保科技公司污染环境案*

——企业管理人员污染环境罪的认定

【基本案情】

被告人刘某某系某环保科技公司负责危废处置的经理，刘某某于2021年10月，以明显低于市场价的价格，将某环保科技公司生产产生的40余吨危险废物（其中装有油渣、油泥的吨桶24个，计31吨，装有废活性炭的吨包9吨），交由无危险废物经营许可证的于某某处置，经齐某某介绍，于某某将该批危险废物交给同样无危险废物经营许可证的被告人朱某某、崔某某处置，被告人朱某某又将该批危险废物通过货车运送至莱阳市，交给无危险废物经营许可证的被告人程某某处置。被告人程某某为牟利，在无危险废物经营许可证的情况下，将该批危险废物存放于莱阳市穴坊镇某饭店院内，先是将废活性炭倾倒在莱阳市穴坊镇某村村南垃圾堆处、村东某扬水站边垃圾处，又将2个吨桶内的废油倾倒在某村东南的污水沟边，后于2022年1月将16个装有油渣、油泥的吨桶弃置在某村村南的土地上，并将8个装有油渣、油泥的吨桶交给被告人叶某某处置。被告人叶某某于2022年1月，在无危险废物经营许可证的情况下，将从程某某处获得的8个装有约10吨油渣、油泥的吨桶运输至海阳市某村南山上，采取直接倾倒的方式，将吨桶内的油渣、油泥等倾倒在土坑内，其中2个吨桶就地掩埋，另6个吨桶被清洗后带回家中使用。经鉴定，被倾倒及弃置的废活性炭和桶装废液、倾倒废液均为危险废物。破案后，某环保科技公司主动交纳环境损害赔偿费用150万元人民币，被告人崔某某退交违法所得2000元人民币，被告人叶某某主动投案并交纳环境损害赔偿费用15 000元，被告人程某某退交违法犯罪所得人民币8000元，被告人

* 参见山东省莱阳市人民法院（2023）鲁0682刑初199号刑事判决书。

朱某某退交违法犯罪所得人民币1500元。

莱阳市人民政府与某环保科技公司于2022年8月1日签订生态损害赔偿协议书，约定由某环保科技公司一次性支付环境损害赔偿费用人民币150万元，由烟台市生态环境局莱阳分局委托专业机构编制生态环境损害修复方案，并组织对修复及治理效果进行评估。2022年8月1日，烟台市生态环境局莱阳分局与山东某环保有限公司签订危险废物处置合同，由山东某环保有限公司修复被污染的涉案生态环境。

【办理思路】

污染环境犯罪是危害生态环境和人类健康的严重犯罪行为，对于其审查认定应该采取科学、严谨、客观的思路。关于本案，承办人将以下几个方向作为审理重点：

1. 分析环境污染行为的危害性。针对办案中遇到的事实认定及取样鉴定问题，以专业机构鉴定意见为依据。烟台市生态环境局莱阳分局委托青岛某环境技术研究院有限公司于2022年1月28日出具的《检验检测报告》、《危险特性鉴别报告》、烟台市生态环境局莱阳分局出具的莱阳市穴坊镇某村南倾倒废物鉴别意见，证实莱阳市穴坊镇某村南非法倾倒、丢弃的不明废弃物中不明废液和疑似废活性炭均属于危险废物。对照《国家危险废物名录》(2021年版)，不明废液代码为“900－000－09”，疑似废活性炭代码为“900－405－06”类危险废物，莱阳市穴坊镇某村水沟内经土壤混合处理过的污泥代码为“900－000－09”类危险废物。在此基础上分析该行为对环境、生态、人类健康等方面的影响程度以及持续时间、范围等因素，综合评价污染行为的危害性。

2. 准确认定被告人的主观过错。司法实践中，判断被告人是否具有环境污染犯罪的故意，应当依据被告人的任职情况、职业经历、专业背景、培训经历、本人因同类行为受到行政处罚或刑事追究情况以及污染物种类、污染方式、资金流向等证据，结合其供述，进行综合分析判断。本案中，被告人刘某某明知本单位产生的危险废物需要由有资质的单位来处理，且跨市区域转移需填写危险废物转移联单并经相关部门批准，仍交由无危险废物经营许可证的于某某处置。经齐某某介绍，于某某将该批危险废物交给同样无危险废物经营许可证的被告人朱某某、崔某某进行处置，被告人朱某某又将该批危险废物通过货车运送至莱阳市，交给无危险废物经营许可证的被告人程某某处置，放任对环境造成的危害。被告人程某某为牟利，在无危险废物经营许可证的情况下非法倾倒，严重污染环境。上述 5 名被告人均具有环境污染犯罪的故意。

3. 考虑处罚措施的适当性和公正性。在审查认定污染环境犯罪时，需要考虑对涉案人员的处罚措施是否适当和公正。需要根据具体情况来定罪从轻、减轻刑罚、从严处理等措施，避免作出不适当和不公正的判决。本案结合 5 名被告人认罪认罚、环境修复资金缴纳等情况，依法作出判决。

综上所述，对于污染环境犯罪案件的审查认定，需要采取科学、严谨、客观的思路，综合评价案件证据的准确性、污染行为的危害性以及主观和客观方面的情况，确保判决结果的公正、合理。

【法条链接】

《中华人民共和国刑法》（2023 年 12 月 29 日修正）

第六十四条 犯罪分子违法所得的一切财物，应当予以追缴或者责令退赔；对被害人的合法财产，应当及时返还；违禁品和供犯罪所用的本人财物，应当予以没收。没收的财物和罚金，一律上缴国库，不得挪用和自行处理。

第六十七条 犯罪以后自动投案，如实供述自己的罪行的，是自首。对于自首的犯罪分子，可以从轻或者减轻处罚。其中，犯罪较轻的，可以免除处罚。

被采取强制措施的犯罪嫌疑人、被告人和正在服刑的罪犯，如实供述司法机关还未掌握的本人其他罪行的，以自首论。

犯罪嫌疑人虽不具有前两款规定的自首情节，但是如实供述自己罪行的，可以从轻处罚；因其如实供述自己罪行，避免特别严重后果发生的，可以减轻处罚。

第三百三十八条 违反国家规定，排放、倾倒或者处置有放射性的废物、含传染病病原体的废物、有毒物质或者其他有害物质，严重污染环境的，处三年以下有期徒刑或者拘役，并处或者单处罚金；情节严重的，处三年以上七年以下有期徒刑，并处罚金；有下列情形之一的，处七年以上有期徒刑，并处罚金：

（一）在饮用水水源保护区、自然保护地核心保护区等依法确定的重点保护区域排放、倾倒、处置有放射性的废物、含传染病病原体的废物、有毒物质，情节特别严重的；

（二）向国家确定的重要江河、湖泊水域排放、倾倒、处置有放射性的废物、含传染病病原体的废物、有毒物质，情节特别严重的；

（三）致使大量永久基本农田基本功能丧失或者遭受永久性破坏的；

（四）致使多人重伤、严重疾病，或者致人严重残疾、死亡的。

有前款行为，同时构成其他犯罪的，依照处罚较重的规定定罪处罚。

【法官心语】

大气资源、水资源、土地资源等，都是人类赖以生存的物质基础，而森林资源、矿藏资源等又为人类的不断发展提供物质保障。但是，一些人环境意识淡薄，无视法律法规，随意倾倒、填埋危险废物，极大地破坏了当地生态环境。

对于本案中的危险废物环境违法犯罪，长期以来存在的范围广、发现难、治理慢等问题，司法实践中，我们应注意以下两点：

1. 注重以点带面，坚持深挖扩线。非法处置危险废物往往涉及生产、出售、购买、运输、加工等多个环节，要坚持“全环节、全要素、全链条”打击，彻底查清犯罪网络，深挖犯罪源头。

2. 注重溯源治理，搭建环保“防火墙”。非法处置危险废物行为严重破坏生态环境，危及人民群众身体健康。法院、检察机关和公安机关通过制发司法建议书、检察建议书、公安建议函等方式，推动相关部门开展规范整治，同时，联合生态环境部门督促相关企业规范化处置危险废物。通过以案释法等方式开展环境污染防治教育，提高社会公众对危险废物污染环境危害性的认识，依靠人民群众共同防治污染环境违法犯罪行为。

近年来，莱阳市人民法院坚决贯彻习近平生态文明思想，立足莱阳市生态环境保护核心，不断完善环境资源审判工作，提升司法保障能力水平，组建专业审判队伍，创新环资审判机制，扩大审判效果，用司法力量兑现“绿水青山就是金山银山”。坚持以最严格制度、最严密法治惩治环境污染犯罪，强化惩治环境污染犯罪刑事政策的贯彻执行，保持对环境污染犯罪的高压态势；准确认定案件事实和适用法律，进一步优化审判执行程序，确保罚当其罪；发挥行政执法与刑事司法衔接机制作用，做好环境污染刑事案件办理的协调配合；加大环境法治宣传教育力度，切实发挥刑事审判的教育引导作用。

未来，莱阳市人民法院将以更加积极的态度、坚定的信心、创新的精神、务实的作风，不断加强环境资源审判工作，为莱阳市生态文明建设与绿色发展保驾护航。

承办法官：姜连涛
法官助理：时晓娜
执笔人：时晓娜

11. 孙某某非法采矿案*

——公益诉讼助力环境保护

【基本案情】

海阳市人民检察院指控：2019 年 5 月，被告人孙某某以其实际控制的海阳市某农业科技有限公司（以下简称 A 公司）从于某某处承包海阳市某石材有限公司（以下简称 B 公司）关停矿山地质环境恢复治理工程，后又将该工程转让给其实际控制的海阳市某环境治理有限公司（以下简称 C 公司）。2019 年 7 月至 2021 年 3 月，被告人孙某某为非法获利，在未取得采矿许可证的情况下，借环境修复之名，在海阳市东村街道大磊石村西北山非法开采 15 495 立方米饰面用花岗岩并对外售卖，获利共计人民币 689 万元。

海阳市人民法院经审理查明：于某某 2010 年至 2011 年在海阳市东村街道办事处大磊石村村西北山以 B 公司名义采矿。2019 年 5 月海阳市自然资源和规划局向于某某下达通知，责令恢复整改。同月，被告人孙某某以其实际控制的 A 公司从于某某处承包 B 公司关停矿山地质环境恢复治理工程，后又将该工程转让给其实际控制的 C 公司。2019 年 7 月至 2021 年 3 月，被告人孙某某为非法获利，在未取得采矿许可证的情况下，借环境修复之名，在海阳市东村街道大磊石村西北山非法开采 15 495 立方米饰面用花岗岩并对外售卖，获利共计 689 万元。

上述事实有证人于某某、李某某、邵某某、柳某某等的证言，被告人孙某某的供述与辩解，现场勘测笔录，鉴定意见，书证等证据予以证实，证据确实、充分，达到案件定罪的标准。

海阳市人民法院于 2023 年 3 月 29 日作出（2023）鲁 0687 刑初 28 号刑事

---

* 参见山东省海阳市人民法院（2023）鲁 0687 刑初 28 号刑事附带民事判决书。

附带民事判决书：（1）被告人孙某某犯非法采矿罪，判处有期徒刑四年六个月，并处罚金人民币 20 万元。（2）对被告人孙某某非法所得人民币6 890 000元予以追缴，上交国库。（3）被告人孙某某赔偿因非法采矿行为破坏山体需要生态恢复的各项费用人民币 213 100 元。

【办理思路】

本案的关键问题：（1）孙某某是否构成犯罪？（2）依法为损害环境应承担的赔偿金额是多少？（3）本案是否构成单位犯罪？

1. 关于是否构成犯罪的问题。海阳市人民检察院指控，被告人孙某某为非法获利，在未取得采矿许可证的情况下，借环境修复之名，在海阳市东村街道大磊石村西北山非法开采 15 495 立方米饰面用花岗岩并对外售卖，其行为构成非法采矿，应当以非法采矿罪追究其刑事责任，并依法承担修复生态环境的赔偿责任。辩护人辩称，石料办理采矿许可证不切实际，非法采矿应认定超设计范围外 3 米，未超部分应不予认定，烟台市公共资源交易中心海阳分中心成立时间是 2020 年 10 月 27 日，在此之前个人或企业可以销售。

法院经查，非法采矿是指在未取得采矿许可证的情况下擅自采矿，主要包括的情形如下：无采矿许可证开采矿产资源的；采矿许可证被注销、吊销后继续开采矿产资源的；在采矿许可证被依法暂扣期间擅自开采的；超越采矿许可证规定的矿区范围开采矿产资源的；未按采矿许可证规定的矿种开采矿产资源的（共生、伴生矿种除外）；以及其他未取得采矿许可证开采矿产资源的情形。法院认为，被告人孙某某在恢复治理期间内，产生的石料应用于恢复治理，其在未取得采矿许可证的情况下，将开采石材对外销售，构成非法采矿罪，烟台市公共资源交易中心海阳分中心成立时间不影响犯罪的成立。

2. 关于承担赔偿金额问题。根据海阳市自然资源和规划局出具的孙某某非法采矿一案地质环境恢复治理设计方案，认定治理项目工作费用概算为 21. 31 万元，费用具体包括勘察设计费 2 万元、施工费 13. 06 万元、监理费 2. 25 万元、项目审计费 2 万元、竣工验收费 2 万元。该部分费用依法应当由被告人孙某某承担。

3. 关于本案是否构成单位犯罪的问题。本案被告人孙某某为非法采矿而成立公司，以其实际控制的 A 公司从于某某处承包 B 公司关停矿山地质环境恢复治理工程，后又将该工程转让给其实际控制的 C 公司，实际上是个人为进行违法犯罪活动而设立公司实施犯罪，依法不属于单位犯罪，以孙某某个人构成非法采矿罪定罪，符合司法解释的规定，公诉机关以被告人孙某某犯非法采矿罪指控其犯罪，法院应予以支持。

【法条链接】

1.《**中华人民共和国刑法**》（2023 年 12 月 29 日修正）

第三百四十三条第一款 违反矿产资源法的规定，未取得采矿许可证擅自采矿，擅自进入国家规划矿区、对国民经济具有重要价值的矿区和他人矿区范围采矿，或者擅自开采国家规定实行保护性开采的特定矿种，情节严重的，处三年以下有期徒刑、拘役或者管制，并处或者单处罚金；情节特别严重的，处三年以上七年以下有期徒刑，并处罚金。

2.《**中华人民共和国民法典**》（2020 年 5 月 28 日）

第一千一百六十五条 行为人因过错侵害他人民事权益造成损害的，应当承担侵权责任。

依照法律规定推定行为人有过错，其不能证明自己没有过错的，应当承担侵权责任。

3.《**中华人民共和国刑事诉讼法**》（2018 年 10 月 26 日修正）

第十五条 犯罪嫌疑人、被告人自愿如实供述自己的罪行，承认指控的犯罪事实，愿意接受处罚的，可以依法从宽处理。

【法官心语】

非法开采矿产资源不仅会造成国家资源损失，还会对生态环境造成严重破坏，甚至引发地质灾害风险和安全生产隐患，危害群众生命健康安全。非法采矿行为通常以较低的成本造成巨大的损害，破坏的生态环境修复难度大，特别是矿山地质环境治理对修复技术要求高，对修复资金需求极大。

近年来，非法采矿呈现犯罪手段多样化特点，犯罪隐蔽性更强。为了使犯罪行为不易被发现，盗采矿产资源犯罪开始呈现由传统无证开采向披着合法外衣而行盗采之实转变的趋势，有的不法分子打着合法经营的幌子，恶意超范围开采，有的披着参与正规建设项目的合法外衣，私自在施工过程中偷挖乱采，种种行为均是非法采矿行为的变形。非法采矿既违反了国家对矿产资源和矿业生产的管理制度，也造成了生态环境和资源破坏。禁止一切形式的非法采矿行为是立足于长远的有利之举，对于环境、社会未来的发展以及群众未来的生活具有至关重要的作用。

本案中经查清的事实是孙某某实施了未取得采矿许可证擅自采矿的非法

行为，且当地生态环境遭到孙某某非法行为的破坏，损害了社会公共利益。检察机关发挥自身公益诉讼的职能，在依法履行诉前公告程序后提起公益诉讼，请求孙某某承担生态恢复费用。海阳市人民法院经审理后依法作出判决，被告人孙某某依法应当承担刑事责任的同时，而且应当承担生态环境损害民事赔偿责任。本案是完善非法采矿类等生态环境损害刑事附带民事公益诉讼案件的有益探索，是人民法院贯彻落实修复性司法理念，确保受损的生态环境得到及时有效修复的生动实践。

自然资源并非取之不尽用之不竭，非法采矿危害严重。对待非法采矿类案件严肃处理，有利于遏制非法采矿等破坏土地资源的犯罪行为，也能够对他人和社会起到警示和震慑的作用。在今后，海阳市人民法院将进一步加大非法采矿类案件审理力度，精准、规范办理非法采矿类公益诉讼案件，提升办案质效，充分发挥和彰显审判对于保护矿产资源和环境的独特效能，实现法律效果与社会效果的统一。

承办法官：祁华民

执笔人：杨晓彤

第五章

执行案件

1. 山东某集团公司诉某财务公司同业拆借纠纷案*

——探索创新“预处罚”执行手段解决新型资产变价问题

【基本案情】

2022 年 3 月 10 日，烟台市芝罘区人民法院（以下简称芝罘法院）受理了两起山东某集团公司诉某财务公司同业拆借纠纷的案件，这两起案件的标的额共计 3000 万美元，由于原被告均为上市公司，且标的额巨大，案件迅速引起了法院的重视。

承办法官在查阅山东某集团公司提交的材料后迅速联系其代理人了解相关案情，得知被告某财务公司因经营需要先后两次通过全国银行间同业拆借中心向原告借入资金共计 3000 万美元，到期后一直未返还原告山东某集团公司借款本金及利息，遂原告将被告某财务公司诉至法院。

“被告企业是因为经营困难而无力偿还欠款。”在案件审理的过程中，承办法官发现某财务公司并非恶意拖欠借款，并且其主动提出想与山东某集团公司协商解决该两起案件。在对案情进行反复研究后，承办法官经原告代理人了解到山东某集团公司已与案外人山东某有限责任公司签订了股权质押协议。承办法官依据山东某集团公司的申请将山东某有限责任公司追加为共同被告，与此同时，芝罘法院诉前保全团队也第一时间向聊城、威海等多地法院开具委托执行函，对涉案质押股权采取了保全措施，并最终促成双方达成调解协议。

后因多方原因，被告某财务公司和山东某有限责任公司未能按约履行还款义务，某财务公司也因经营不善、资金紧张等原因无法继续运行，已向法

* 参见山东省烟台市芝罘区人民法院（2022）鲁 0602 执 3013 号执行裁定书；山东省烟台市芝罘区人民法院（2022）鲁 0602 民初 2126 号民事调解书。

院申请进入破产程序。"一旦破产审批通过，那公司的欠款就更难要回来了。"为此，原告山东某集团公司紧急向法院提交了强制执行申请，请求法院协助其要回欠款，该案也在第一时间转至芝罘法院执行局执行团队法官手中。

【办理思路】

芝罘法院执行局在案件立案后第一时间采取了执行措施，一周内先后两次赴济南对被执行人银行存款、被执行人对第三人享有的到期债权等财产采取划拨等强制执行措施，向近十家相关金融机构和第三人企业送达相应法律文书，在立案后一个月时间内执行到位案款5500余万元，及时兑付了申请执行人部分债权。

"跑腿的活儿不算难，难的是啃这些新型资产的'硬骨头'。"芝罘法院执行局法官修晓鹏表示，除上述已执行完毕的财产外，被执行人剩余可供执行的财产系其持有的"集合资产管理计划"份额。"之前我们从未接触过这种新型理财产品的执行案件。"为了能够专业高效地处置这部分新型资产，修晓鹏执行团队先后奔赴广州和上海与管理人沟通处置方案，多次听取、反馈申请执行人诉求，并向专业法官会议汇报意见。

起初，管理人以发布"暂停退出公告"为由拒绝协助法院变价。为此，修晓鹏执行团队多渠道学习金融专业相关理论知识，并调取相应证据材料、查找可借鉴案例，创新运用"预处罚"等灵活执行手段，让管理人主动配合法院协助卖出"集合资产管理计划"底层资产，直至将未违约底层资产全部卖出，变价大部分管理计划份额。据了解，修晓鹏执行团队累计执行该部分剩余到位案款4000余万元。

就当执行团队以为一切都走上了"正轨"时，被申请执行人又给执行工作出了难题。"集合资产管理计划"管理人向法院来函，告知因管理计划投资的剩余底层资产多数系私募债券，违约率高，剩余份额变价十分困难，案件也因此再一次陷入僵局。

为了尽可能快速高效地兑现申请执行人权益，执行团队主动与申请执行人沟通，调取了管理计划底层资产明细等材料，从中寻找能够继续推进案件执行的"蛛丝马迹"。"我们发现被执行人除管理计划份额外，还持有债券可以执行。"找到了执行"突破口"的修晓鹏团队还没来得及松口气，又发现该笔债券系协议质押回购业务的抵押物，存在无法带押处置等诸多障碍，甚至全国都无先例可循。

"没有捷径可走就只能'摸着石头过河'了。"为充分保障申请执行人的胜诉权益，执行团队先行冻结了该笔债券资金账户，后多次去函与债券质权人沟通协调，同时向证券公司专业人士请教，加班加点研究探讨、制定实施方案。修晓鹏执行团队专业严谨的态度也最终让质权人同意法院在保证其优先享有受偿权的前提下解除质权进行处置。由此，本应持续至少一个月处置周期的案款缩短至了一周，债券也成功变卖，再次执行到位案款3800余万元，案件至此也得以圆满落幕。

【法条链接】

《中华人民共和国民事诉讼法》（2023年9月1日修正）

第一百二十条　采取对妨害民事诉讼的强制措施必须由人民法院决定。任何单位和个人采取非法拘禁他人或者非法私自扣押他人财产追索债务的，应当依法追究刑事责任，或者予以拘留、罚款。

第二百五十三条　被执行人未按执行通知履行法律文书确定的义务，人民法院有权向有关单位查询被执行人的存款、债券、股票、基金份额等财产情况。人民法院有权根据不同情形扣押、冻结、划拨、变价被执行人的财产。人民法院查询、扣押、冻结、划拨、变价的财产不得超出被执行人应当履行义务的范围。

人民法院决定扣押、冻结、划拨、变价财产，应当作出裁定，并发出协助执行通知书，有关单位必须办理。

【法官心语】

随着我国经济社会的高速发展，执行工作也面临越来越多的挑战。作为一名基层法院法官，除每天要面对数量众多的执行案件外，还要应对层出不穷的新类型财产的执行。如何在新时代运用大智慧更好地解决“执行难”问题成为我们需要思考的新课题。

本案执行过程中查控到的被执行人财产除常见的银行存款和对第三人享有的债权外，被执行人还持有证券公司发行的“集合资产管理计划”份额，针对该种类型理财产品的执行尚系首次。芝罘法院第一时间成立了涉企案件执行专班，执行局积极探索处置方案，执行法官多渠道钻研金融业务知识。为及时兑付申请执行人债权，依照《民事诉讼法》第253条规定，芝罘法院作出执行裁定书及协助执行通知书，要求管理人协助变价被执行人持有的“集合资产管理计划”份额。但管理人函复芝罘法院，因上述“集合资产管理计划”投资的底层资产违约率较高，管理人已公告暂停退出，故不能履行协助义务。经多次与上述“集合资产管理计划”管理人、托管人斡旋沟通，执行法官先后赴广州、上海了解相关情况，加之芝罘法院灵活运用“预处罚”机制，管理人最终在较短时间内陆续卖出底层资产，协助变价“集合资产管理计划”部分份额，累计执行到位案款4100余万元。

就在案件执行按照既定方案有序推进之际，“集合资产管理计划”管理人向芝罘法院来函，告知除已变价份额外，因“集合资产管理计划”投资的底层资产除已卖出部分外，剩余资产全部系私募债券，均已违约，已无法变价。芝罘法院遂调取了“集合资产管理计划”资金托管专用账户流水、季度资产报告、底层资产明细等材料，从中寻找“蛛丝马迹”。在芝罘法院不懈坚持下，发现了被执行人还持有债券可以执行，但经询问证券公司、中国证券登记结算公司及上海证券交易所，该笔债券系协议质押回购业务的抵押物，存在无法带押处置等诸多障碍，甚至在全国都无先例可循。芝罘法院在积极查找相关案例制定处置方案的同时，为保证申请执行人的权益，先行冻结了债券资金账户。之后，芝罘法院数次前往证券公司商讨，在保证质权人权利的前提下，依法作出变卖裁定书和协助执行通知书，通过证券公司顺利将债券变卖，再次执行到位案款3800余万元。

“法律之明了，不尽在其条文之详尽，乃在其用意之明显，而民得其喻也。”面对越来越多新类似理财产品的执行，执行法官既要做到“有据可循”，也要积极探索、敢于创新，让申请执行人的胜诉权变成“真金白银”，在实现公平正义的“最后一公里”发力、见效。

承办法官：修晓鹏

法官助理：张守军　王小萌　宫小荃

执笔人：樊　依

2. 某武术体育有限公司劳务合同纠纷案*

——创新运用“执行四步工作法”纠正企业错误思想

【基本案情】

王某自2021年4月至2022年5月在某武术体育有限公司帮工，某武术体育有限公司未支付王某帮工期间工资；王某向福山区劳动人事争议仲裁委员会提起劳动仲裁，要求该公司支付其经济补偿及工资共计4000余元，劳动人事争议仲裁委员会对王某的请求予以裁决支持；该公司对裁决结果不服，遂向福山区人民法院（以下简称福山法院）提起诉讼，要求撤销上述仲裁裁决，福山法院依法审查后，对仲裁裁决结果予以认可，判决该公司应支付王某人民币共计4000余元；后因该公司未主动履行，王某向福山法院申请强制执行。在执行过程中执行干警与该公司员工吴某取得联系，吴某称自己已从该公司离职，且该武术体育有限公司已经将公司厂房转让给其使用，案件执行情况与其无关；后执行干警到该武术体育有限公司进行实地走访，发现该公司仍在正常运营，执行干警通过该公司印刷名片与李某取得联系，李某称自己与该公司无关，该公司法定代表人为田某，法院可直接与田某进行联系。后经深入调查，发现吴某系某体育有限公司实际控制人，李某系吴某妻子，自2021年起至2023年7月止担任该公司法定代表人，2023年7月，该公司法定代表人由李某变更为田某。该起案件一审判决日期为2023年4月，法定代表人的变更发生在案件判决之后。执行干警敏锐认识到武术体育有限公司存在“拒执”行为，综合考虑案件标的额较小、公司运营状况良好、确保企业持续发展等多方情况，福山法院执行干警再次面对面与该公司实际控制人吴某进行沟通，通过“执行四步工作法”层层深入，最终促使其主动缴纳

* 参见山东省烟台市福山区人民法院（2023）鲁0611民初943号民事判决书；山东省烟台市中级人民法院（2023）鲁06民终4920号民事裁定书。

案款。

【办理思路】

案件办理过程中，执行干警步步为营、稳扎稳打，从被执行人员工的话语中一点点发现问题，通过实地走访、调查的方式逐步厘清被执行人逃避执行的思路与方式，最终通过“执行四步工作法”促使被执行人主动履行义务。

1. 积极与被执行人联系。执行干警多次与某武术体育有限公司员工吴某进行联系，吴某一方面声称自己已不在该公司工作，案件执行与其无关；另一方面又表示该公司的经营场地已转让给其新公司使用，且对案件执行进展十分关心。吴某的表述前后矛盾，引起了执行干警的怀疑。

2. 实地走访、调查。执行干警前往该公司的经营场所进行调查，发现经营场所仍是该公司在正常使用。在与经营场所名片所留电话联系后，联系人李某也表示已经离职，但仍对案件执行进展十分关注，且对公司新任法定代表人为田某的事实非常清楚，这一表现再次引起了执行干警的注意。执行干警赶赴市场监督管理局、行政服务审批局进行调查，发现李某原系该公司法定代表人，2023 年 7 月该公司法定代表人才变更为田某，此时案件一审判决已经生效。同时，未发现吴某所述经营场所已经转让给新公司使用的有关证据。后经户籍查询，吴某与李某系夫妻关系。最终，法院确定吴某与李某系该公司实际控制人，其变更法定代表人以及声称经营场所变更等事项均是为了逃避法律执行而采取的措施。

3. 运用“执行四步工作法”，打消被执行人侥幸心理，使其知晓逃避执行应当承担的法律后果，促使其主动履行义务。首先，“动之以情”。执行法官从传统武术和谐、自强的精神内核出发，与之分享习武之人应有的道德素养与家国情怀，使之切实认识到武术教育最为核心的任务在于培育人的道德与精神。其次，“晓之以理”。执行法官从企业经营角度出发，向其阐述了诚信经营与遵纪守法的重要性，使其从内心理解履行法定义务是每一个企业与自然人应尽的义务与责任。再次，“明之以利”。执行法官设身处地地从其角度出发，告知其依法履行义务，对于企业正常经营、家庭和睦等具有重要的意义，使其真正认识到人民法院执行工作是在切实为其化解纠纷而努力。最后，“责之以法”。执行法官细致分析了其行为已经涉嫌构成拒不执行生效判决、裁定罪，若不及时悔悟，难免造成悔之不及的后果，彻底消除了被执行人的侥幸心理。

【法条链接】

1. **《中华人民共和国刑法》**（2023 年 12 月 29 日修正）

第三百一十三条　对人民法院的判决、裁定有能力执行而拒不执行，情节严重的，处三年以下有期徒刑、拘役或者罚金；情节特别严重的，处三年以上七年以下有期徒刑，并处罚金。

单位犯前款罪的，对单位判处罚金，并对其直接负责的主管人员和其他直接责任人员，依照前款的规定处罚。

2. **《中华人民共和国民事诉讼法》**（2023 年 9 月 1 日修正）

第二百四十七条　发生法律效力的民事判决、裁定，当事人必须履行。一方拒绝履行的，对方当事人可以向人民法院申请执行，也可以由审判员移送执行员执行。

调解书和其他应当由人民法院执行的法律文书，当事人必须履行。一方拒绝履行的，对方当事人可以向人民法院申请执行。

【法官心语】

企业是社会经济发展的重要动力，在当下经济社会复苏、烟台冲刺万亿之城的关键节点，以司法引领企业良好发展是人民法院的重要责任。平衡好企业健康持续发展与当事人合法权益的保护，需要执行干警发挥智慧与能动性，将依法执行与善意执行相结合，对某些“一时糊涂”的企业及时挽救，学会综合运用“执行四步工作法”，逐步打消被执行企业的侥幸心理，唤醒企业的社会担当。

“执行四步工作法”，即动之以情、晓之以理、明之以利、责之以法。四步工作法既相互配合、共同作用，又有其内在逻辑。首先以共情消除被执行企业的抵触心理，使之感受到人民法院是从其立场出发为其考虑；其次以道理使其知晓作为一个企业、作为一名企业家遇到法律纠纷应通过法律手段解决的重要性，使其认识到履行法定义务的必要性；再次以利益使其了解到逃避执行只会损害自身利益，只有积极配合法院执行才能最大程度地保障自身合法权益，切莫因一时侥幸而陷入无可挽回的违法深渊；最后以法律责任向其告知若一意孤行、拒不执行将会承担刑事责任的严重法律后果，使其在内心对法律的威严产生敬畏。

运行“执行四步工作法”，使其从价值引领与违法正反两方面认识到积极配合法院执行的必要性与重要性，一方面，既可以保证申请执行人的工资可以快速得以追回；另一方面，又能让本身经营良好的企业继续健康发展，切实避免了因为企业经营人法律意识淡薄而导致企业及经营者自身误入“犯罪”的歧途。

“执行四步工作法”是在执行工作中对法理与人情的深度结合，切实让案件当事人在案件执行中感受到司法的尺度与温度。这是福山法院在全面贯彻“小案事不小，小案不小办”工作原则过程中的全新探索，致力于通过执行案件办理达到“惩治一个、警示一批、教育一片”的效果目标，切实发挥司法行为在奏响社会主旋律、弘扬社会正能量中的重要作用。

承办法官：李雪霞

法官助理：王明达

执笔人：王明达

3. 某资产公司资产债权执行案*

——“能动释法+司法建议”融入评估拍卖全流程

【基本案情】

烟台市莱山区人民法院于2022年8月26日立案执行申请执行人某资产公司与被执行人深圳某照明公司、深圳A公司、方某某借款合同纠纷一案，其执行依据是（2022）鲁0613民初1215号民事判决书，判决内容如下：（1）被告深圳某照明公司偿还原告某资产公司借款本金3500万元，并支付利息及逾期利息；（2）被告深圳A公司、方某某对上述债务承担连带责任；（3）原告某资产公司对被告深圳B公司提供质押的烟台某担保公司3706万元股权及其派生权益在《股权质押协议》约定范围内享有优先受偿权；（4）被告深圳A公司、方某某承担担保责任后，有权向被告深圳某照明公司追偿。判决生效后，三被告未履行法律义务，原告某资产公司申请强制执行。经执行网络查控系统查询，三被告名下均无银行存款、车辆、不动产等资产，唯一可供执行的财产就是深圳A公司提供质押的烟台某担保公司3706万元股权。因三被执行人远在深圳，执行局承办法官秉持减少当事人诉累的理念，在执行过程全流程融入能动履职。从涉案股权的评估方式选择（双方当事人议价）到司法建议烟台某担保公司股东放弃优先购买权，再到涉案股权拍卖时间节点的把控（一拍流拍后即以物抵债），全流程向双方当事人释法明理，用最快速、最经济的方式主导涉案财产评估拍卖全过程。从涉案股权评估到最后通过抵顶流拍后的股权结案（抵顶后尚有部分债务，申请执行人放弃执行），仅用时一个半月，最大限度维护了申请执行人的权益，有效降低了国有资产流失的风险，同时减轻了外地当事人的诉累，实现了双赢的社会效果。

---

* 参见山东省烟台市莱山区人民法院（2022）鲁0613民初1215号民事判决书；山东省烟台市莱山区人民法院（2022）鲁0613执913号执行裁定书。

【办理思路】

1. 本案执行之初就要确定该案是否有财产可供执行。通过执行网络查控系统查询并且通过阅卷得知，本案有财产可供执行，且该财产已在保全阶段查封，可以通过评估拍卖的方式执行该财产。最主要的是做到能动履职，要及时告知申请执行人法院查询被执行人的财产情况及整个执行过程的大致流程，给申请执行人“吃上定心丸”，确保不发生涉执行信访事件。

2. 以当事人为本。三被执行人均远在深圳，到执行法院所在地（烟台）路途遥远，来往不便。要从减轻被执行人诉累的角度出发，降低在案件执行过程中对财产执行的对抗情绪，方便进一步做沟通交流工作。在整个执行过程中，涉及送达的问题时，尽量采用电子送达（电话、微信、短信）的方式，有必要送达纸质材料的情形则通过邮寄送达的方式。

3. 全流程能动履职。因要处置的财产系公司股权，而非银行存款，故必然涉及评估拍卖。而评估方式有多种，如何能最大限度维护申请执行人的权益？在评估方式的选择上，承办法官建议当事人双方议价。因为这种方式用时最短，也最经济，不需要任何评估费用。拍卖过程有一拍、二拍和变卖三个阶段，根据经验分析，涉案财产在二拍阶段最容易拍卖成交，而二拍起拍价要低于一拍流拍价 1% ~20% ，如果放任拍卖流程继续，则涉案财产很容易被低价拍走，对于申请执行人和被执行人来说均是财产上的重大损失，故要能动地向当事人尤其是申请执行人释法明理，做到最经济、最快速地实现债权。

4. 发挥司法建议的作用。在本案拍卖之前，承办法官及时向涉案股权所在企业发送司法建议书，告知本案议价及拍卖相关情况并建议该企业下一步应如何作为。该企业在收到法院司法建议书后，及时召开股东大会，各股东明确表态并出具了书面声明放弃优先购买权，这就为实现申请执行人的权益提供了更加有利的条件。

5. 在申请执行人申请以物抵债后仍有少量债权得不到满足的情况下，承办法官仍要继续坚持能动履职的理念，从维护社会大局稳定的角度出发去做申请执行人的工作，最终做到案结事了。

【法条链接】

1. **《最高人民法院关于适用〈中华人民共和国民事诉讼法〉的解释》**（2022 年 4 月 1 日修正）

第四百九十一条　拍卖成交或者依法定程序裁定以物抵债的，标的物所有权自拍卖成交裁定或者抵债裁定送达买受人或者接受抵债物的债权人时转移。

2.《**最高人民法院关于人民法院民事执行中拍卖、变卖财产的规定**》(2020 年 12 月 29 日修正)

第二十条　拍卖成交或者以流拍的财产抵债的，人民法院应当作出裁定，并于价款或者需要补交的差价全额交付后十日内，送达买受人或者承受人。

【法官心语】

怎样才能成为一名优秀的执行法官？被追授为“全国模范法官”“云南省优秀共产党员”的云南省沧源佤族自治县人民法院执行局原局长鲍卫忠给出了这样的回答：用心。“越难办的案子，就越要有耐心。”他经常说：“我们办理的不仅是案件，更是别人的人生，要解决群众最关心、最直接、最现实的问题。”他发朋友圈帮被执行人解决养鸡难卖的问题。同事不解地问：“为什么我们要翻山越岭找人？通知他们来办公室不行吗？”鲍卫忠说：“要把案件办好，佤山的村村寨寨就是我们的办公室，我们去找他们，和他们来找我们，能是一回事吗？”这就是能动履职最朴实的回答。

司法的能动性意味着案件执行过程中，法院和法官要更多地担负起应尽的社会责任，通过积极运用政策考量、利益衡平、漏洞补充、和谐司法等司法方式履行执行职责，能动地行使执行权，尽最大限度修复被破坏的法益，尽最大限度挽回申请执行人的损失，进而切实维护和实现社会公平正义。

要进一步深化执行公开，加大法官释明权的行使力度，这是增强申请指向性执行人获得感的直接途径。联系不上法院、不了解案件进展、不知道基本的信息，这是当事人申诉信访、对执行工作不满的一个重要原因。对申请执行人来说，执行公开和执行释明是其获得程序正义的最好途径，也是其公正感受度获得的题中之义。鲍卫忠法官就是把群众的事当成自己的事来办，一门心思为老百姓着想。因为执行法官办理的不仅是案件本身，更是当事人的生活希望和法治信仰。

承办法官：高绪波
法官助理：王彦博
执笔人：王彦博

4. 烟台某纸业有限公司拖欠退休职工一次性养老补助案*

——一招“无中生有”，帮企业追回多年“烂账”

【基本案情】

烟台某纸业有限公司系一家国营老厂，2010年，该企业在濒临倒闭之际被王某某买下，王某某投入大笔资金对企业进行改造，保证了企业的正常运营。自2012年起，该企业陆续有职工退休，且大多为独生子女家庭，企业需要支付退休职工独生子女父母一次性养老补助。但王某某认为其投入还没有收回成本，且一次性养老补助数额不小承担压力过大，因此不愿支付。后退休职工们前往当地劳动人事争议仲裁委员会申请劳动仲裁，仲裁委主持双方调解，但未达成和解协议。后依据《山东省人口与计划生育条例》及鲁政办发〔2010〕55号文件《山东省人民政府关于认真落实企业退休职工中独生子女父母养老补助有关规定的通知》的“被申请人应按照设区市上一年度职工年平均工资的30%发给申请人独生子女父母一次性养老补助”之规定，仲裁委对该批职工的主张予以支持并出具裁决书，该纸业有限公司支付职工每人1万余元。

2014年5月，因一直拖欠退休职工一次性养老补助，该纸业有限公司被退休职工们申请强制执行。同年6月，执行法官与王某某沟通，最终王某某与申请执行的退休职工们达成和解协议，约定每月分期支付一次性养老补助。自2016年起，企业经营出现问题，该纸业有限公司效益上不去，同时陆续有新退休职工，已达上百人，王某某再次拒绝承担费用。执行法官实地走访了解到，该纸业有限公司为流水线作业，如果查封、拍卖部分机器，会导致整

---

* 参见山东省烟台市牟平区人民法院（2015）牟仲执字第24号、（2018）鲁0612执563号、（2019）鲁0612执79号等执行裁定书。

个流水线停滞、生产停摆，胜诉当事人虽然可以拿回补助，但企业将面临倒闭，也直接影响在岗职工的生存。因此，执行团队不仅需要维护申请人的合法权益，还要帮助企业渡过难关。

【办理思路】

践行善意文明执行是人民法院推进地区优化营商环境进程、实现经济高质量发展的“助推器”，本起执行案件中的被执行企业情况特殊，在持续新增申请执行人的情况下，执行团队需要综合考虑执行办案效果，在依法保障胜诉当事人合法权益的基础上，最大限度保障被执行企业的经营发展。

1. 多措并举，减少执行行动对申请执行人和被执行人的影响。为发挥企业财产效用，保障企业正常生产经营，经研究决定对该纸业有限公司查封的机器设备、厂房、车辆等采取活封方式，暂不予处置，允许该纸业有限公司用于生产活动，保障企业的流水线作业，缓解经营压力。该纸业有限公司涉及职工众多，为妥善化解矛盾，执行团队多次与申请执行人沟通协商，安抚其情绪，引导当事人双方通过协商和解、分期履行等办法，为企业缓解债务压力、助力正常生产生活。

2. 另辟蹊径，通过多个关联案件变“无”为“有”。申请人的胜诉权益需要尽快得到保障，但这不意味着“杀鸡取卵”。为了让企业摆脱被执行困境，执行团队通过连轴查找梳理，整理出该纸业有限公司数年来甚至十几年前的未执行完毕案件，并指导企业提供可执行线索。梳理完所有恢复执行的卷宗后，执行团队发现以该纸业有限公司为申请执行人的数起执行案件标的总额可完全覆盖退休职工们的一次性养老补助金额，企业“无米下锅”的困境得以缓解。针对该纸业有限公司的这些执行案件，若被执行人有可供执行财产，则通过强制执行等手段促使被执行人将案款全部还清；若被执行人为企业且无可供执行财产，则依法追加公司股东为被执行人。通过列入失信被执行人、限制高消费等手段，执行团队于2021年成功执行到位部分欠款，结案78件，结案金额1 238 741元，后续新增案件依旧按照此思路执行，该纸业有限公司新增退休职工无一人提出异议。

3. 追加公司股东为被执行人的法律途径。变更、追加执行当事人案件是指根据当事人或第三人的申请，法院依法审查是否对生效法律文书确定的申请执行人、被执行人予以变更、追加的案件。《公司法》第23条以及《最高人民法院关于民事执行中变更、追加当事人若干问题的规定》第20条对在执行程序中追加一人有限责任公司的股东为被执行人确立了执行依据。《最高人民法院关于民事执行中变更、追加当事人若干问题的规定》第 21 条则规定，公司未经清算即办理注销登记，导致公司无法进行清算，债权人主张有限责任公司的股东、股份有限责任公司的董事和控股股东对公司债务承担责任的，人民法院应予以支持。

【法条链接】

1.《**中华人民共和国公司法**》（2023 年 12 月 29 日修订）

第二十三条　公司股东滥用公司法人独立地位和股东有限责任，逃避债务，严重损害公司债权人利益的，应当对公司债务承担连带责任。

股东利用其控制的两个以上公司实施前款规定行为的，各公司应当对任一公司的债务承担连带责任。

只有一个股东的公司，股东不能证明公司财产独立于股东自己的财产的，应当对公司债务承担连带责任。

2.《**最高人民法院关于民事执行中变更、追加当事人若干问题的规定**》（2020 年 12 月 29 日修正）

第二十条　作为被执行人的一人有限责任公司，财产不足以清偿生效法律文书确定的债务，股东不能证明公司财产独立于自己的财产，申请执行人申请变更、追加该股东为被执行人，对公司债务承担连带责任的，人民法院应予支持。

第二十一条　作为被执行人的公司，未经清算即办理注销登记，导致公司无法进行清算，申请执行人申请变更、追加有限责任公司的股东、股份有限公司的董事和控股股东为被执行人，对公司债务承担连带清偿责任的，人民法院应予支持。

【法官心语】

涉企案件在法院执行案件中所占比重不低，对于该类案件最好的结案方式不是强制执行完毕，而是如何在保护申请执行人合法权益的同时，助力被执行企业复工复产，实现双赢。本起案件中的被执行企业情况特殊，系新投资人盘下企业后骤然面临生存困境，如何保障投资人的后续经营，对辖区内投资沃土的培育也有着重要影响。且这一系列案件截至目前时间跨度将近 7 年，申请执行人数不断增多，使执行难度增大。在执行过程中，执行团队既要致力于加大执行力度、尽快兑现当事人胜诉权益，又要兼顾被执行人的经营难题，避免“办完一个案子，垮掉一个企业”。

通过采取“活封”措施、积极运用执行和解、追讨企业外债将资产变“无”为“有”的方式让案件“峰回路转”，无异于是对处于困境中的企业“雪中送炭”，也给对企业前景充满焦虑的在职职工吃了一粒“定心丸”，从而稳定了企业的正常生产经营活动。自2016年陷入经营危机，到顺利度过经济困难时期，如今，该纸业有限公司的效益逐步提升。截至目前，执行团队已帮助企业追回150余万元执行款用于支付一次性养老补助，结案百余件，执行团队用长达7年的坚守为企业重新注入活力，同时给等待多年的申请执行人一个满意答复。目前，该纸业有限公司的退休职工人数依旧在增加，陆续有新退休职工前来申请执行，后续执行团队将加大执行力度，努力为企业发展赢得时间，不断增强企业的偿债能力，稳定申请执行人的情绪。

本案的执行行动，充分体现了法院善意、文明的工作理念，实现了依法执行与服务大局、促进发展相统一，体现了法院精准服务保障产业高质量发展的司法担当。下一步，牟平区人民法院将继续秉持善意文明执行理念，灵活采取执行措施，在全力兑现胜诉当事人合法权益的前提下，发挥司法职能作用，贯彻新发展理念，行务实之举，解企业之困，稳发展之势，最大限度减少法院执行活动对企业正常生产经营的负面影响，真正将优化法治化营商环境转化为思想自觉和行动自觉，并贯穿到执行工作全过程，为企业健康发展提供有力的司法服务和保障。

承办法官：王世东

执笔人：王　迪

5. 烟台某置业有限公司申请腾迁案*

——创新“公证 + 搬迁”为执行保驾护航

【基本案情】

2019 年 6 月 20 日，烟台开发区某置业有限公司（以下简称置业公司）将位于烟台开发区中建 · 悦海和园项目商业街 54 号楼共 2260 平方米的商铺出租给烟台开发区某艺术培训学校有限公司，前两年租金每年 50 万元，第三年以后租金每年 75 万元。后某艺术培训学校公司未按期支付租金，双方协商未果，矛盾激化，虽经烟台开发区管委会多个部门协调，未能达成一致。置业公司起诉至法院，要求确认双方合同已经解除、返还涉案房屋。法院经审理后判决确认双方签订的租赁合同于 2020 年 10 月 31 日解除，某艺术培训学校有限公司向原告置业公司腾退承租房屋。该案经一审、二审，判决生效后某艺术培训学校有限公司拒绝按照判决主动腾迁，置业公司向法院申请强制执行。因双方自 2019 年发生纠纷，至判决生效已经是 2023 年，中间经过了 4 年，某艺术培训学校有限公司占用了 2260 平方米的商铺，严重影响了置业公司的正常经营，因此向烟台经济技术开发区人民法院（以下简称开发区法院）提出强制执行申请。

为维护企业的合法权益，开发区法院受理该强制执行申请后，立即启动案件的执行程序，向被执行人送达了执行通知书、报告财产令和财产申报表，并于 2023 年 3 月 19 日在涉案房屋处张贴了腾迁公告，要求被执行人于 2023 年 4 月 19 日前搬离烟台开发区中建 · 悦海和园小区 54 号楼第 2 层、第 3 层商铺，但被执行人未在期限内搬离。2023 年 5 月 19 日，法院出动警力 30 余人，出动警车 6 辆，对位于烟台开发区中建 · 悦海和园小区 54 号楼第 2 层、第 3

* 参见山东省烟台经济技术开发区人民法院（2023）鲁 0691 执 477 号民事判决书。

层商铺内的物品进行了强制搬离，强制搬离工作于 2023 年 5 月 20 日中午 13 时 30 分许结束，搬离的物品已被妥善保管。搬离所有物品后，开发区法院将涉案商铺交付给了申请执行人。

【办理思路】

该执行案件呈现如下几个特点：一是时间跨度大。在判决生效之前，双方矛盾自 2019 年开始产生，之后经过政府部门协调，一直未果，拖延至 2023 年才进入执行程序。二是矛盾较激化。双方纠纷产生后，承租人主张前期投入资金大，要求延缓缴纳租金，出租方主张租金本来就较低，不能再延缓缴纳。中间又夹杂着三年疫情，双方均有经营困难，因此在本案的租金上均不妥协。承租方两次报警，多次诉诸媒体。在强制执行过程中，承租人也不配合。三是对出租方经营影响大。该案涉及 2260 平方米的商铺，双方发生矛盾期间，承租方拒不腾迁，致使出租方无法获得这 2260 平方米商铺的收益，对其日常经营和现金流影响巨大，严重影响其正常生产经营。四是该案需要腾迁的物品较特殊。承租方租赁该商铺用于艺术培训，除日常用品、电子琴之类外，尚有数十幅字画，价值不明，不宜保存。五是除本案外，承租方还欠 123 名家长的教育费用未退还，该 123 名家长多次聚集追索，存在影响社会稳定的隐患。

为此，法院经过多次研究，采取了以下措施：一是严格依照《民事诉讼法》及相关司法解释对执行程序的规定采取执行措施。二是因涉及 123 名家长，从稳定角度出发，烟台开发区管委会成立了以教育局、建设局、开发区法院等部门为主的工作专班，统一协调执行工作。三是强制执行前、执行中、执行后，开发区法院多次通过邮寄送达、电话和发送电子信息的方式联系承租人，告知其法律规定及法院要采取的措施和法律后果。四是创新执行模式，采取“公证处＋搬家公司”配合模式。因双方积怨已久，矛盾较深，且搬迁工作涉及字画及艺术品，为保证搬迁工作顺利进行，法院委托了蓝海公证处对搬迁工作的每一个步骤、每一件物品均进行全程录像、存档、公证。五是邀请社会人员进行监督。法院邀请了开发区管委工作专班、烟台开发区电视台、街道办事处、派出所、法制监督员、居委会等部门的人员对执行工作进行了全程监督。

强制搬离过程中，为谨慎起见，法院又择日组织专业人员对字画和艺术品进行了包装搬运，通过三天的不懈努力，全部搬迁完毕，涉案房屋圆满交付给了申请执行人。

【法条链接】

《中华人民共和国民事诉讼法》（2023 年 9 月 1 日修正）

第二百六十条 法律文书指定交付的财物或者票证，由执行员传唤双方当事人当面交付，或者由执行员转交，并由被交付人签收。

有关单位持有该项财物或者票证的，应当根据人民法院的协助执行通知书转交，并由被交付人签收。

有关公民持有该项财物或者票证的，人民法院通知其交出。拒不交出的，强制执行。

第二百六十一条第一款 强制迁出房屋或者强制退出土地，由院长签发公告，责令被执行人在指定期间履行。被执行人逾期不履行的，由执行员强制执行。

第二百六十三条 对判决、裁定和其他法律文书指定的行为，被执行人未按执行通知履行的，人民法院可以强制执行或者委托有关单位或者其他人完成，费用由被执行人承担。

【法官心语】

司法助企，创新先行。法院强制执行是司法机关依法维护社会秩序、保障当事人权益、促进企业诚信经营和提升司法效率的重要手段。自新冠肺炎疫情发生以来，社会上大小企业大都面临生产经营上的困难，许多“小问题”都会在疫情的放大镜下变成“大问题”。在这种情况下，如何做到既保护胜诉企业的合法权益，营造良好的营商环境，又贯彻善意执行理念，维护社会稳定和谐，是考验执行法官工作水平的重要标准。这就需要法官贯彻能动履职的先进理念，不机械办案，不就案办案，主动司法、主动作为，加强各方沟通，创新工作方法，切实践行司法为民、公正司法，努力让每一位当事人感受到执行中的公正与温度。

在本案中，开发区法院执行局结合案件基本情况，考虑当事人双方积怨已久，矛盾较深，且搬迁工作涉及字画及艺术品，为保证搬迁工作顺利进行，创新执行模式，采取“公证处 + 搬家公司”配合模式。法院通过委托公证处的方式对搬迁工作的每一个步骤、每一件物品均进行全程录像、存档、公证，以防引起不必要的纠纷。同时创新社会公开监督模式，法院邀请了开发区管委会工作专班、烟台开发区电视台、街道办事处、派出所、法制监督员、居委会等部门的人员对执行工作进行了全程监督，确保了工作流程公开透明，大大避免了不必要的纠纷。

开发区法院始终坚持以法治化营商环境建设为重点，持续深化打造“司法助企·执行亮剑”司法助企品牌，创新变通工作思路，坚持个案个办的处理原则，加大对自贸区企业司法服务保障力度。开发区法院执行局在能动履职过程中，关注各方合理诉求，既强调执法过程中的人性温度，营造和平解决问题的氛围，又突出执行工作的强制性，对于规避执行、逃避执行等行为加强打击力度，保障“后疫情时代”的营商环境。为此，开发区法院法官在日常执行工作中，积极开通绿色通道，助力企业高质量发展，例如在执行立案过程中，法院精准识别申请执行人为中小企业、银行等特殊主体的案件，将其纳入快立快执的“绿色通道”，立案、执行、案款发放优先处理，帮助企业快速渡过难关。

承办法官：翟汉涛

法官助理：潘锦伟

执笔人：翟汉涛

6. 烟台某建筑公司与青岛某置业公司建设工程施工合同纠纷执行案*

——巧用第三人到期债权的执行，为企业追回千万元工程款

【基本案情】

烟台高新技术产业开发区人民法院就原告烟台某建筑公司与被告青岛某置业公司建设工程施工合同纠纷一案，于2022年9月25日作出（2022）鲁0692民初229号民事判决，判决青岛某置业公司于判决生效后10日内向烟台某建筑公司返还履约保证金21 921 192元及资金占用费，向烟台某建筑公司支付律师费，并承担案件受理费等。

判决生效后，青岛某置业公司未履行生效法律文书确定的义务。烟台某建筑公司向法院申请强制执行，执行立案后，执行干警迅速对被执行人的财产进行了全面调查。经网络查控反馈，被执行人在银行存款、网络资金、车辆、不动产、保险、税务等方面均无可供执行的财产。执行干警通过多种途径查询被执行人青岛某置业公司的联系方式，均联系未果。另经了解，被执行人青岛某置业公司为房地产开发企业，因房地产市场不景气，该公司对外欠付巨额债务，其银行账户已被多轮查封。

基于上述情况，本案执行一度陷入僵局，此时，执行干警想到传统查控的重要性，遂到被执行人青岛某置业公司的注册经营地开展现场财产调查，奔走于不动产登记中心、国土规划、住建等部门，当执行干警对被执行人青岛某置业公司开发的一处楼盘进行调查时，发现该处房地产的实际使用人是某学校，当询问该学校通过何种方式获取该块土地及房产时，得知该学校向被执行人青岛某置业公司购买了该房产，双方签订了房地产买卖合同，但尚

* 参见山东省烟台高新技术产业开发区人民法院（2023）鲁0692执43号执行裁定书。

有 1400 余万元的购房款未向被执行人青岛某置业公司支付，得知该消息后，执行干警立即对未支付的款项进行了查封，同时向该学校进行了释法说理，并在后续程序中按照执行第三人到期债权的流程向该学校送达了手续，该学校也按照法律规定将该笔到期债权支付至法院指定账户。

【办理思路】

本案的办案重点是查找被执行人可供执行的财产线索，主要办案思路为线上查控与传统查控相结合，双管齐下。

1. 执行案件立案后，首先需要对被执行人的财产进行查控，查控分为网络查控及传统查控，本案执行立案后利用执行网络对被执行人青岛某置业公司名下在银行存款、网络资金、保险、不动产、车辆等方面进行了网络查控，但均反馈无相应财产登记信息，且银行账户反馈信息显示已被多家法院进行了多轮查封。执行干警也通过查询工商信息、互联网等方式查询被执行人青岛某置业公司的联系方式，并尝试联系被执行人青岛某置业公司，均未果。本案执行标的额较大，申请执行人烟台某建筑公司系烟台高新技术产业开发区辖区企业，因被执行人青岛某置业公司未履行生效判决确定的义务，导致申请执行人烟台某建筑公司无法向职工发放工资，公司经营举步维艰。

2. 了解到上述情况后，执行干警开启传统查控方式，执行干警第一时间到被执行人青岛某置业公司的注册经营地青岛，对被执行人青岛某置业公司的财产状况开展实地调查，在不动产登记中心，查询到被执行人青岛某置业公司名下除两套经济适用房外无其他财产，执行干警多次往返于不动产登记中心、国土规划局、住建局等多个部门，对被执行人青岛某置业公司开发的楼盘进行详细查询。查询完毕后，执行干警又对被执行人青岛某置业公司开发的某处楼盘进行实地走访勘察，在对一处学校进执行调查时，执行干警敏锐地发现，被执行人青岛某置业公司与该学校之间有一份尚未履行完毕的合同，被执行人青岛某置业公司对该学校享有 1400 余万元的到期债权，执行干警立即对该学校进行释法工作，并要求与学校的负责人进行当面沟通，后执行干警就案件情况向学校负责人进行了详细介绍，并当面向学校负责人送达了查封手续，第一时间对该笔债权进行了查封。随后按照执行到期债权的程序向第三人送达了相关手续，并进一步对该学校进行释法明理工作，要求该学校将该笔债权直接支付到法院账户。经过不懈努力，该学校主动将 1400 余万元到期债权打入法院执行账户。

【法条链接】

1.《最高人民法院关于适用〈中华人民共和国民事诉讼法〉的解释》(2022年4月1日修正)

第四百九十九条 人民法院执行被执行人对他人的到期债权，可以作出冻结债权的裁定，并通知该他人向申请执行人履行。

该他人对到期债权有异议，申请执行人请求对异议部分强制执行的，人民法院不予支持。利害关系人对到期债权有异议的，人民法院应当按照民事诉讼法第二百三十四条规定处理。

对生效法律文书确定的到期债权，该他人予以否认的，人民法院不予支持。

2.《最高人民法院关于人民法院执行工作若干问题的规定（试行)》(2020年12月29日修正)

45. 被执行人不能清偿债务，但对本案以外的第三人享有到期债权的，人民法院可以依申请执行人或被执行人的申请，向第三人发出履行到期债务的通知（以下简称履行通知)。履行通知必须直接送达第三人。

履行通知应当包含下列内容：

（1）第三人直接向申请执行人履行其对被执行人所负的债务，不得向被执行人清偿；

（2）第三人应当在收到履行通知后的十五日内向申请执行人履行债务；

（3）第三人对履行到期债权有异议的，应当在收到履行通知后的十五日内向执行法院提出；

（4）第三人违背上述义务的法律后果。

【法官心语】

一、网络查控与传统查控两手都要抓

随着最高人民法院总对总网络查控系统的建立和不断完善，使人民法院执行局在案件执行过程中对被执行人财产的查控变得越来越方便、快捷，网络查控已经成为执行办案过程中的一种强大且高效的手段，但是尽管如此，执行工作仍需加大传统查控的力度：

1. 网络查控覆盖面还不够广。目前执行网络查控系统中可对被执行人的

银行存款、网络资金、保险、不动产、车辆、民政、工商总局、税务等财产线索进行查控，但对其他常见的财产如自然人的退休金、公积金等目前仍然无法实现总对总网络查控，另外对于被执行人对第三人享有的债权、被执行人的拆迁补偿利益等财产线索亦无法实现网络查控，且该类财产线索纳入网络查控的难度较大。

2. 网络查控所反馈的财产线索不全面。即便针对可通过最高人民法院总对总查控系统查控的八大类财产线索，网络查控所反馈的财产信息也存在不全面、不完整、信息滞后等缺点，如网络系统反馈的车辆已过户，新注册登记的车辆无法及时反馈，个别银行账户信息不反馈或反馈得不完整、不及时等，基于以上网络财产查控的缺点，在执行工作中仍然需要重视传统查控的重要性，要针对不同案件的具体情况，制定适合的执行方案，将网络查控与传统查控相结合，双管齐下，才能取得良好的执行效果。

二、对第三人到期债权的执行中，应加大对第三人的释法说理力度，减少第三人提异议的概率

《最高人民法院关于人民法院执行工作若干问题的规定（试行）》第47条规定："第三人在履行通知指定的期间内提出异议的，人民法院不得对第三人强制执行，对提出的异议不进行审查。"根据该条规定，若第三人对人民法院发送的履行到期债务通知书提出异议，法院将不得继续对该第三人进行执行，且人民法院对异议不得审查，申请执行人就只能通过提起代位权诉讼的方式进行救济，代位权诉讼可能会经历一审、二审，甚至再审程序，如此一来，不但会严重增加申请执行人的诉累，且浪费司法资源。因此，在执行第三人到期债权时，可先行对该债权进行查封，同时对第三人进行释法说理，将案件利害关系详细地告知第三人，待第三人完全理解并支持配合法院执行工作时，再向第三人发送履行到期债务通知书，这样便可减少当事人的诉累，节省司法资源，并可有效推进案件执行，提升执行效率。

承办法官：秦　军
法官助理：黄维庚
执笔人：秦　军

7. 某水泥制成品有限公司与青岛某商贸有限公司买卖合同案*

——刚柔并济破僵局，善意执行促和解

【基本案情】

2014 年 2 月 17 日，某水泥制成品有限公司（以下简称某水泥公司）与青岛某商贸有限公司签订《矿粉中转库战略合作协议》，某水泥公司为甲方，青岛某商贸有限公司为乙方，甲方为拓展业务，将烟台蓬莱港码头作为中转站，现需利用乙方位于蓬莱港的中转库和相关所有的配套设备。乙方确保为甲方提供蓬莱港的所有中转业务服务工作，乙方负责中转库及码头各相关设备的维护保养及维修，保证相关设备的正常稳定使用，甲方负责矿粉的采购与销售，年总进出量不低于 25 万吨，如低于 25 万吨，按每吨 10 元给予乙方补偿。合作内容包括甲方安排船舶运输货物到达蓬莱港，由乙方全力安排船舶的靠泊、卸货、清舱、过磅、入库、出库等所有相关工作，必须满足甲方的要求，保质保量地完成各步骤工作。关于结算：甲方采购乙方中转库中的货物，发票方式如下：货物发票销售方为乙方，提供 17% 的增值税专用发票，定价以货物发出蓬莱港之前价格为准。其他规定，从货物卸货开始到出库之间所有的费用以及协调工作都由乙方负责，预付乙方履约保证金 100 万元。后某水泥公司被吸收合并，青岛某商贸有限公司仅从甲方采购 1.7 万吨矿粉，离双方合同的要求 25 万吨每年相差甚远，需退还货款及补偿款，遂成诉。本案经法院组织调解，双方达成协议，法院作出民事判决书予以确认：（1）解除某水泥公司与被告青岛某商贸有限公司 2014 年 2 月 17 日签订的《矿粉中转库

* 参见山东省烟台市蓬莱区人民法院（2019）鲁 0684 执 1692 号民事裁定书；山东省烟台市蓬莱区人民法院（2022）鲁 0614 执恢 229 号民事裁定书；山东省烟台市蓬莱区人民法院（2023）鲁 0614 执恢 191 号民事裁定书。

战略合作协议》；（2）青岛某商贸有限公司返还原告某水泥公司款项 3 474 764 元及利息 190 267.45 元；（3）反诉被告某水泥公司给付反诉原告青岛某商贸有限公司经济补偿金 250 万元；（4）上述两项兑除后，反诉被告应支付反诉原告 1 165 031.45 元。因青岛某商贸有限公司未履行生效法律文书确定的义务，某水泥公司于 2019 年 11 月 26 日向法院申请强制执行，法院于同日立案执行。

【办理思路】

在执行过程中，根据法院作出的民事判决依法向被执行人发出执行通知书、报告财产令，并冻结了被执行人的银行账户，截至 2021 年 6 月，被执行人陆陆续续给付申请人 53 万元，后再未给付款项，法院依法对被执行人进行失信被执行人及限制消费措施，并终结本次执行程序。2022 年下半年，申请人催办该案件。执行人员立即传唤被执行人青岛某商贸有限公司的总经理接受调查询问时，了解到青岛某商贸有限公司是一家位于青岛市经营煤炭批发，货物进出口、技术进出口等的小微企业，销售矿产品、建筑装饰装潢材料、纺织品、化工产品、家居用品等。青岛某商贸有限公司提出公司经营暂时遇到一些瓶颈，无力一次性偿还债务，请求法院暂缓执行以避免影响其生产经营，希望给其一定的周转时间。法院考虑企业的经营发展、融资贷款等情形，为维护申请人的合法权益及被执行人的声誉，执行人员做双方工作，希望达成和解，经过努力，2022 年 9 月 1 日双方达成和解：被执行人尚欠申请人 646 929.45元，自 9 月 1 日起，每月给付 6 万元，经征得申请执行人同意后，解除对被执行人银行账户的冻结，并将其移出失信被执行人名单及撤销限制消费措施。同时督促青岛某商贸有限公司积极筹集款项后被执行人基本按协议履行，偶尔有不能按时履行的，执行人员及时予以调解。最终，2023 年 7 月该案执行完毕，并及时解除了对被执行人青岛某商贸有限公司账户的冻结及屏蔽了案件信息，向其出具了结案通知书，保障了该公司的正常运营。

【法条链接】

1. **《中华人民共和国民事诉讼法》**（2023 年 9 月 1 日修正）

第二百五十三条　被执行人未按执行通知履行法律文书确定的义务，人民法院有权向有关单位查询被执行人的存款、债券、股票、基金份额等财产情况。人民法院有权根据不同情形扣押、冻结、划拨、变价被执行人的财产。

人民法院查询、扣押、冻结、划拨、变价的财产不得超出被执行人应当履行义务的范围。

人民法院决定扣押、冻结、划拨、变价财产，应当作出裁定，并发出协助执行通知书，有关单位必须办理。

第二百五十四条 被执行人未按执行通知履行法律文书确定的义务，人民法院有权扣留、提取被执行人应当履行义务部分的收入。但应当保留被执行人及其所扶养家属的生活必需费用。

人民法院扣留、提取收入时，应当作出裁定，并发出协助执行通知书，被执行人所在单位、银行、信用合作社和其他有储蓄业务的单位必须办理。

第二百五十八条 财产被查封、扣押后，执行员应当责令被执行人在指定期间履行法律文书确定的义务。被执行人逾期不履行的，人民法院应当拍卖被查封、扣押的财产；不适于拍卖或者当事人双方同意不进行拍卖的，人民法院可以委托有关单位变卖或者自行变卖。国家禁止自由买卖的物品，交有关单位按照国家规定的价格收购。

第二百六十四条 被执行人未按判决、裁定和其他法律文书指定的期间履行给付金钱义务的，应当加倍支付迟延履行期间的债务利息。被执行人未按判决、裁定和其他法律文书指定的期间履行其他义务的，应当支付迟延履行金。

2.《最高人民法院关于限制被执行人高消费及有关消费的若干规定》(2015 年 7 月 20 日修正)

第三条 被执行人为自然人的，被采取限制消费措施后，不得有以下高消费及非生活和工作必需的消费行为：

（一）乘坐交通工具时，选择飞机、列车软卧、轮船二等以上舱位；

（二）在星级以上宾馆、酒店、夜总会、高尔夫球场等场所进行高消费；

（三）购买不动产或者新建、扩建、高档装修房屋；

（四）租赁高档写字楼、宾馆、公寓等场所办公；

（五）购买非经营必需车辆；

（六）旅游、度假；

（七）子女就读高收费私立学校；

（八）支付高额保费购买保险理财产品；

（九）乘坐 G 字头动车组列车全部座位、其他动车组列车一等以上座位等其他非生活和工作必需的消费行为。

被执行人为单位的，被采取限制消费措施后，被执行人及其法定代表人、主要负责人、影响债务履行的直接责任人员、实际控制人不得实施前款规定的行为。因私消费以个人财产实施前款规定行为的，可以向执行法院提出申请。执行法院审查属实的，应予准许。

【法官心语】

一流的营商环境需要善意文明的执行理念。要加大对中小微企业的救治力度，对一时陷入困境、具有良好发展前景的中小微企业依法审慎采取强制执行措施，尽可能让查封财产保持运营价值。在保障胜诉当事人合法权益的同时，最大限度减少对被执行企业的影响，避免阻碍企业正常生产经营。民营企业是重要的市场主体，法治是最好的营商环境。烟台市蓬莱区人民法院（以下简称蓬莱法院）切实贯彻“努力让人民群众在每一个司法案件中感受到公平正义”宗旨，在执行中贯通新时代商事审判理念，坚持确立用户思维，注重换位思考，善于站在企业角度研究个案纠纷化解方案，以最优方式实现涉企纠纷的实质性解决。

企业作为市场经济活动的主要参与者，是社会财富的生产者和流通者，是社会生产力的主要承担者，执行法官运用法律规定结合案件的实际情况，适当予以调解，促成双方和解，并督促双方自觉履行协议，是企业保持社会声誉及自身健康发展的重要举措。

蓬莱法院本着善意执行、文明执行的理念，积极与涉案双方企业进行沟通，以企业需求为导向，充分考虑企业的经营发展，树牢服务企业意识，不断传递司法温度，以“活封”手段允许涉案项目继续运转，不仅为资金流动困难而不能清偿债务的被执行人缓解债务压力、恢复生产经营活力创造了条件，以善意执行实现高质量司法，以高质量司法保障高质量发展，更是在避免了资产无谓损耗的前提下，充分保障了胜诉企业实现合法权益。

下一步，蓬莱法院将继续认真贯彻落实善意文明执行理念，充分发挥司法职能作用，为中小微企业发展解忧纾困，服务“六稳”“六保”工作。将继续完善信用惩戒分级机制、失信宽限期制度、信用修复机制，助力提升企业持续经营发展能力，同时严格依法执行、严厉制裁失信行为，对逃避执行、规避执行、抗拒执行等违法犯罪行为坚决予以打击，营造诚信应褒扬、失信必惩戒的社会氛围，促进企业减少失信行为，不断优化法治化营商环境。灵活采取财产处置方式，力求真实反映被执行财产的经济价值，不但使案件顺利执结，保护了债权人的利益，而且避免了被执行企业财产被低价出售，使被执行企业获得重生，有力地保护了企业产权和企业家合法权益。

承办法官：陆云云
法官助理：刘素佳
执笔人：张晓珍

8. 王某兰与龙口市东某餐饮店提供劳务者受害责任纠纷执行案*

——采用“放水—养鱼—经营—清偿”执行路径优化营商环境

【基本案情】

王某兰系龙口市东某餐饮店雇员，2021 年 9 月，其在提供劳务过程中因所戴手套不慎被和面机绞入，导致左手被和面机挤压受伤。王某兰受伤后到烟台某医院住院治疗 29 天，后又于 2021 年 11 月 11 日二次住院进行上肢整形手术，住院治疗 7 天，共花医疗费 118 583. 92 元，龙口市东某餐饮店垫付医疗费 46 000 元。王某兰于 2022 年 3 月起诉至龙口市人民法院，请求判令龙口市东某餐饮店赔偿医疗费、误工费、护理费、住院伙食补助费、营养费、交通费、残疾赔偿金等共计 236 985. 92 元。龙口市人民法院于 2022 年 4 月作出（2022）鲁 0681 民初 1038 号民事判决，判令龙口市东某餐饮店赔偿王某兰医疗费、误工费、护理费、住院伙食补助费、营养费、交通费、残疾赔偿金等共计 141 916. 74 元。

判决生效后，王某兰向龙口市人民法院申请强制执行。

【办理思路】

执行过程中，经执行法院调查查明，龙口市东某餐饮店属于餐饮行业小微民营企业，受新冠肺炎疫情影响，该餐饮店面临严重的经营困境，除餐饮设备外，无其他可供执行的财产，且该餐饮设备处置周期长短、能否处置成

---

* 参见山东省龙口市人民法院（2022）鲁 0681 民初 1038 号民事判决书；山东省龙口市人民法院（2022）鲁 0681 执 2115 号执行裁定书；山东省龙口市人民法院（2022）鲁 0681 执恢 1175 号执结报告书。

功均无法确定，该餐饮店亦表示愿意通过继续经营偿还债务。执行法院经研判认为，如果此时查封该餐饮店银行账户、餐饮设备并拍卖其资产，将该餐饮店列为失信被执行人及采取限制高消费措施等，其将无法维持基本运转运营，亦无法足额保障兑现胜诉雇员的合法权益。执行法院遂以该公司希望继续经营以偿还债务为突破点，适用“挽救式”“养鱼式”执行方案。通过向申请执行人分析“竭泽而渔”可能“两败俱伤”的情况，促成案件达成和解方案，即灵活变更强制措施，法院暂不对该餐饮店采取失信、限制高消费、查封银行账户、立即拍卖等传统强制措施，预留餐饮店必要的流动资金和往来账户，延长其两个月的履行期限，允许其继续利用原餐饮设备复工复产。其后该餐饮店经营情况扭亏为盈，足额支付完毕所欠损失，申请人亦同意放弃利息，该案执行完毕。

【法条链接】

《最高人民法院关于在执行工作中进一步强化善意文明执行理念的意见》（2019 年 12 月 16 日）

1. 充分认识善意文明执行重要意义。执行是公平正义最后一道防线的最后一个环节。强化善意文明执行理念，在依法保障胜诉当事人合法权益同时，最大限度减少对被执行人权益影响，实现法律效果与社会效果的有机统一，是维护社会公平正义、促进社会和谐稳定的必然要求，是完善产权保护制度、建立健全市场化法治化国际化营商环境和推动高质量发展的应有之义，对全面推进依法治国、推进国家治理体系和治理能力现代化具有重要意义。

5. 灵活采取查封措施。对能“活封”的财产，尽量不进行“死封”，使查封财产能够物尽其用，避免社会资源浪费。查封被执行企业厂房、机器设备等生产资料的，被执行人继续使用对该财产价值无重大影响的，可以允许其使用。对资金周转困难、暂时无力偿还债务的房地产开发企业，人民法院应按照下列情形分别处理：

（1）查封在建工程后，原则上应当允许被执行人继续建设。

（2）查封在建工程后，对其采取强制变价措施虽能实现执行债权人债权，但会明显贬损财产价值、对被执行人显失公平的，应积极促成双方当事人达成暂缓执行的和解协议，待工程完工后再行变价；无法达成和解协议，但被执行人提供相应担保并承诺在合理期限内完成建设的，可以暂缓采取强制变价措施。

（3）查封在建商品房或现房后，在确保能够控制相应价款的前提下，可以监督被执行人在一定期限内按照合理价格自行销售房屋。人民法院在确定期限时，应当明确具体的时间节点，避免期限过长影响执行效率、损害执行债权人合法权益。

【法官心语】

执行法院依法为小微企业被执行人预留必要经营资质，采用“挽救式”的“放水—养鱼—经营—清偿”执行路径，尽可能减少对企业正常生产经营的不利影响，维持企业一定的经营资质，帮助其逐步恢复清偿能力，充分体现了善意文明执行的理念，兼顾“服务疫情复工”“善意文明执行”“优化小微企业营商环境”“实质性化解涉民生矛盾”，实现了多赢执行效果。

承办法官：张文超
执笔人：张文超

9. 龙口市某公司与某果园股份有限公司买卖合同纠纷案*

——跨省执行护航企业发展

【基本案情】

申请执行人龙口市某公司与被执行人某果园股份有限公司买卖合同纠纷，2020 年 11 月 30 日龙口市某公司向龙口市人民法院申请强制执行，执行标的为 193 万元，进入执行程序后，执行干警多次电话督促、传唤被执行人，某果园股份有限公司既不履行还款义务也不到庭和解，经执行干警多番线上、线下调查，用尽全部财产查控措施，均未发现被执行人名下可供执行财产，只能依法终结本次执行程序。那么，案件终本以后，难道就彻底结束了吗？当然不是。终本，是指对于确无财产可供执行或者财产暂时无法处置的案件，依法予以终结本次执行程序的一种方式，是一种暂时性的“结束”。事实上，案件终本后，终本团队依然会定期查询被执行人的财产线索，为后续案件恢复执行做准备。

执行局终本团队成功为龙口市某公司追回执行款 200 余万元，龙口市某公司负责人专程从外地赶回来，把一面锦旗送到龙口市人民法院执行工作人员手中，表达由衷的谢意，他感叹道：“这笔执行款真是解决了我们公司的燃眉之急，本来以为没希望了，没想到你们竟然跑这么老远把钱追回来了，这种工作精神太让我们感动了，一定要送面锦旗，当面道一声谢谢！”

---

* 参见山东省龙口市人民法院（2019）鲁 0681 民初 7200 号民事调解书；山东省龙口市人民法院（2022）鲁 0681 执恢 33 号执行裁定书。

【办理思路】

2023年3月，申请执行人向龙口市人民法院提供财产线索，称被执行人所占用的土地及地上附着物已被政府征收，可能会有大额补偿款入账。经执行法官调查，发现被执行人名下所有银行账户均已被法院冻结，但为了防止被执行人使用其他银行账户逃避执行、隐匿财产，执行法官当场决定奔赴甘肃天水，查明土地补偿款的走向。

跨越1600公里的路程、历经一天不停歇的时间，终于在第二天下午赶到甘肃省天水市麦积区，执行干警来不及休息，就立即赶到当地人民政府落实情况，并当场向麦积区人民政府送达协助执行通知书，并告知若其仍拒绝履行协助义务，法院将依法对麦积区人民政府采取5万至100万元罚款的强制措施。在强大震慑力之下，政府工作人员终于不再推脱，如实告知执行法官涉及被执行人土地补偿款发放情况，通过调查土地补偿款的发放记录，意外发现被执行人领取补偿款的银行账户是近日在当地银行新开户办理的银行账户。于是执行干警迅速赶到当地银行，顺利从该银行账户中扣划200余万元，及时帮申请执行人拿到应得执行款，最终案件得以圆满解决。

【法条链接】

《中华人民共和国民事诉讼法》（2023年9月1日修正）

第一百一十七条　有义务协助调查、执行的单位有下列行为之一的，人民法院除责令其履行协助义务外，并可以予以罚款：

（一）有关单位拒绝或者妨碍人民法院调查取证的；

（二）有关单位接到人民法院协助执行通知书后，拒不协助查询、扣押、冻结、划拨、变价财产的；

（三）有关单位接到人民法院协助执行通知书后，拒不协助扣留被执行人的收入、办理有关财产权证照转移手续、转交有关票证、证照或者其他财产的；

（四）其他拒绝协助执行的。

人民法院对有前款规定的行为之一的单位，可以对其主要负责人或者直接责任人员予以罚款；对仍不履行协助义务的，可以予以拘留；并可以向监察机关或者有关机关提出予以纪律处分的司法建议。

第一百一十八条第一款　对个人的罚款金额，为人民币十万元以下。对单位的罚款金额，为人民币五万元以上一百万元以下。

【法官心语】

终本不是终点，执行永远在路上。终本只是暂时终结案件的执行程序，案件终本后，终本团队对终本案件进行规范化管理，持续跟进执行措施，不放过任何财产线索，力求彻底打消申请执行人“终本后无人管”的顾虑。因此，终本并不意味着结束，更不是对老赖的放纵，只要未履行义务，法院就会执行到底。

法治是改善营商环境的重要手段，也是营商环境的重要组成部分。这起案件申请执行人为龙口市本地民营企业，案件能否顺利，不仅关系到申请执行人权益能否得到保障，而且也关系到龙口市法治环境、营商环境的建设。本案顺利执结，不仅保障了申请执行人合法权益，更有力地彰显了执行力度、树立法律权威。

营商环境无小事，涉企业案件无小事，下一步，龙口市人民法院将继续坚持为大局服务、为人民司法，紧贴企业需求，延伸服务职能，以执行工作的力度、温度助企纾困，保障中小企业健康发展，全力做好法治营商环境的建设者、服务者、守护者。

承办法官：吴媛媛
执笔人：吴媛媛

10. 申请人烟台某公司与被执行人山东某公司土地租赁合同纠纷案*

——网络司法拍卖推动涉案财产快速处置

【基本案情】

2010年1月15日，烟台某公司与被告山东某公司签订土地租赁协议，将登记在其全资子公司名下的38亩填海土地租赁给被告用于建设沥青储罐及配套设施，协议约定“乙方向甲方租赁使用共38亩的土地用来建设沥青储罐及配套设备，租赁期限为15年，自2010年1月1日起到2024年12月31日止，经双方协商，每亩土地租赁费为人民币15 000元/年，每年乙方向甲方支付土地租赁费57万元人民币，租赁费须在每年6月30日前由乙方支付给甲方。逾期按合同租赁费总额的日1‰向甲方支付违约金”。后因被告未按约定支付2015年度的租赁费，烟台某公司于2016年1月16日向莱州市人民法院（以下简称莱州法院）起诉，要求解除其与山东某公司所签订的土地租赁合同并责令山东某公司给付所欠租赁费。法院经审理，于2016年6月18日作出判决书，解除了原告烟台某公司与被告山东某公司于2010年1月15日签订的土地租赁协议，同时判决被告偿付原告2015年1月1日至12月31日的土地租赁费57万元，给付该款自2015年7月1日起至判决生效确定给付之日止按照年利率7.8%计算的违约金，以及自2016年1月1日起至判决生效确定解除土地租赁合同之日止按照年租57万元计算的租赁费。双方合同解除后，被告所建房屋及沥青储罐及配套设施仍占用原土地，且被告未向原告支付占用费。2021年，烟台某公司又向莱州法院提起诉讼。

莱州法院经审理认为，原被告之间的土地租赁协议已经于2016年9月14

* 参见山东省莱州市人民法院（2022）鲁0683执579号执行裁定书；山东省莱州市人民法院（2021）鲁0683民初3881号民事判决书。

日解除。双方合同解除后，被告应将租赁的土地恢复原状返还给原告，但被告在租赁土地上的建筑物及其他设施并未清除，从而使被告在没有法律根据的情况下获得不当利益，同时给原告土地的使用造成一定的损失，被告的行为构成不当得利。最终判决山东某公司给付原告烟台某公司占用费2 895 287.67元，自2021年10月13日起至实际腾退土地之日止的占用费，按照每年57万元的标准另行计付。

【办理思路】

判决生效后，烟台某公司向莱州法院申请强制执行。执行立案后，莱州法院启动线上线下查控，发现山东某公司自2016年以来，因资金链断裂后债务缠身，主要负责人下落不明，厂区荒废，在莱州法院就有作为被执行人的案件两件，涉案标的额达480万元，在福建省也有执行案件亟待解决，从查控情况来看，山东某公司不具备偿还债务能力，主动偿还债务可能性较小。且被执行人租赁了申请执行人烟台某公司的土地建设厂区，遗留了大量设备长期占用土地，严重影响了申请执行人下一步经济规划和战略布局，同时迟延履行金的增加也会加剧被执行人的负担，案件拖延时间越长，对于原被告双方越不利。

针对该案情况，执行局组织会议进行了深入分析研判，执行法官多次到现场进行实地勘察，发现涉案被执行人在租赁土地上还遗有房屋及设备、设施，如果强制拆除，一方面拆除难度较大，另一方面会造成资源严重浪费。为了维护申请执行人的利益，减轻被执行人的负担，秉持着善意文明执行理念，莱州法院决定通过网络司法拍卖对以上财产的进行快速变现，提高司法处置效率，实现资源最优配置。与其他处置手段相比，网络司法拍卖既透明公开，又高效便捷，通过充分认真的准备，能够用最快速度，通过司法拍卖，将困扰案件执行和企业发展的涉案资产成功变现，同时由于互联网打破空间、地域限制特点，在一定程度上也扩大了司法拍卖的知晓范围，不仅能够帮助顺利执结案件，还能够有效避免资源浪费，推动财产变现，充分彰显了善意执行理念。

2022年7月17日，莱州法院在淘宝网公开拍卖上述涉案房屋及设备、设施，成功实现债权480多万元，随后又组织及时腾清土地，该案顺利执行完毕。该系列案件的妥善解决，充分体现了人民法院为实现营商环境作出的努力，立足善意执行理念，充分考虑双方当事人的具体情况，换位思考，用足用好司法拍卖手段，及时处理涉案财产，既充分保障了申请执行人、被执行人及买受人的合法权益，又促进了辖区营商环境的优化，为辖区经济社会高质量发展提供了优质的司法服务和保障。

【法条链接】

1.《**中华人民共和国民事诉讼法**》（2023 年 9 月 1 日修正）

第六十四条 代理诉讼的律师和其他诉讼代理人有权调查收集证据，可以查阅本案有关材料。查阅本案有关材料的范围和办法由最高人民法院规定。

第二百六十二条 在执行中，需要办理有关财产权证照转移手续的，人民法院可以向有关单位发出协助执行通知书，有关单位必须办理。

第二百六十四条 被执行人未按判决、裁定和其他法律文书指定的期间履行给付金钱义务的，应当加倍支付迟延履行期间的债务利息。被执行人未按判决、裁定和其他法律文书指定的期间履行其他义务的，应当支付迟延履行金。

2.《**中华人民共和国民法典**》（2020 年 5 月 28 日）

第九百八十五条 得利人没有法律根据取得不当利益的，受损失的人可以请求得利人返还取得的利益，但是有以下情形之一的除外：

（一）为履行道德义务进行的给付；

（二）债务到期之前的清偿；

（三）明知无给付义务而进行的债务清偿。

3.《**最高人民法院关于人民法院民事执行中查封、扣押、冻结财产的规定**》（2020 年 12 月 29 日修正）

第八条 查封尚未进行权属登记的建筑物时，人民法院应当通知其管理人或者该建筑物的实际占有人，并在显著位置张贴公告。

【法官心语】

本案的顺利执结，体现了莱州法院充分考虑市场主体经营状况，用高效、灵活、文明、多样的执行方式护航企业健康发展做出的努力。近年来，为最大限度兑现当事人的胜诉权益，莱州法院聚焦案件执行，聚力改革创新，努力破解执行难题。一是加大查控力度。高标准建成执行指挥中心，依托最高人民法院“总对总”查控平台和与公安、民政、国土、工商等部门建立的“点对点”查控系统，全面实施网络查控。坚持线下与线上同向发力，定期组织“凌晨行动”，做到了查控无缝衔接、案件应执尽执。二是强化信用惩戒。

建立“网络、电视、微信微博、报纸、全市主要路口大屏幕”五位一体的失信被执行人曝光台，凝聚舆论压力，让失信被执行人“出不了门”。定期向政府部门、金融机构通报失信名单，依法依规在招标投标、融资信贷、行政审批、政府扶持等方面予以信用惩戒，让失信被执行人“办不了事”。将失信名单录入最高人民法院名单库，在出境、乘坐飞机和高铁等方面进行限制，让失信被执行人“走不了路”。三是注重强制执行。用足用活查封、扣押、冻结、拍卖、变卖等强制措施，用足用好打击拒执罪的公诉、自诉两种模式，增强震慑效果。同时贯彻善意文明执行理念，审慎采取查封、扣押、冻结等执行强制措施，对正常生产经营的企业，灵活采取“活封”“活扣”；对短期内确实存在困难无法履行的企业，积极推进执行和解；对确与案件无关的财物，依法解除查封、扣押并及时返还。同时积极推广企业“信用修复”，在保障当事人胜诉权益的同时，督促引导企业纠正失信行为，消除执行案件对企业不良影响，帮助企业“减负快跑”。四是注重源头预防。坚持“立审执”一体化，强化执源治理，将执行端口前移，对于重大、敏感涉企案件，主动参与到诉前、诉中调解中，让企业知晓案件进入执行程序后面临的风险与不利，推动矛盾纠纷化解于诉前，减少企业诉累，节约司法资源。对于守信企业，在执行过程中积极做执行和解工作，协调给予一定宽限期，增强被执行企业自动履行的自觉性，最大限度降低执行对企业经营的影响。

承办法官：林浩杰
法官助理：高　强
执笔人：杨　璐

11. 某有色矿业有限公司诉某矿业有限公司买卖合同纠纷案*

——执行法官引导双方分期履行为企业“止损回血”

【基本案情】

2011年6月13日，原告某有色矿业有限公司与第三人某矿业有限公司签订《矿权合作协议书》，约定：第三人将持有的某矿业有限责任公司70%的股权一次性转让给原告，原告在签订协议之日起3日内向第三人支付人民币3000万元作为订金，第三人以目标矿山区域内所采出矿石和所持尖山矿业100%股权为该订金提供质押。待原告对资源核实结束后，若原告最终决定放弃购买股权，则第三人应于原告要求的15个工作日内全额返还原告已支付的订金及利息，否则原告有权对约定的质押物进行处置。上述协议签订后，原告向第三人支付了3000万元人民币订金。

2011年9月5日，原告与第三人签订《补充协议》，约定：对资源核实结束后，原告于2011年9月4日决定放弃购买第三人所持有的股权，第三人应于2011年10月4日前偿还原告订金本息共计人民币30 415 466.67元（利息计算至2011年9月4日），并约定2011年9月5日至10月4日期间利息，按未偿还的订金为基数以同期银行贷款的年利率支付利息。若到期未还，需自2011年10月30日始按月以实际未偿还的订金为基数按同期银行贷款的年利率支付利息，若不能按月支付，每逾期一日，再上浮10%的利率支付利息，以此类推，直至还清全部订金为止。

2012年4月12日，原告、第三人、被告三方签订了《质押矿石销售三方协议》，约定：至签订协议之日，第三人应支付原告订金3000万元、利息

---

* 参见山东省招远市人民法院（2022）鲁0685执842号执行裁定书。

197.469 257 万元（自 2011 年 6 月 20 日至 2012 年 4 月 15 日），两项合计 3197.469 257 万元，第三人于本协议签订后 30 日内向被告出售不少于足以抵还原告订金及利息欠款（3197.469 257 万元）的金矿矿石，原告指派专人监督矿石计量全过程。第三人保证所出售矿石品位不得低于 2.5 克/吨，数量不少于 30 万吨，否则矿石要单独存放，返还系数三方另行协商。关于矿石价款计算的方式，协议约定按三方认可的矿石总量、矿石品位核算矿石含金总量，乘以结算当日上海黄金交易所 99.95% 金价的 61% 得出矿石总价款，第三人拉运至被告选厂的矿石每满 3 万吨，则三方进行一次结算，在第三人未偿还完原告订金及利息前，结算借款归原告所有。

【办理思路】

本案涉案金额超过 3000 万元，系审级职能定位改革前由中级人民法院审理的案件。一审法院烟台市中级人民法院在审理过程中主持调解，原被告双方达成调解协议：（1）被告某矿业有限公司同意支付原告某有色矿业有限公司矿石款 3 197 469 2.57 元，原告某有色矿业有限公司放弃该款的利息及在履行过程中的利息；（2）上述款项的支付，被告某矿业有限公司于 2016 年 12 月 31 日前支付原告某有色矿业有限公司 500 万元，以后每月支付原告 60 万元，至 2018 年 12 月 31 日前付清全部剩余款项；（3）本案调解后，原告基于《质押矿石销售三方协议》和其补充协议以及其他具有补充协议性质的文件对被告所享有的权利、权益和权利主张或利益全部终结，不得再通过包括但不限于诉讼、仲裁等方式向被告主张权利；（4）案件受理费 237 700 元，由原告某有色矿业有限公司减半负担 118 850 元。案件调解后，因被告未能按照协议履行还款义务，原告向招远市人民法院（以下简称招远法院）申请执行。

本案立案时，正值招远法院执行部门开展自 5 月份开始至 11 月份为期六个月的“企业纾困专项执行行动”。本次行动专门针对招远域外企业未按生效法律文书履行相关义务，致使招远本地企业面临经营困难的案件，着力推动“案件在法定期限内应执尽执、应结尽结、动态清零”。执行法官受理案件后，按照行动方案要求，及时邀请涉案企业代表和法务负责人进行座谈，了解双方当事人的合作情况，原告方企业面临的法律问题和基本诉求，在此基础上结合对案情的分析，将执行工作的重点放在对被告方履行意愿、履行能力以及履行方式的核实上，第一时间联系被告方企业所在地的法院，向被告方企业送达执行法律文书，并商请兄弟法院协助对被告方名下财产情况进行调查，同时与被告方企业代表取得联系，告知其案件立案执行情况，听取被告方企业对履行相关义务的措施和计划。为了更快推进案件执行工作进度，执行干警不顾疫情短期内有散点暴发的趋势，赶赴被告方企业所在地进行实地探查，现场确认被告方企业生产经营状况和可供执行财产情况。

通过与被告方企业代表面对面交流，执行法官确认了其依法履行生效法律文书确定的义务的意愿，并就相关协议的分期履行推动原被告双方达成执行和解，并按季度定期到企业进行回访，了解案件执行进度情况。2023 年 8 月中旬，原告方企业法务负责人告知回访的执行法官，协议达成后被告方企业一直按约履行还款义务，截至回访时，所欠余款仅剩 200 余万元。

【法条链接】

1.《**中华人民共和国民事诉讼法**》（2023 年 9 月 1 日修正）

第二百四十一条　在执行中，双方当事人自行和解达成协议的，执行员应当将协议内容记入笔录，由双方当事人签名或者盖章。

申请执行人因受欺诈、胁迫与被执行人达成和解协议，或者当事人不履行和解协议的，人民法院可以根据当事人的申请，恢复对原生效法律文书的执行。

2.《**最高人民法院关于适用〈中华人民共和国民事诉讼法〉的解释**》（2022 年 4 月 1 日修正）

第四百六十五条　一方当事人不履行或者不完全履行在执行中双方自愿达成的和解协议，对方当事人申请执行原生效法律文书的，人民法院应当恢复执行，但和解协议已履行的部分应当扣除。和解协议已经履行完毕的，人民法院不予恢复执行。

【法官心语】

执行工作是司法案件办理程序中比较重要的一环，也是实现公平正义的“最后一公里”，事关保障和兑现当事人的胜诉权益，更关乎胜诉当事人的“纸上权利”能否兑现为“真金白银”，直接影响着人民群众对司法审判工作的获得感和满意度。招远法院紧紧围绕党委政府中心工作，聚焦辖区经济社会高质量发展大局谋划开展工作，通过持续优化营商环境、稳定宏观经济大盘，针对招远域外被执行人拖欠本地企业账款案件开展“企业纾困专项执行行动”，体现了人民法院执行部门想群众所想、急群众所急，主动担当、靠前作为，积极回应人民群众急难愁盼问题的作风和精神。

执行法官坚持将专项执行行动与企业诉求相结合，切实维护企业合法合理诉求，依法兑现企业胜诉权益。始终坚持充分发挥信息化、集约化工作优势，依托执行指挥中心整合功能、执行立案和速执团队业务功能，“一站式”办理执行线上立案、查控，做好线下查找、现场执行。始终坚持依法强制执行与善意文明执行有机结合，努力实现政治效果、法律效果和社会效果的有机统一，为企业提供线上线下融合、精准高效的司法服务。始终坚持审慎采取强制措施，精准适用执行措施。对于因疫情防控需要无法正常生产经营而请求暂缓执行、中止执行或给予一定宽限期的被执行企业，依法予以准许，以保障企业快速恢复生产经营。始终坚持涉企案件执行工作长效机制，实现涉企案件执行“绿色通道”常态化，有效防范和化解因涉企案件执行难衍生出的拖欠农民工工资问题。

本案中，域外企业因遇到了黄金矿业市场行情波动带来的市场需求持续萎缩影响，加上自身转型发展动力不足，无法在短时间内快速调整企业业务策略和经营方向，开拓新的市场增长点，企业经营状况逐渐开始走下坡路，履行相关义务显得日益力不从心。2019 年年底至 2020 年年初，又叠加了新冠肺炎疫情影响，市场需求更加疲软，企业几乎面临停产停摆的情况。对此，执行法官没有“一封了之”，而是主动沟通联络企业，及时了解企业经营状况，并积极引导域外企业与域内企业就分期履行还款义务达成一致，在保障域内企业胜诉权益的前提下，帮助域外企业直面还款压力，推动域外企业边生产边还款，逐步减少欠款余额，实现了申请执行企业回笼资金、被执行企业轻装上阵的“双赢”效果。

承办法官：邱清海
执笔人：姜　娟　王新鑫

12. 烟台某绳网有限公司合同纠纷案*

——“自行处置 + 拍卖”助力快速执行到位

【基本案情】

就某银行股份有限公司栖霞支行与烟台某绳网有限公司、朱某忠、李某娟金融借款合同纠纷一案，2021 年 4 月 14 日，原被告双方在栖霞市人民法院达成调解。但烟台某绳网有限公司、朱某忠、李某娟未能按照调解书履行还款义务，某银行股份有限公司栖霞支行遂向栖霞市人民法院申请立案执行。考虑到申请执行人和被执行人均为企业，为保障企业双方利益，栖霞市人民法院执行局开通“绿色通道”，优先立案、优先执行。

经多方了解，因新冠肺炎疫情原因，烟台某绳网有限公司近年来经营状况差，一直处于入不敷出的状态，无能力承担还款责任。但该公司向某银行股份有限公司栖霞支行借款时，将属于公司的土地及厂房抵押给某银行股份有限公司栖霞支行，某银行股份有限公司栖霞支行对位于栖霞市松山街道武当山路的厂房及土地有优先受偿权。因为涉案标的大，同时涉及房产及土地，栖霞市人民法院及时向烟台某绳网有限公司、朱某忠、李某娟送达相关法律文书，快速启动相关执行措施。执行法官先后 8 次到公司走访并对其进行释法说理，最终公司同意配合法院，将厂房和土地进行出售，并将所得款项支付给某银行股份有限公司栖霞支行，2022 年 8 月 18 日，被执行人将出售款项如数交付给银行，执行款执行到位。

在执行过程中，执行法官发现烟台某绳网有限公司还在进行部分生产，为了保证该公司后续能继续正常运作，不走入“死胡同”，栖霞市人民法院积

* 参见山东省栖霞市人民法院（2021）鲁 0686 民初 903 号民事调解书；山东省栖霞市人民法院（2022）鲁 0686 执 130 号执行裁定书。

极向栖霞市人民政府汇报，最终在政府的协调帮助下，烟台某绳网有限公司迁址至栖霞市松山街道一厂房内，目前已恢复部分生产。

【办理思路】

该案立案后，执行法官依法查封了被执行人烟台某绳网有限公司名下的厂房和土地，送达了执行通知书等法律文件，并全方位查找其可供执行的财产。通过调查得知，公司除了厂房和土地，再无其他可执行财产，案件执行陷入僵局。但是，执行法官并没有就此止步。

根据申请执行人提供的线索，执行法官及时调整办案思路，通过查找公司及其法定代表人相关的诉讼案件和执行案件寻找突破口。执行法官主动联系被执行人烟台某绳网有限公司、朱某忠、李某娟，了解企业经营情况，朱某忠表示由于投资停滞、资金链出现问题，公司一度无法维持，想将涉案的土地厂房出售以偿还欠款，却因一直无法妥善安置公司设备而一直搁置。

经过实地走访、多方调查分析后，执行法官认为烟台某绳网有限公司确因资金周转困难，无恶意逃避执行之意。若房产进入拍卖程序，要经过评估、拍卖等环节，周期相对较长，不能及时解企业经营“燃眉之急”，也不能及时兑现申请执行人的合法权益；若该房产流拍，将可能降价再次拍卖，不仅案款无法及时执行到位，拍卖价格也可能大幅下降。

为了推进纠纷实质化解，经双方同意，执行法官决定联合法庭里有丰富调解经验的特邀调解员共同开展调解，联系申请执行人和被执行人展开多轮协商。考虑到烟台某绳网有限公司的实际情况同时也要保证申请人权益，执行法官采取“自行处置房屋”与“司法拍卖”两种措施相结合，要求被执行人在限定期限内寻找买家，这样一来，一方面加快处置进度，另一方面提高房产变现价款，打通财产处置“死结”。最终该公司厂房土地由烟台某精密机械有限公司购得，经过一段时间的发展，目前成为烟台市市级重点投资项目之一，也是栖霞市人民法院“法护航·益企行”活动重点司法服务对象，院党组成员即该案审理阶段承办法官胡海滨成为该公司司法助企联络专员，每月定期走访，为公司提供司法建议，帮助企业提供法律培训，开展“法治体检”，赢得了公司的一致好评。

同时，执行法官牢固树立“案结、事了、政通、人和”的办案理念，不愿看到绳网厂从此销声匿迹，栖霞市人民法院与松山街道办事处联系，提前为烟台某绳网有限公司寻找土地厂房，为烟台某绳网有限公司的腾厂搬迁做好准备，保证其在最短的时间内恢复生产。

【法条链接】

《中华人民共和国民事诉讼法》（2023 年 9 月 1 日修正）

第九十六条 人民法院审理民事案件，根据当事人自愿的原则，在事实清楚的基础上，分清是非，进行调解。

第九十七条 人民法院进行调解，可以由审判员一人主持，也可以由合议庭主持，并尽可能就地进行。

人民法院进行调解，可以用简便方式通知当事人、证人到庭。

第一百一十二条 人民法院对必须到庭的被告，经两次传票传唤，无正当理由拒不到庭的，可以拘传。

第一百一十四条 诉讼参与人或者其他人有下列行为之一的，人民法院可以根据情节轻重予以罚款、拘留；构成犯罪的，依法追究刑事责任：

（一）伪造、毁灭重要证据，妨碍人民法院审理案件的；

（二）以暴力、威胁、贿买方法阻止证人作证或者指使、贿买、胁迫他人作伪证的；

（三）隐藏、转移、变卖、毁损已被查封、扣押的财产，或者已被清点并责令其保管的财产，转移已被冻结的财产的；

（四）对司法工作人员、诉讼参加人、证人、翻译人员、鉴定人、勘验人、协助执行的人，进行侮辱、诽谤、诬陷、殴打或者打击报复的；

（五）以暴力、威胁或者其他方法阻碍司法工作人员执行职务的；

（六）拒不履行人民法院已经发生法律效力的判决、裁定的。

人民法院对有前款规定的行为之一的单位，可以对其主要负责人或者直接责任人员予以罚款、拘留；构成犯罪的，依法追究刑事责任。

第一百一十七条 有义务协助调查、执行的单位有下列行为之一的，人民法院除责令其履行协助义务外，并可以予以罚款：

（一）有关单位拒绝或者妨碍人民法院调查取证的；

（二）有关单位接到人民法院协助执行通知书后，拒不协助查询、扣押、冻结、划拨、变价财产的；

（三）有关单位接到人民法院协助执行通知书后，拒不协助扣留被执行人的收入、办理有关财产权证照转移手续、转交有关票证、证照或者其他财产的；

（四）其他拒绝协助执行的。

人民法院对有前款规定的行为之一的单位，可以对其主要负责人或者直接责任人员予以罚款；对仍不履行协助义务的，可以予以拘留；并可以向监察机关或者有关机关提出予以纪律处分的司法建议。

第一百二十九条 人民法院对决定受理的案件，应当在受理案件通知书和应诉通知书中向当事人告知有关的诉讼权利义务，或者口头告知。

【法官心语】

与受理之初便引起社会关注的重点合同纠纷案件不同，本案受理时与普通的纠纷案件并无太大区别。本案案情简单，在执行过程中却出现曲折情况是始料未及的，但回头看，它执行的每一步却又恰恰是人民法院以审判权、执行权回应现实需求的必要选择，也生动诠释了法院在审判执行过程中市场化、法治化、信息化的发展方向。

本案在审理执行过程中，以如何缩短案件平均审理时长、及时兑现胜诉权益、将涉案企业损失降到最低为出发点，通过努力缩小双方的意见差距，促进该案调解，使双方当事人达成共识，确保执行到位。

为了推进企业间合同纠纷案件的有效解决，应努力做到以下几点：

一要提高政治站位。要以司法助企、优化营商环境的背景为抓手，加速纠纷案件的审理执行，要根据《民法典》的相关要求和司法解释，对现有的合同纠纷案件进行审理执行。

二要明确目标任务。在审理合同纠纷案件时要注重统筹规划，要明确办案时间节点，加快办案节奏。同时要持续跟进案情，与关联企业负责人积极沟通，督促办理相关手续，促进企业合同纠纷案件的进展。

三要有攻城拔寨的精神。在面对复杂的合同纠纷案件，承办法官要主动地发现问题、厘清问题、解决问题。面对案件中的各方主要当事人，更要积极沟通、协调，迎难而上。

四要压实工作责任。在处理案件过程中要成立工作专班，认真研究审理方案，并且要明确审理执行过程中的责任，对案件负责、对企业负责、对人民负责。

五要化解办案风险。企业合同纠纷案件中的一些案情情况复杂，涉及群众较多，民事与刑事交叉，往往牵一发而动全身，存在较大的风险。因此在审理过程中要审慎抉择，及时分析研判风险隐患，避免出现可能引发的群体性信访事件，确保社会和谐稳定。

六要注重办案效果。在案件审理执行的过程中要坚持政治效果、法律效果和社会效果的有机统一，既要注重依照法定程序办理，不能越过法律这条红线，又要充分考虑案件的社会影响。

承办法官：马明明

法官助理：张清峰

执笔人：王　林

13. 莱阳市某建筑器材租赁处与某建设集团有限公司租赁合同纠纷执行案*

——“强执 + 劝说”促和解，助力企业赢生机

【基本案情】

在原告莱阳市某建筑器材租赁处（以下简称甲公司）与被告某建设集团有限公司（以下简称乙公司）租赁合同纠纷案中，2014 年 9 月 3 日，某建筑劳务有限公司与原告甲公司签订建筑器材租赁合同，租赁甲公司建筑器材用于被告乙公司某项目工地。后甲公司与某建筑劳务公司负责人林某、某建设集团有限公司烟台分公司（以下简称丙公司）莱阳某项目部工作人员岳某先后签订协议，由丙公司支付某建筑劳务公司所欠甲公司租赁费 118 万元，并约定付款方式、时间、违约责任。2015 年 10 月 3 日，乙公司项目负责人孙某向甲公司租赁钢管和扣件，入驻乙公司某项目工地使用。2018 年 7 月 30 日，被告孙某作为担保人承诺付款，甲公司随后按承诺约定时间撤场。之后乙公司一直未支付租赁费。

经莱阳市人民法院（以下简称莱阳法院）审理，认定丙公司系乙公司所设立的分公司，不具备法人资格且已经被注销，依法对外产生的债务应当由乙公司承担，故乙公司应当对丙公司所欠原告的全部债务承担清偿责任；被告孙某未与甲公司约定保证责任，依法承担连带清偿责任；根据相关规定违约金具有惩罚性质，甲公司与丙公司约定的违约金足以弥补其直接损失和可得利益损失，故支持甲公司诉请违约金以及利息。因此判决乙公司支付甲公司租赁费、违约金及利息共计 179.41 万余元，被告孙某对上述应付款中的 144.27 万余元承担连带清偿责任。判决生效后被告一直拒绝履行义务，故申请执行人甲公司于 2022 年 9 月 14 日向莱阳法院申请强制执行。

---

* 参见山东省莱阳市人民法院（2019）鲁 0682 民初 3986 号民事判决书；山东省莱阳市人民法院（2022）鲁 0682 执 1653 号、（2023）鲁 0682 执恢 413 号执行裁定书。

【办理思路】

1. 强制措施造威慑。在申请执行人向莱阳法院申请强制执行之后，执行法官决定立即采取强制执行措施，于2022年9月14日立案，并于次日向乙公司和孙某发出执行通知书、传票、财产报告令、被执行人财产申报表，督促被执行人尽快履行给付义务。同时查询乙公司和孙某的财产，接收协执单位所反馈的财产信息，经查明，报告人现有固定房屋共12套，共计价值约6 282 314.4元，债权13 994 757.95元及利息，以上财产足以支付（2022）鲁0682执×号案件的执行款项。莱阳法院向莱阳某置业有限公司发出协助执行通知书，冻结被执行人在该置业公司破产案件中享有的破产债权分配款180万元，并发出执行裁定书；向河北省保定市易县人民法院发出委托执行函，查封被执行人在易县所拥有的5处房产，以督促被执行人尽快履行给付义务。

2. 耐心劝说促和解。莱阳法院双管齐下，在采取强制执行措施的同时，多次联系被执行人，并去往被执行人的公司进行耐心劝导，起初被执行人并不配合，对于执行法官的到来具有强烈的抵触情绪，依然不想履行给付义务。但执行法官并不气馁，不厌其烦地多次带着法条上门，释法明理，详细告知被执行人如坚持拒不履行法律义务所要承担的后果，在采取强制措施所带来的法律的强大威慑及执行法官的耐心劝说下，被执行人了解了其中的利害关系，最终同意达成和解协议，履行给付义务。

2023年1月13日，莱阳法院传唤申请执行人和被执行人，制作执行笔录，乙公司委托代理人高某表示，将于2023年1月17日一次性支付130万元；2023年3月31日前支付15万元；用2016年出厂的GLC260奔驰，抵顶30万元，该车于2023年3月初过户给申请执行人，在交付前确保车辆没有事故，确保正常过户；诉讼费20 838元及执行费20 341元由乙公司承担。申请执行人表示若对方按照上述和解内容履行，愿自愿放弃对其他权利的追偿，双方就此达成和解协议。历经五年，申请执行人终于收到了案款，为此，特向莱阳法院执行局送来了锦旗，表达了由衷的感谢和喜悦。至2023年6月5日，申请执行人向莱阳法院申请执行的案件已全部执行完毕，现已结案。

【法条链接】

1. **《中华人民共和国公司法》**（2023年12月29日修订）

第十三条　公司可以设立子公司。子公司具有法人资格，依法独立承担民事责任。

公司可以设立分公司。分公司不具有法人资格，其民事责任由公司承担。

第三十八条　公司设立分公司，应当向公司登记机关申请登记，领取营业执照。

2.《**中华人民共和国民事诉讼法**》(2023 年 9 月 1 日修正)

第二百五十一条　执行员接到申请执行书或者移交执行书，应当向被执行人发出执行通知，并可以立即采取强制执行措施。

第二百六十四条　被执行人未按判决、裁定和其他法律文书指定的期间履行给付金钱义务的，应当加倍支付迟延履行期间的债务利息。被执行人未按判决、裁定和其他法律文书指定的期间履行其他义务的，应当支付迟延履行金。

3.《**中华人民共和国民法典**》(2020 年 5 月 28 日)

第一百七十二条　行为人没有代理权、超越代理权或者代理权终止后，仍然实施代理行为，相对人有理由相信行为人有代理权的，代理行为有效。

第五百零九条　当事人应当按照约定全面履行自己的义务。

当事人应当遵循诚信原则，根据合同的性质、目的和交易习惯履行通知、协助、保密等义务。

当事人在履行合同过程中，应当避免浪费资源、污染环境和破坏生态。

4.《**最高人民法院关于适用〈中华人民共和国民事诉讼法〉的解释**》(2022 年 4 月 1 日修正)

第四百八十条　人民法院应当在收到申请执行书或者移交执行书后十日内发出执行通知。

执行通知中除应责令被执行人履行法律文书确定的义务外，还应通知其承担民事诉讼法第二百六十条规定的迟延履行利息或者迟延履行金。

【法官心语】

在该涉企案件的执行过程中，一方面，面对被执行人的拒不配合，执行法官以雷厉风行的执行作风，果断采取了强制执行措施，敦促执行人履行法律义务，彰显了强制执行的力度，切实维护了胜诉企业的合法权益；另一方面，考虑到双方当事人的利益和企业的长远发展，执行法官开拓思路，不拘泥于单一的执行手段，耐心地给被执行人做思想工作，严肃告知其拒不履行法定义务将会面临的法律后果，凸显了耐心劝导的温度，最终促使双方当事人达成了和解协议。在法律威慑和耐心劝说的双重加持之下，申请执行人终于收到了案款，该案得以圆满解决。

人民法院在优化营商环境中担任着重要角色，以公正高效权威的司法实践保护产权和企业家合法利益，是人民法院的职责所在、使命所系。莱阳法院始终坚持把持续优化营商环境作为重要的政治任务，围绕服务保障经济社会高质量发展的切入点，倾力打造“莱法助企”品牌，着力将优化营商环境融入司法服务，切实做到民有所需，司法有所应，精准助力企业纾困解难。

2023 年以来，莱阳法院扎实开展“司法助企·执行亮剑”专项行动，全面加大涉企胜诉案件执行力度，有力地维护了企业合法权益。坚持善意文明执行理念，通过“放水养鱼”“分期执行”等灵活方式，对诚信的被执行企业审慎采取强制措施，给予一定履行期限，让企业积蓄力量，增强履行义务的能力，实现多方共赢。同时，为激励自动履行法律义务的行为，为诚信被执行企业发出《自动履行义务证明书》，帮助企业恢复信用等级，拓展相关业务，用法治力量维护诚实守信方的合法权益，助力中小微企业减负纾困，让“失信受罚”和“守信获益”真正成为社会共识，为企业创造更好的营商环境。

今后，莱阳法院将持续聚焦全市发展大局，持续加大司法助企力度，大力开展“司法助企·护航发展”专项行动，从企业切身利益出发，充分发挥司法职能作用，强化可行性举措，着力为企业纾困解难，让企业在前进的路上更有信心、更有希望、更有保障。

承办法官：赵文海
法官助理：李浩月
执笔人：朱善海

14. 上海某公司与青岛某公司租赁厂房腾空案*

——“活封”执行促和解

【基本案情】

上海某公司与青岛某公司于 2018 年 12 月签订房屋租赁合同，由青岛某公司租赁上海某公司位于海阳市核电工业园区的厂房等建筑物，合同约定租金每年 100 万元，约定合同租赁期为 2018 年 12 月 20 日至 2021 年 12 月 19 日。租赁合同届满后，合同自行终止，上海某公司通知青岛某公司腾空厂房并交付案涉房屋，经多次沟通未果，上海某公司起诉至法院，经过一审、二审法院审理，法院最终判决青岛某公司付给上海某公司租金 2 万余元，并于判决生效后 60 日内腾空案涉厂房并交付给上海某公司，自 2022 年 3 月 30 日起至判决自动履行期限届满前的租金，仍按原合同约定的租金标准由青岛某公司支付给上海某公司。2022 年 6 月 27 日，二审判决生效，后青岛某公司在自动履行期限内未能及时腾空案涉厂房。2022 年 9 月 2 日，上海某公司向海阳市人民法院（以下简称海阳法院）申请强制执行，要求青岛某公司履行租金支付和厂房腾空义务，交付案涉厂房。

【办理思路】

海阳法院于申请执行人申请当日即进行了执行立案，第一时间进行了网络查控，对该案中涉及的金钱给付义务标的 2 万余元及时进行了冻结扣划。对于厂房腾迁问题，案件承办法官于立案当日即前往案涉厂房进行现场调查，

---

* 参见山东省海阳市人民法院（2022）鲁 0687 民初 1046 号民事判决书；山东省烟台市中级人民法院（2022）鲁 06 民终 3361 号民事判决书。

了解厂房现状，并与被执行人青岛某公司的法定代表人进行沟通，释明其应当履行的厂房腾空义务。在案件办理过程中，经过与申请执行人、被执行人的沟通以及现场调查发现，一方面，该案涉厂房内目前存放着青岛某公司大量在造的大型机械设备，短时间内完成腾空工作确有困难；另一方面，案涉厂房的腾迁工作涉及海阳核电二期工程1000余名建设员工的住宿安置问题，若该问题无法解决，会影响到核电二期工程的建设。为使该案得到妥善处理，承办人先后3次协调双方当事人进行协商解决，共同商讨和解方案，努力实现既解决核电二期工程建设员工的安置问题，又尽量保证不影响青岛某公司的正常经营实现稳步腾迁。最终，经过多次协商后，双方当事人达成一致意见，将厂区内的第一、第二栋楼及第三栋楼的一层在2022年10月20日前全部腾空，保障建设人员入住，其余部分厂房于2023年5月6日前完成腾空，期间由青岛某公司按照年租金100万元向上海某公司支付租金，若超期未完成腾空，则按照年租金150万元向上海某公司支付。从立案到协调达成一致意见，该案仅用时5天，便促成双方执行和解。

【法条链接】

《中华人民共和国民事诉讼法》（2023年9月1日修正）

第二百四十一条　在执行中，双方当事人自行和解达成协议的，执行员应当将协议内容记入笔录，由双方当事人签名或者盖章。

申请执行人因受欺诈、胁迫与被执行人达成和解协议，或者当事人不履行和解协议的，人民法院可以根据当事人的申请，恢复对原生效法律文书的执行。

第二百五十三条　被执行人未按执行通知履行法律文书确定的义务，人民法院有权向有关单位查询被执行人的存款、债券、股票、基金份额等财产情况。人民法院有权根据不同情形扣押、冻结、划拨、变价被执行人的财产。人民法院查询、扣押、冻结、划拨、变价的财产不得超出被执行人应当履行义务的范围。

人民法院决定扣押、冻结、划拨、变价财产，应当作出裁定，并发出协助执行通知书，有关单位必须办理。

【法官心语】

强化善意文明执行理念，积极创新执行工作方法，高效率、高质量地维护好人民群众的合法权益，是保障经济社会稳定、维护社会公平正义的必然要求，更是优化营商环境、推动经济高质量发展的应有之义。“感谢海阳市人民法院的执行法官，是你们不辞辛苦的多次协调，让我们企业的生产经营得以‘转危为安’。”不久前，青岛某公司员工代表专门致电向海阳法院执行局法官表达真诚的谢意。“始终秉持善意执行的理念，才有可能在最大程度上维护双方当事人的合法利益前提下促成双方当事人达成和解。”执行法官宁世光说道。

新冠肺炎疫情之下，企业经营举步维艰，如何在兑现公平正义和践行司法护企之间做好平衡，是法院开展执行工作应考虑的重点问题。为了最大限度保障涉企执行案件双方的正常生产经营，海阳法院在办理涉企执行案件时，始终遵循善意文明执行理念，对正用于生产经营的厂房、机器设备、车辆等资产，采取“活封”“活扣”的控制措施，对于短期内履行完毕确实存在实际困难的，切实加大执行和解力度，以更加灵活的办案方式，努力寻求法律效果、社会效果的有机统一。

该案双方当事人均为重点企业，且涉及海阳核电二期工程的建设问题，在案件执行过程中，执行法官遇到此种情况后第一时间逐级上报，海阳法院党组和执行局高度重视，对此案专门召开执行方案研究会议。会议迅速确定了“活封”的执行方案，加大对双方当事人释法明理的调解力度，力促双方当事人在互为理解的前提下达成和解协议。这不仅体现出海阳市人民法院始终坚持善意文明执行理念和司法护企的宗旨理念，更体现了海阳市人民法院促进双方有效沟通的高强力度、高效确定折中方案的优质决策能力。积极促成执行和解，既妥善解决了1000余名建设员工的妥善安置问题，保障了重点项目的建设进度，又给被执行企业争取了合理的腾空时间，维持了企业的正常经营，实现了良好的法律效果和社会效果。

承办法官：宁世光

执笔人：张瑞环　黄笑媛

第六章

经验做法

烟台法院司法助企保障高质量发展

初夏 5 月，万林公司的苹果苗木种植基地里，一捆捆小小的苗木正被有序打包，即将发往全国各地。

此前，万林公司因深陷不正当竞争纠纷，曾一度陷入可能无法使用“烟富 111”这一名称来推广苹果苗木的境地。商品名称是企业的“第一名片”，凝结了企业的智慧和希望。“该案一旦处理不好，对于万林公司及其他销售‘烟富 111’苗木的企业来说，将是沉重打击。”烟台市中级人民法院民三庭庭长栾海宁说。

烟台市中级人民法院通过现场调查和查阅品种登记证书等资料，全面摸清“烟富 111”苗木“根底”后，严格厘清了非主要农作物品种登记人的权利范围，依法制止了品种登记人的权利滥用，维护了市场公平竞争秩序。

帮助企业纾困解难并不是终点。在前期调查研究的基础上，烟台市中级人民法院秉持“小案不小办”的理念，系统梳理了近年来烟台辖区涉及新类型不正当竞争案件中的共性问题，主动向知识产权、果树苗木等有关监管部门和协会提出司法建议 3 份，实现“审理典型一案、促进治理一行”的积极效果。“企业想要什么、法院能做什么，是我们服务保障高质量发展的重要课题。”烟台市中级人民法院党组书记、院长于晓东说。

烟台法院创新建立司法助企联络专员制度，发挥联络专员在司法助企调查研究中的牵头和牵引作用，努力把需求问全、把情况摸清、把问题找准、把对策提实。

今年以来，烟台法院联络走访企业 800 余次，帮助企业解决法律问题 950 个，依法妥善化解涉企纠纷 1.7 万件，为 100 余个企业及时进行信用恢复，主动向相关监管部门、行业协会提出司法建议 30 余件次，企业发展的“司法软环境”不断充盈。“烟台法院将继续深化‘法护航 · 益企行’司法助企品牌打造，不断优化法治营商环境，为烟台迈入‘GDP 万亿之城’提供有力司法服务和保障。”于晓东说。

新华社 2023 年 5 月 14 日专题报道

变企业“需求清单”为法院“行动清单”

——烟台法院打好三张牌助力企业发展跑出“加速度”

“下个月紫甘蓝上市，应该可以卖个好价钱了。”近日，山东龙口某果蔬种植专业合作社负责人老王看着自家长势良好的紫甘蓝，内心满是感慨。

两年前，老王还在为辛苦种植的紫甘蓝被收购方拒收、卖不出钱而着急。原因是位于种植地东南方向约 300 米处的砖厂生产产生的煤灰把地里的紫甘蓝污染了。龙口市人民法院依法审理该起环境污染责任纠纷案件，为砖厂污染环境、侵权行为划出法律红线，让老王头疼的问题迎刃而解。

把企业“需求清单”变成法院“行动清单”，助力企业发展跑出“加速度”。今年以来，面对高质量发展的时代课题，烟台市两级法院深入贯彻落实党的二十大精神，扎实开展“司法助企 · 护航发展”行动，以创新打造“法护航 · 益企行”品牌为引领，分领域开展“金融法盾”“破茧新生”“绿色审判”“法护创新”“执行亮剑”五大专项行动，打出能动履职、精品审判、“绿色通道”三张“组合牌”，努力以高质量司法护航烟台冲刺“万亿之城”。

能动履职将企业发展需求找出来

“在我们园区设立法官工作室，面对面对接需求，心贴心提供服务，我们有信心把企业发展得更好。”3 月 31 日，在烟台市蓬莱区人民法院驻万华新材料低碳产业园区法官工作室揭牌仪式上，万华新材料低碳产业园总经理袁帅高兴地说。

针对落户蓬莱的省级重点项目，蓬莱区人民法院设立驻园区法官工作室，司法助企联络专员带头深入企业，主动服务企业司法需求，在企业和法院之间架起“连心桥”。

“非常感谢法官和调解员利用休息时间，尽心尽力调解我们企业纠纷，让我们的事情得到了圆满解决。”今年 4 月，在莱山区人民法院与区工商联共同成立的“法联暖企”工作室里，原告公司负责人紧紧握着承办法官的手，连声表示感谢。就在不久前，他与某供热企业之间长达 10 年的合同终于成功履行完毕，自身合法权益得到应有保护。

设立司法助企联络专员，建立法官工作室，这是烟台法院积极能动履职的生动注脚。今年，烟台市中级人民法院出台《关于开展“司法助企·护航发展”行动的实施意见》，明确完善涉重大项目案件办理机制、畅通矛盾纠纷多元化解路径等 18 条意见措施，全面对接 537 个市级重点投资项目，开展“问政策、问项目、问生产、问需求”“帮发展、帮协调、帮答疑、帮解纷”“四问四帮”活动，已走访、联络企业 800 余次，帮助企业解决法律问题 950 个。

精品审判让企业发展活力迸出来

被查封项目房源 170 余套，冻结资金 2000 余万元，400 多户购房业主可能无法交付房屋，这是龙口市中宇房地产有限公司“生病”时的症状。

为助力企业破茧新生，龙口市人民法院创造性开出“庭外债务重组 + 庭内破产和解”“药方”，并充分发挥“府院联动”机制作用，创设“政府纾困基金”金融工具，以政府专项资金帮扶危困房企，解决股东退出及复工复产资金问题。最终，仅用两个月时间就完成破产和解工作，让企业“绝处逢生”。

不同于发挥破产审判职能为“病企”解困，烟台法院的知识产权审判走出了另外一条助“新企”冒尖的道路。

苹果是烟台的重要名片。因“烟富 111”苹果苗木网络推广、销售问题，两家公司闹上法庭。面对涉及非主要农作物品种名称保护的新类型不正当竞争案件，烟台市中级人民法院大胆裁判，严格厘清非主要农作物品种登记人权利范围，有效制止品种登记人权利滥用，维护了种业市场公平竞争秩序，用小案件彰显了知识产权保护大价值。

“法院审判职能是护航企业发展的有力保障，要让企业实际感知高质量司法，公正司法是关键一步。”在烟台市中级人民法院党组书记、院长于晓东看来，专业化审判是“抓实公正与效率”的重要推动力，人民法院要立足审判职能作用，分类施策、突出重点，激发各类市场主体活力。

今年以来，烟台法院大力实施涉企案件精品审判工程，优化重组金融、破产、知识产权、环境资源专业化审判团队 48 个，妥善化解审理涉企纠纷 1.7 万余件，打造公正司法“金字招牌”，让企业家安心经营、放心投资、专心创业。

绿色通道让企业发展步子快起来

“我们争议太大，相互都起诉了对方，本来都做好了打持久战的准备，没想到法院通过庭前调解就帮我们解决了，终于能安心投入精力进行生产经营了。我们衷心为法官实质性化解纠纷点赞。”双方公司代表一同向承办法官致谢。

这是一起上亿股权转让纠纷案，在历经了管辖权异议、诉前调解、鲁晋两地法院及银行协调执行等曲折努力后，烟台市芝罘区人民法院最终成功促成两家企业之间达成和解，超两亿元执行款项当天立案当天到账。

纠纷快速实质化解得益于烟台法院实行的“全过程调解优先”和“全环节绿色通道”模式。为了尽可能减轻涉企案件当事人诉累，烟台法院着力畅通立、审、执环节“绿色通道”，坚持靠前指导、力促双赢，努力为企业当事人提供最高效、最优质司法服务，用司法暖色提升助企成色。

为彻底给企业“松绑”，烟台法院还在执行领域开展“优化法治营商环境助力企业信用修复”专项行动，对已经发布的失信被执行企业逐一登记，灵活采用修复措施，坚持边排查、边修复，帮助失信企业改善信用状况。截至今年4月底，已为上百家企业实现信用修复，让企业在阳光下轻装上阵、阔步前行。

“烟台法院将持续深入打造‘法护航·益企行’司法助企品牌，以‘为大局服务、为人民司法’的使命担当，在法律范围内用法治手段，与企业携手在高质量发展新征程中行稳致远。”于晓东说。

《法治日报》2023年6月8日第3版刊发

司法助企，赋能冲刺“万亿之城”

三月的烟台，气温还有点低。

山东省烟台市莱山区“法联暖企”工作室里却暖意融融。

“真的没想到，拖了这么久的纠纷能以调解的方式解决，这个工作室，真正是为企业办了实事。”

连连的感谢声从工作室里传来，说话的是烟台某仪器设备公司负责人林某。他拿着调解书，看了一遍又一遍。

就在刚刚，林某的公司与烟台某热力公司之间长达 10 年的合同终于履行完毕，画上了圆满的句号。

今年，是烟台市地区生产总值突破万亿元大关的关键之年。如何在冲刺“万亿之城”的大潮中找到位置、有所作为？烟台两级法院积极探索，在这个春天找到了答案。

解题的关键词就是“司法助企”。

为此，烟台市中级人民法院印发《关于开展“司法助企 · 护航发展”行动的实施意见》（以下简称《意见》），明确提出把靠前服务重大项目建设、司法助企作为法院为大局服务的着力点，倾力打造“法护航 · 益企行”司法助企品牌，以能动履职赋能，以司法助企增势，以高质量司法助推高质量发展。

“10 年的合同”：多元解纷联动，治“肠胃之病”

“这个纠纷牵扯我太多精力了，简直就是一场‘拉锯战’。”说话间，林某思绪回到了 10 年前。

当时，林某与某热力公司签订了热力表及远程抄表买卖合同，合同约定质保金经验收合格后满 3 年、6 年和 9 年分期返还。

“安装完成后，我们找到了烟台市计量所进行仪器检测，检测表明热力表及远程抄表全部合格，按照合同约定，对方应该在规定时间内分三次返还质保金。”林某接着说道。

“原以为会很顺利。”怎料2022年之后，某热力公司以受市场影响、资金周转困难为由，一直拖欠剩余质保金不予返还。

“大家都有难处，如果因为有难处就可以不履行合同，那还有什么诚信可言?”事后，林某心情仍比较激动。

“不蒸馒头争口气。”经多次催要无果后，林某一纸诉状诉至烟台市莱山区人民法院。

“这起纠纷，虽然案情简单，但是涉及区内重点民营企业，危及企业诚信经营，而且关系到莱山区多个小区、多个楼栋的居民生活利益，处理起来万不可掉以轻心。”承办法官丁晶回想起她刚接手这个案件时的情形时这样说。

考虑到合同履行时间已经长达10年之久，如果纠纷进入诉讼程序，对企业而言会更加耗时费力，于是，丁晶第一时间想到了莱山区人民法院与莱山区工商联共建的“法联暖企”工作室，试图与驻工作室特邀调解员一道，用最短时间在诉前化解这起纠纷。

怎样让双方心平气和地坐在一起？这是摆在丁晶和调解员刁玉蕙面前的第一个难题。

调解的关键在于主动出击，掌握先机才是取胜之道。经反复商量后，丁晶和刁玉蕙决定分头行动，上门劝说。

在与林某交谈过程中，细心的丁晶发现，其最大的诉求就是快速处理，用最快的速度拿到钱。

如此，诉前调解促使双方和解无疑是最好的纠纷化解方式。

“如果走诉讼程序，案件要经过立案、审理，情况复杂的话，可能还要进入执行程序，时间太长。”丁晶耐心劝导。

“只要能快速拿到钱，我就同意调解。”林某毫不犹豫地答应。

与此同时，刁玉蕙找到某热力公司：“一旦进入诉讼程序，对方可能会申请诉前保全，不仅公司生产经营会受到影响，如果传出去，你们企业在市场上的信誉也会大打折扣。”

用企业信誉去冒险，自然是得不偿失，某热力公司最终同意调解。

3月初的一天，天虽然阴着，但是气温升暖，预示着一切在慢慢向好发展。

“法联暖企”工作室里，纠纷双方如期而至。一进屋，各自便说着各自的苦闷，表达着自己的心声和诉求。

在充分了解双方目前面临的压力和后续可能存在的经营风险后，丁晶和刁玉蕙法理情并用，反复做着当事人的思想工作，积极引导双方理性处理矛盾分歧。

经过3个小时的努力，双方的手紧紧握在一起，调解协议终于达成，莱山区人民法院现场对调解协议进行了司法确认。

“涉企纠纷往往比较尖锐，想要又好又快地实质性化解，光靠法院是远远不够的，需要多方参与，形成合力。”丁晶感慨道。

小案件折射大问题，大问题影响大发展。一次成功的诉前调解，往往需要社会各界参与其中并紧密配合。

“我们坚持‘小案事不小、小案不小办’，积极争取党委政府支持，推动打造‘多方参与、多元共治’的涉企纠纷联动化解新模式，努力办好快办每一起涉企纠纷，实现公正与效率相统一，这也是我们司法助企迈出的第一步。”烟台市中级人民法院党组成员、副院长王桂一介绍说。

“法联暖企”工作室就是这一新模式结的硕果。

今年以来，围绕涉企纠纷多元联动化解，烟台法院注重加强与行政监管部门、行业协会组织的诉调对接，进行联动会商9次，将8000余起涉企纠纷成功消弭于萌芽、化解于诉前，为企业按下止纷化讼“快进键”，让企业发展驶入“快车道”。

“336个字”：司法建议能动，治“肌肤之病”

涉企纠纷多元联动化解，固然解了企业燃眉之急。但是，“企业之急”缘何而来？有没有更好的办法防患未然？

烟台法院在探索的路上脚步不停。

他们找到的出路是：开好司法建议“良方”，前移涉企纠纷防范化解关口。

3月21日，如往常一样，海阳市某商业银行营业大厅内，人员来来往往不断，电话叮铃铃响个不停。

“无论是债务人还是担保人，都必须亲自到银行签字，经办人员不可代为签署。”在电话里，大厅业务主管孙经理语气和蔼，但态度极为坚定。

当天，这已是第五个来电询问债务担保是否可以由经办人代为签字的电话。搁在以前，答复截然相反。

为什么会出现这种现象，还要从之前一系列案件说起。

那段时间，海阳市人民法院法官姜雪莲审理了一批涉海阳市某商业银行股份有限公司的金融借款合同纠纷。

在审理过程中，姜雪莲发现，涉该公司17份合同的司法鉴定中，当事人签字均不是本人签字。

由经办人代为签字，严谨程序如此儿戏。

“这充分说明了该公司法治意识的淡薄，暴露了公司管理上的不规范和漏洞。”姜雪莲心思缜密。

同时，姜雪莲认为，在明显能看出非当事人签字的情况下，该公司仍然坚持对签名笔迹进行司法鉴定，否认代签事实，极大地激化了双方矛盾，也不合理地延长了审理周期，这不仅增加了当事人诉累，还严重损害了金融合同的严肃性。

明明知情却不实说，司法资源白白浪费。

根据《民事诉讼法》相关规定，这种情况一定程度上妨碍了人民法院审理案件，属于妨害司法行为之一。

问题如此严重，却长期无人察觉。

想到这里，姜雪莲立即写起了司法建议书。

“特建议，严格规范办理贷款手续和催收贷款手续，开庭时应责令你公司办理涉案贷款的经办人出庭，就是否为本人签字等情况作出说明……希望今后能实事求是反映情况，节约司法成本，维护司法权威。如再发生类似案件，本院将依法追究责任。”

建议共336个字，旋即发往该公司，直击公司管理漏洞、浪费司法资源等弊端问题。

“贵院司法建议书我单位已收悉，对于贵院提出的司法建议，我单位领导十分重视，经认真研究，现回复如下……”

不久，该公司复函，司法建议内容一一落实。

案件办完了，风险隐患也消除了。如今，该公司再也没有了之前类似的困扰。

“办案过程中，发现企业生产经营方面的法律风险和管理漏洞，有针对性提出司法建议，帮助企业完善治理结构，促进企业合规经营，是我们司法助企的第二个宝贵经验。”烟台市中级人民法院分管司法建议工作的副院长伊剑锋表示。

据了解，烟台法院高度重视司法建议“消未起之患、治未病之疾”的作用，针对涉企金融借款、劳动争议等领域类型化纠纷成因，向有关行业主管部门和企业提出司法建议60余件次，积极为企业发展提供“抓前端、治未病”的司法助力。

同时，深刻把握审判执行与经济运行、司法建议与助企发展的潜在关联，加大涉企案件审判执行攻坚力度，统筹开展“金融法盾”“破茧新生”“法护创新”“绿色审判”“执行亮剑”五大专项行动，依法妥善化解涉企纠纷1.8万件，综合利用司法大数据资源，分领域精准分析和研判涉企纠纷诉讼成因及问题症结，确保案案办到实处、建议提到点上。

“1 个课题”：走访调研互动，治“腠理之病”

司法建议发出了，治理漏洞堵住了。

但是，企业司法需求仍然“在路上”。为此，烟台法院走出了第三步。

“全市法院要坚持无事不扰、有求必应的原则，通过定期走访和专项调研实现‘常畅’联络，分类施策帮助企业纾困排忧解难和服务辖区重大项目建设。”4 月 8 日，在全市法院重点工作突破提升交流推进会上，烟台市中级人民法院党组书记、院长于晓东字字铿锵，态度鲜明地强调。

5 月 11 日，在烟台市中级人民法院助力企业发展工作座谈会上，来自不同行业领域的多名企业负责人纷纷表达着“心声”——

“我们公司现在承担着省级重点项目，在这方面，市中院有没有一些有针对性的司法服务保障措施？”

“今年全党大兴调查研究，建议法院能不能多走进企业生产一线，加强法企之间的联系沟通和交流互动，针对不同企业的司法需求开展一些专题调研活动？”

“企业在发展过程中不可避免会有一些失误，最高人民法院院长张军提出，研究同检察机关共同做好涉案企业合规改革，全市法院有没有相应的工作措施或者容错机制？”

“我们是一家中小微企业，职工法律意识普遍不高，法院能不能把企业普法需求与以案释法职能结合起来，适当多开展一些普法宣传进企业的活动？”

“执行过程中，建议能不能充分考虑小微企业抗风险能力差、流动性资金压力大等实际情况，最大限度降低执行措施对中小微企业等市场主体的不利影响。”

……

“有没有”“能不能”，需求迫切而具体。

如何把情况摸清、把问题找准、把对策提实，全面准确把握企业司法需求，打好纾困解难“组合拳”？

烟台法院用调查研究这“关键一招”，打通了司法助企“最后一公里”。

据了解，烟台两级法院严格落实上级关于大兴调查研究的实施方案，将助企联络走访与开展调查研究融合起来推进，组织“问政策、问项目、问生产、问需求，帮发展、帮协调、帮答疑、帮解纷”的“四问四帮”活动，征集意见建议 11 类 78 个，12368 诉讼服务热线解答咨询 1100 余次，积极为企业发展注入司法力量。

“以司法助企为切入点，服务保障经济社会高质量发展，是我们今年确定的一个重要调研课题。”近日，于晓东带队走访调研了位于龙口市和招远市的多家企业，与企业负责人面对面交流，“我们聚焦企业‘急难愁盼’，竭尽所能为企业发展保驾护航，全力营造让企业‘安心、放心、省心’的优质法治化营商环境”。

“司法助企走访调研，调研的是企业事，连接的是法企心，传递的是司法情。”在于晓东看来，法院肩负着为大局服务、为人民司法的重任，在亟须提振企业发展信心的当下，司法助企是为大局服务的最好注脚。

截至目前，烟台两级法院已全面对接全市400个在建重大项目，完成三大千亿元级园区法官工作室建设，针对走访调研过程中发现的司法问题，落实各项司法帮扶举措128项……

在联络走访中深化调查研究，在调查研究中强化法企互动，是烟台法院司法助企的“终极大招”。

大联动、大建议、大调研。

一项项举措相辅相成、相得益彰，促进法企“亲情”“常畅”互动交流，司法助企暖企的氛围在烟台蔚然成风。“法护航·益企行”司法助企品牌也已成为当地企业得益、政府满意、百姓受益的“大局工程”，为烟台冲刺“万亿之城”献力赋能。

病在腠理，不治将恐深……

病在肌肤，不治将益深……

病在肠胃，不治将愈深……

涉企纠纷诉源治理，道理亦是如此。

人民法院在其中如何更好发挥职能作用？对此，于晓东有着清醒认识：“《意见》已经出台，落实得怎么样，要通过纠纷化解、司法建议、联络调研等工作机制掌握情况和加强督导，锲而不舍抓落地见效……”

《人民法院报》2023年5月28日头版头条刊发

以高质量司法服务助力企业高质量发展

人民法院要凝心聚力、笃行奋进，坚定不移贯彻新发展理念，有力保障构建新发展格局，矢志不渝护航企业发展，着力打造一流法治化营商环境，厚植企业蓬勃发展司法沃土，为经济社会高质量发展提供强力司法保障，为全面建设社会主义现代化国家贡献法院力量。

党的二十大报告指出，要着力优化民营企业发展环境，依法保护民营企业产权和企业家权益，促进民营经济发展壮大。3月23日，全国法院学习贯彻全国两会精神电视电话会议指出，要紧紧围绕强国建设、民族复兴的中心任务履职尽责，把更好统筹发展和安全落到实处，努力以高质量司法助推高质量发展。人民法院作为法治建设的重要参与者和推动者，运用司法力量保护企业权益、保障企业发展责无旁贷，要全面推进涉企司法工作，着力打造稳定公开透明、可预期的法治化营商环境，以高质量司法服务护航经济高质量发展。

强化政治建设，凝心聚力助企。服务高质量发展大局，人民法院要深入学习贯彻习近平法治思想，深刻认识习近平总书记关于“法治是最好的营商环境”重要指示精神，切实增强司法助企的政治自觉、思想自觉和行动自觉。要提高政治站位，以党的二十大精神为指引，把服务保障高质量发展作为讲政治的重要体现，充分发挥司法职能作用，以司法助企发展作为切入点，精准研判辖区重大项目建设、企业经营运行中存在的法律风险，有的放矢制定服务举措、完善工作机制。要在党委领导和政府支持下，综合施策、妥善化解各类涉企纠纷，努力实现办案政治效果、法律效果和社会效果有机统一。近年来，山东烟台法院扎实开展“司法助企·护航发展”行动，以创新打造“法护航·益企行”司法助企品牌为引领，不断加大助企暖企工作力度，把全力服务保障经济高质量发展，作为坚定拥护“两个确立”、做到“两个维护”的生动实践。

探索多元途径，高效服务便企。服务高质量发展大局，人民法院要坚持问题导向，从企业实际需求出发，为企业发展提供优质高效、贴心周到的司法服务。要积极深化一站式多元纠纷解决和诉讼服务体系建设，完善涉企纠纷多元化解机制，加大诉前调解工作力度，建立健全与工商联和各类商事行业组织、调解组织的诉调对接机制，推动涉企纠纷在诉前高效化解。要加强法院与企业间的常态化沟通联络机制建设，围绕企业核心业务发展、常见法律风险点，通过入企结对联络、定期举行座谈、宣讲法规政策等方式，为企业提供到位不越位的诉讼服务，让企业家干事创业免除法律方面的后顾之忧。近年来，法院致力于建设快捷便利的诉讼环境，优化保障重点项目建设、完善案件标识分流等绿色通道举措，畅通矛盾纠纷多元化解路径，积极扩大诉源治理机制在化解涉企纠纷上的效能，为企业发展提供多元高效的司法服务。

立足审判职能，分类施策益企。服务高质量发展大局，人民法院要完善重点领域涉企诉讼审判机制，分门别类、突出重点制定专项举措，保护各类经营主体合法权益。要立足审判职能作用，针对企业发展需求健全完善审判机制举措，在金融审判领域，以防范金融风险、规范金融秩序为重点，妥善审理涉招商引资、金融借贷等案件，有效保护企业投融资安全；在破产审判领域，以重整重生、盘活资产为重点，综合适用重整、和解等程序挽救企业，积极适用简易破产程序尽快出清“僵尸企业”，促进市场资源优化配置；在知识产权审判领域，以保护创新、侵权补偿为重点，加大关键核心技术、新兴领域的知识产权保护力度，依法保护高精尖企业和平台企业规范健康发展，服务保障创新驱动发展战略；在环境资源审判领域，以指引绿色发展、保护生态环境为重点，准确适用民法典绿色条款审理排污权交易、绿色金融等新型涉企案件，规范和引导企业绿色转型发展。近年来，法院以切实解决企业发展中的难点堵点法律问题为抓手，组织开展司法助企专项行动，建立涉重大项目案件院庭长参审把关制度，妥善化解重点领域涉企纠纷，全力推动涉企审判工作成效实现新提升。

灵活推进执行，扎实保障护企。服务高质量发展大局，人民法院要在提高企业实实在在司法获得感上下功夫，以灵活规范的执行行为，增强企业放心投资、安心经营的法治氛围。要提升执行质效，深化执行案件繁简分流改革，重点推进解决拖欠民营企业和中小微企业账款等影响企业生产经营的执行案件，要坚持善意文明执行理念，审慎采取查封、扣押、冻结等执行强制措施，用好用活“活封活扣”“执行和解”等执行方式减轻企业负担，最大限度降低对企业生产经营可能造成的不利影响，避免“办理一个案子，垮掉一个企业”。近年来，法院靶向攻坚破解涉企执行难问题，组织开展专项行动，集中开展涉民营企业、中小微企业等专项执行活动，上线“点对点”财产查控系统和“执行繁简分流”模块，依靠信息化手段提高涉企案件执行效率，严格规范执行案款发放和管理，建立执行案款监督管理制度，快速将执行案款发放到企业手中，发挥企业信用修复制度的积极作用，对符合条件的企业及时修复信用，以坚强有效的执行举措保障企业续航发展。

当前，我国发展仍处于重要的战略机遇期，市场经济的健康发展离不开法治力量的保障。人民法院要凝心聚力、笃行奋进，坚定不移贯彻新发展理念，有力保障构建新发展格局，矢志不渝护航企业发展，着力打造一流法治化营商环境，厚植企业蓬勃发展司法沃土，为经济社会高质量发展提供强力司法保障，为全面建设社会主义现代化国家贡献法院力量。

《人民法院报》2023 年 3 月 27 日第 2 版刊发

烟台法院司法助企冲刺“万亿之城”

5月11日，在山东省烟台市中级人民法院助力企业发展工作座谈会上，来自不同行业领域的多名企业负责人纷纷表达着“心声”——

“我们公司现在承担省级重点项目，中院有没有针对性的司法服务保障措施?”

“今年全党大兴调查研究，建议法院能不能多走进企业生产一线，加强法院与企业间的联系沟通和交流互动。”

“有没有”“能不能”，需求迫切而具体。

今年，是烟台聚力突破万亿GDP大关的关键之年。如何在冲刺“万亿之城”的大潮中找到位置、有所作为？烟台市两级法院（以下简称烟台法院）积极探索，在这个春天找到了答案。解题的关键词就是“司法助企”。

为此，烟台市中级人民法院印发《关于开展“司法助企·护航发展”行动的实施意见》（以下简称《意见》），明确提出把靠前服务重大项目建设、司法助企作为法院为大局服务的着力点，倾力打造“法护航·益企行”司法助企品牌，开展“司法助企·护航发展”行动，以能动履职赋能、以司法助企增势、以优质司法强效，全力为高质量发展保驾护航。

源头治理，联动效应与能动施治

近日，在烟台市芝罘区“一站式”矛盾纠纷调处化解中心，一起企业间买卖合同纠纷仅用2小时便得以成功调解。原告烟台某混凝土有限公司与被告闽南某建筑公司福山分公司于2017年签订采购合同，后因被告一直拖欠款项，原告经催要无果后，将其诉至烟台市芝罘区人民法院。

考虑到年初是工程项目“拼业绩”的黄金期，“我们第一时间联系到区‘一站式’矛盾纠纷调处化解中心，考虑从诉前调解入手，争取最短时间内化解纠纷，避免影响企业经营。”驻院特邀调解员衣淑青说道。最终，双方达成短期分期付款协议。

烟台法院始终坚持把非诉讼纠纷解决机制挺在前面。今年以来，致力于深化与行政机关、行业组织的诉调对接，打造“多方参与、多元共治”的涉企纠纷联动化解新模式。目前，8000余起涉企纠纷化解于诉前。

法律顾问形同虚设？近日，一封山东省海阳市人民法院的司法建议书，发往当地农村商业银行。海阳市人民法院建议该银行完善法律顾问制度，全过程参与公司经营，最大限度降低诉讼风险。

烟台法院注重将司法建议作为涉企纠纷源头治理的重要手段，针对金融、劳动争议等领域类型化纠纷，开展专题调研活动，有针对性向有关行业主管部门和企业提出司法建议60余件次，积极为涉企纠纷“抓前端、治未病”提供司法助力。

“诉源治理不是法院一家事。我们努力推动形成内外协同、联动共治的涉企纠纷多元化解大格局，真正把烟台法院‘握手烟和’诉源治理品牌，打造成实体化运行、流程化衔接、实效化感知的民心工程。”烟台市中级人民法院党组书记、院长于晓东介绍。

审判执行，机制改革与能动创新

台海玛努尔核电设备股份有限公司作为全国唯一一家以核电主设备为主要产品的上市公司，曾因深陷债务危机被债权人提出破产重整申请。案涉1300余名职工、437名债权人、全国近4万名中小投资者，烟台市中级人民法院感到责任重大。

经多次走访，全面摸清企业债务“家底”后，烟台市中级人民法院指导烟台市莱山区人民法院，创新运用“行政+司法”的府院联动机制，创造性开出资本公积金转增股本的“母子同治药方”。同时，引入“产业+财务”投资人制度，用时不到一个月，24亿元投资款项全额支付，债权全部清偿。这只是烟台法院创新涉企案件办理机制、帮助困难企业实现“涅槃重生”的一个生动案例。

今年以来，烟台法院高度重视涉企案件办理，配套出台5个实施方案，分领域开展“金融法盾”“破茧重生”“法护创新”“绿色审判”“执行亮剑”五大专项行动……审判执行全线出击，全力服务保障企业在高质量发展航程上行稳致远。

在立案方面，烟台法院创新优化涉企纠纷“一诉即办、一窗通办、一事联办”的“三个一”绿色通道；在审判方面，烟台法院创新推出涉企案件专门人员维护、专业团队审理等举措；在执行方面，烟台法院创新应用执行和解、分期履行、企业信用修复等机制……“立审执”齐发力，烟台法院推动涉企案件办理提速提质增效。

为激励企业完善治理结构，促进企业合规经营，2022 年上半年，烟台市中级人民法院出台服务保障企业高质量发展的 17 条意见，对涉案企业合规改革进行了明确规定。

4 月 17 日，为进一步深入落实企业合规改革要求，芝罘区人民法院与区人民检察院会签《关于办理企业合规案件相关工作的意见》。作为烟台法院首个关于加强涉案企业合规的正式文件，芝罘区人民法院迈出了加强企业权益保护坚实而又重要的一步。

联络调研，职能延伸与能动履职

2 月 22 日，烟台市中级人民法院向社会公布了 18 名司法助企联络专员名单。据悉，司法助企联络专员全部由院庭长担任，并以联络专员为纽带，全面搭建起法企“亲清”互动、“常畅”交流的桥梁。今年以来，烟台法院司法助企联络专员接听企业电话咨询 300 余次，帮助企业解决法律需求 280 余项。

司法助企联络专员不仅是法企交流联络员，也是企业需求调研员。在全党大兴调查研究之际，烟台法院积极将联络走访与调查研究有机结合，组织开展“问政策、问项目、问生产、问需求、帮发展、帮协调、帮答疑、帮解纷”的“四问四帮”活动。在联络走访中深化调查研究，在调查研究中强化法企互动，是烟台法院能动履职助企发展的有力探索和生动实践。

大联络、大走访、大调研。三大举措相辅相成，三个维度同向发力。烟台法院全方位构建起法企互动交流良性局面，司法助企暖企惠企的氛围在烟台蔚然成风。目前，烟台法院已全面对接全市 400 个重点在建项目，指导完成千亿级三大园区法官工作室建设；针对调研走访过程中发现的法律风险隐患，烟台法院落实各项司法帮扶举措共 128 项……

用行动诠释责任，以责任彰显担当。在司法助企护航发展的道路上，烟台法院将满怀热情，奋发作为，昂扬前行。

《中国审判》2023 年第 11 期刊发